興味の尽きることのない漢字学習

漢字文化圏の人々だけではなく、
世界中に日本語研究をしている人が数多くいます。
漢字かなまじり文は、独特の形を持ちながら
伝統ある日本文化を支え、
伝達と文化発展の基礎となってきました。
その根幹は漢字。
一字一字を調べていくと、
その奥深さに心打たれ、興味がわいてきます。
漢字は、生涯かけての
勉強の相手となるのではないでしょうか。

「漢検」級別 主な出題内容

10級 …対象漢字数 80字
漢字の読み／漢字の書取／筆順・画数

9級 …対象漢字数 240字
漢字の読み／漢字の書取／筆順・画数

8級 …対象漢字数 440字
漢字の読み／漢字の書取／部首・部首名／筆順・画数／送り仮名／対義語／同じ漢字の読み

7級 …対象漢字数 642字
漢字の読み／漢字の書取／部首・部首名／筆順・画数／送り仮名／対義語／同音異字／三字熟語

6級 …対象漢字数 835字
漢字の読み／漢字の書取／部首・部首名／筆順・画数／送り仮名／対義語・類義語／同音・同訓異字／三字熟語／熟語の構成

5級 …対象漢字数 1026字
漢字の読み／漢字の書取／部首・部首名／筆順・画数／送り仮名／対義語・類義語／同音・同訓異字／誤字訂正／四字熟語／熟語の構成

4級 …対象漢字数 1339字
漢字の読み／漢字の書取／部首・部首名／送り仮名／対義語・類義語／同音・同訓異字／誤字訂正／四字熟語／熟語の構成

3級 …対象漢字数 1623字
漢字の読み／漢字の書取／部首・部首名／送り仮名／対義語・類義語／同音・同訓異字／誤字訂正／四字熟語／熟語の構成

準2級 …対象漢字数 1951字
漢字の読み／漢字の書取／部首・部首名／送り仮名／対義語・類義語／同音・同訓異字／誤字訂正／四字熟語／熟語の構成

2級 …対象漢字数 2136字
漢字の読み／漢字の書取／部首・部首名／送り仮名／対義語・類義語／同音・同訓異字／誤字訂正／四字熟語／熟語の構成

準1級 …対象漢字数 約3000字
漢字の読み／漢字の書取／故事・諺／対義語・類義語／同音・同訓異字／誤字訂正／四字熟語

1級 …対象漢字数 約6000字
漢字の読み／漢字の書取／故事・諺／対義語・類義語／同音・同訓異字／誤字訂正／四字熟語

※ここに示したのは出題分野の一例です。毎回すべての分野から出題されるとは限りません。また、このほかの分野から出題されることもあります。

日本漢字能力検定採点基準 最終改定：平成25年4月1日

❶ 採点の対象
筆画を正しく、明確に書かれた字を採点の対象とし、くずした字や、乱雑に書かれた字は採点の対象外とする。

❷ 字種・字体
① 2～10級の解答は、内閣告示「常用漢字表」（平成二十二年）による。ただし、旧字体での解答は正答とは認めない。
② 1級および準1級の解答は、『漢検要覧 1／準1級対応』（公益財団法人日本漢字能力検定協会発行）に示す「標準字体」「許容字体」「旧字体一覧表」による。

❸ 読み
① 2～10級の解答は、内閣告示「常用漢字表」（平成二十二年）による。
② 1級および準1級の解答には、①の規定は適用しない。

❹ 仮名遣い
仮名遣いは、内閣告示「現代仮名遣い」による。

❺ 送り仮名
送り仮名は、内閣告示「送り仮名の付け方」による。

❻ 部首
部首は、『漢検要覧 2～10級対応』（公益財団法人日本漢字能力検定協会発行）収録の「部首一覧表と部首別の常用漢字」による。

❼ 筆順
筆順の原則は、文部省編『筆順指導の手びき』（昭和三十三年）による。常用漢字一字一字の筆順は、『漢検要覧 2～10級対応』収録の「常用漢字の筆順一覧」による。

❽ 合格基準

級	満点	合格
1級／準1級／2級	二〇〇点	八〇％程度
準2級／3級／4級／5級／6級／7級	二〇〇点	七〇％程度
8級／9級／10級	一五〇点	八〇％程度

※部首、筆順は『漢検 漢字学習ステップ』など公益財団法人日本漢字能力検定協会発行図書でも参照できます。

日本漢字能力検定審査基準

10級

程度　小学校第1学年の学習漢字を理解し、文や文章の中で使える。

領域・内容

《読むことと書くこと》　小学校学年別漢字配当表の第1学年の学習漢字を読み、書くことができる。

《筆順》　点画の長短、接し方や交わり方、筆順および総画数を理解している。

9級

程度　小学校第2学年までの学習漢字を理解し、文や文章の中で使える。

領域・内容

《読むことと書くこと》　小学校学年別漢字配当表の第2学年までの学習漢字を読み、書くことができる。

《筆順》　点画の長短、接し方や交わり方、筆順および総画数を理解している。

8級

程度　小学校第3学年までの学習漢字を理解し、文や文章の中で使える。

領域・内容

《読むことと書くこと》　小学校学年別漢字配当表の第3学年までの学習漢字を読み、書くことができる。

- 音読みと訓読みとを理解していること
- 送り仮名に注意して正しく書けること（食べる、楽しい、後ろ　など）
- 対義語の大体を理解していること（勝つ―負ける、重い―軽い　など）
- 同音異字を理解していること（反対、体育、期待、太陽　など）

《筆順》　筆順、総画数を正しく理解している。

《部首》　主な部首を理解している。

7級

程度　小学校第4学年までの学習漢字を理解し、文章の中で正しく使える。

領域・内容

《読むことと書くこと》　小学校学年別漢字配当表の第4学年までの学習漢字を読み、書くことができる。

- 音読みと訓読みとを正しく理解していること
- 送り仮名に注意して正しく書けること（等しい、短い、流れる　など）
- 熟語の構成を知っていること
- 対義語の大体を理解していること（入学―卒業、成功―失敗　など）
- 同音異字を理解していること（健康、高校、公共、外交　など）

《筆順》　筆順、総画数を正しく理解している。

《部首》　部首を理解している。

６級

程度　小学校第５学年までの学習漢字を理解し、文章の中で漢字が果たしている役割を知り、正しく使える。

領域・内容

《読むことと書くこと》　小学校学年別漢字配当表の第５学年までの学習漢字を読み、書くことができる。

・音読みと訓読みとを正しく理解していること
・送り仮名や仮名遣いに注意して正しく書けること（求める、失う　など）
・熟語の構成を知っていること（上下、絵画、大木、読書、不明　など）
・対義語、類義語の大体を理解していること（禁止―許可、平等―均等　など）
・同音・同訓異字を正しく理解していること

《筆順》　筆順、総画数を正しく理解している。

《部首》　部首を理解している。

５級

程度　小学校第６学年までの学習漢字を理解し、文章の中で漢字が果たしている役割に対する知識を身に付け、漢字を文章の中で適切に使える。

領域・内容

《読むことと書くこと》　小学校学年別漢字配当表の第６学年までの学習漢字を読み、書くことができる。

・音読みと訓読みとを正しく理解していること
・送り仮名や仮名遣いに注意して正しく書けること
・熟語の構成を知っていること
・対義語、類義語を正しく理解していること
・同音・同訓異字を正しく理解していること

《四字熟語》　四字熟語を正しく理解している（有名無実、郷土芸能　など）。

《筆順》　筆順、総画数を正しく理解している。

《部首》　部首を理解し、識別できる。

４級

程度　常用漢字のうち約１３００字を理解し、文章の中で適切に使える。

領域・内容

《読むことと書くこと》　小学校学年別漢字配当表のすべての漢字と、その他の常用漢字約３００字の読み書きを習得し、文章の中で適切に使える。

・音読みと訓読みとを正しく理解していること
・送り仮名や仮名遣いに注意して正しく書けること
・熟語の構成を正しく理解していること
・熟字訓、当て字を理解していること（小豆／あずき、土産／みやげ　など）
・対義語、類義語、同音・同訓異字を正しく理解していること

《四字熟語》　四字熟語を理解している。

《部首》　部首を識別し、漢字の構成と意味を理解している。

３級

程度　常用漢字のうち約１６００字を理解し、文章の中で適切に使える。

領域・内容

《読むことと書くこと》　小学校学年別漢字配当表のすべての漢字と、その他の常用漢字約６００字の読み書きを習得し、文章の中で適切に使える。

・音読みと訓読みとを正しく理解していること
・送り仮名や仮名遣いに注意して正しく書けること
・熟語の構成を正しく理解していること
・熟字訓、当て字を理解していること（乙女／おとめ、風邪／かぜ　など）
・対義語、類義語、同音・同訓異字を正しく理解していること

《四字熟語》　四字熟語を理解している。

《部首》　部首を識別し、漢字の構成と意味を理解している。

※常用漢字とは、平成22年（2010年）11月30日付内閣告示による「常用漢字表」に示された2136字をいう。

準2級

程度 常用漢字のうち1951字を理解し、文章の中で適切に使える。

領域・内容

《読むことと書くこと》 1951字の漢字の読み書きを習得し、文章の中で適切に使える。

- 音読みと訓読みとを正しく理解していること
- 送り仮名や仮名遣いに注意して正しく書けること
- 熟語の構成を正しく理解していること
- 熟字訓、当て字を理解していること（硫黄／いおう、相撲／すもう　など）
- 対義語、類義語、同音・同訓異字を正しく理解していること

《四字熟語》 典拠のある四字熟語を理解している（驚天動地、孤立無援　など）。

《部首》 部首を識別し、漢字の構成と意味を理解している。

※1951字とは、昭和56年（1981年）10月1日付内閣告示による旧「常用漢字表」の1945字から「勺」「錘」「銑」「脹」「匁」の5字を除いたものに、現行の「常用漢字表」のうち、「茨」「媛」「岡」「熊」「埼」「鹿」「栃」「奈」「梨」「阪」「阜」の11字を加えたものを指す。

2級

程度 すべての常用漢字を理解し、文章の中で適切に使える。

領域・内容

《読むことと書くこと》 すべての常用漢字の読み書きに習熟し、文章の中で適切に使える。

- 音読みと訓読みとを正しく理解していること
- 送り仮名や仮名遣いに注意して正しく書けること
- 熟語の構成を正しく理解していること
- 熟字訓、当て字を理解していること（海女／あま、玄人／くろうと　など）
- 対義語、類義語、同音・同訓異字などを正しく理解していること

《四字熟語》 典拠のある四字熟語を理解している（鶏口牛後、呉越同舟　など）。

《部首》 部首を識別し、漢字の構成と意味を理解している。

準1級

程度 常用漢字を含めて、約3000字の漢字の音・訓を理解し、文章の中で適切に使える。

領域・内容

《読むことと書くこと》 常用漢字の音・訓を含めて、約3000字の漢字の読み書きに慣れ、文章の中で適切に使える。

- 熟字訓、当て字を理解していること
- 対義語、類義語、同音・同訓異字などを理解していること
- 国字を理解していること（峠、凧、畠　など）
- 複数の漢字表記について理解していること（國―国、交叉―交差　など）

《四字熟語・故事・諺》 典拠のある四字熟語、故事成語・諺を正しく理解している。

《古典的文章》 古典的文章の中での漢字・漢語を理解している。

※約3000字の漢字は、JIS第一水準を目安とする。

1級

程度 常用漢字を含めて、約6000字の漢字の音・訓を理解し、文章の中で適切に使える。

領域・内容

《読むことと書くこと》 常用漢字の音・訓を含めて、約6000字の漢字の読み書きに慣れ、文章の中で適切に使える。

- 熟字訓、当て字を理解していること
- 対義語、類義語、同音・同訓異字などを理解していること
- 国字を理解していること（怺える、毟る　など）
- 地名・国名などの漢字表記（当て字の一種）を知っていること
- 複数の漢字表記について理解していること（鹽―塩、颱風―台風　など）

《四字熟語・故事・諺》 典拠のある四字熟語、故事成語・諺を正しく理解している。

《古典的文章》 古典的文章の中での漢字・漢語を理解している。

※約6000字の漢字は、JIS第一・第二水準を目安とする。

※常用漢字とは、平成22年（2010年）11月30日付内閣告示による「常用漢字表」に示された2136字をいう。

個人受検を申し込まれる皆さまへ

協会ホームページのご案内

検定に関する最新の情報（申込方法やお支払い方法など）は、公益財団法人 日本漢字能力検定協会**ホームページ https://www.kanken.or.jp/** をご確認ください。
なお、下記の二次元コードから、ホームページへ簡単にアクセスできます。

受検規約について

受検を申し込まれる皆さまは、「日本漢字能力検定 受検規約（漢検ＰＢＴ）」の適用があることを同意のうえ、検定の申し込みをしてください。受検規約は協会のホームページでご確認いただけます。

1 受検級を決める

受検資格 制限はありません

実施級 1、準1、2、準2、3、4、5、6、7、8、9、10級

検定会場 全国主要都市約170か所に設置
（実施地区は検定の回ごとに決定）

検定時間 ホームページにてご確認ください。

2 検定に申し込む

インターネットにてお申し込みください。

① 家族・友人と同じ会場での受検を希望する方は、検定料のお支払い完了後、申込締切日の2営業日後までに協会（お問い合わせフォーム）までお知らせください。

注意

② 障がいがあるなど、身体的・精神的な理由により、受検上の配慮を希望される方は、申込締切日までに協会（お問い合わせフォーム）までご相談ください（申込締切日以降のお申し出には対応できかねます）。

③ 申込締切日以降は、受検級・受検地を含む内容変更および取り消し・返金は、いかなる場合もできません。また、次回以降の振替え、団体受検や漢検ＣＢＴへの変更もできません。

団体受検の申し込み

自分の学校や企業などの団体で志願者が一定以上集まると、団体単位で受検の申し込みができる「団体受検」という制度もあります。団体受検申込を扱っているかどうかは先生や人事関係の担当者に確認してください。

3 受検票が届く

受検票は検定日の約1週間前から順次お届けします。

注意

① 1、準1、2、準2、3級の方は、後日届く受検票に顔写真（タテ4㎝×ヨコ3㎝、6か月以内に撮影、上半身、正面、帽子やマスクは外す）を貼り付け、会場に当日持参してください。（当日回収・返却不可）

② 4級～10級の方は、顔写真は不要です。

4 検定日当日

持ち物　受検票、鉛筆（HB、B、2Bの鉛筆またはシャープペンシル）、消しゴム

※ボールペン、万年筆などの使用は認められません。ルーペ持ち込み可。

注意

①会場への車での来場（送迎を含む）は、交通渋滞の原因や近隣の迷惑になりますので固くお断りします。

②検定開始時刻の15分前を目安に受検教室までお越しください。答案用紙の記入方法などを説明します。

③携帯電話やゲーム、電子辞書などは、電源を切り、かばんにしまってから入場してください。

④検定中は受検票を机の上に置いてください。

⑤答案用紙には、あらかじめ名前や生年月日などが印字されています。

⑥検定日の約5日後に漢検ホームページにて標準解答を公開します。

5 合否の通知

検定日の約40日後に、受検者全員に「検定結果通知」を郵送します。合格者には「合格証書」・「合格証明書」を同封します。

欠席者には検定問題と標準解答をお送りします。

受検票は検定結果が届くまで大切に保管してください。

進学・就職に有利！合格者全員に合格証明書発行

大学・短大の推薦入試の提出書類に、また就職の際の履歴書に添付してあなたの漢字能力をアピールしてください。合格者全員に、合格証書と共に合格証明書を2枚、無償でお届けいたします。

合格証明書が追加で必要な場合は有償で再発行できます。

申請方法はホームページにてご確認ください。

お問い合わせ窓口

電話番号　フリーコール **0120-509-315**（無料）

（海外からはご利用いただけません。ホームページよりメールでお問い合わせください。）

お問い合わせ時間　月～金　9時00分～17時00分

（祝日・お盆・年末年始を除く）

※公開会場検定日とその前日の土曜は開設

※検定日は9時00分～18時00分

メールフォーム　https://www.kanken.or.jp/kanken/contact/

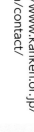

「漢検」受検の際の注意点

【字の書き方】

問題の答えは楷書で大きくはっきり書きなさい。乱雑な字や続け字、また、行書体や草書体のようにくずした字は採点の対象とはしません。

特に漢字の書き取り問題では、答えの文字は教科書体をもとにして、はねるところ、とめるところなどもはっきり書きましょう。また、画数に注意して、一画一画を正しく、明確に書きなさい。

《例》

○熱　×熱

○言　×言

○糸　×糸

【字種・字体について】

(1)日本漢字能力検定2～10級においては、「常用漢字表」に示された字種で書きなさい。つまり、表外漢字（常用漢字表にない漢字）を用いると、正答とは認められません。

《例》

○交差点　×交叉点　（「叉」が表外漢字）

○寂しい　×淋しい　（「淋」が表外漢字）

(2)日本漢字能力検定2～10級においては、「常用漢字表」に示された字体で書きなさい。なお、「常用漢字表」に参考として示されている康熙《こうき》字典体など、旧字体と呼ばれているものを用いると、正答とは認められません。

《例》

○真　×眞　　○渉　×涉

○飲　×飮　　○迫　×迫

○弱　×弱

(3)一部例外として、平成22年告示「常用漢字表」で追加された字種で、許容字体として認められているものや、その筆写文字と印刷文字との差が習慣の相違に基づくとみなせるものは正答と認めます。

《例》

餌 ➡ 餌　と書いても可

遜 ➡ 遜　と書いても可

葛 ➡ 葛　と書いても可

溺 ➡ 溺　と書いても可

箸 ➡ 箸　と書いても可

注意

(3)において、どの漢字が当てはまるかなど、一字一字については、当協会発行図書（2級対応のもの）掲載の漢字表で確認してください。

公益財団法人 日本漢字能力検定協会

漢検

改訂四版

漢検 漢字学習 ステップ 4級

漢検 公益財団法人 日本漢字能力検定協会

もくじ

本書の使い方

「日本漢字能力検定（漢検）4級」では、中学校で学習する漢字一一一〇字のうち、三一三字を中心として、読み・書き、使い方などが出題の対象となります。本書では、その三一三字を、**漢字表・練習問題**からなる39ステップに分けて、広く学習していきます。

また、数ステップごとに設けた**力だめし**では、復習と確認が行えます。巻末の**総まとめ**は審査《しんさ》基準に則した出題形式となっており、模擬《もぎ》試験としてご利用いただけます。

＊漢字表・練習問題などのそれぞれの使い方は次のページをご参照ください。

さらに付録として、「級別漢字表」や「常用漢字表 付表」などの資料を掲載《けいさい》しました。

「漢検」の主な出題内容は「日本漢字能力検定審査基準」「日本漢字能力検定採点基準」（いずれも本書巻頭カラーページに掲載）等で確認してください。

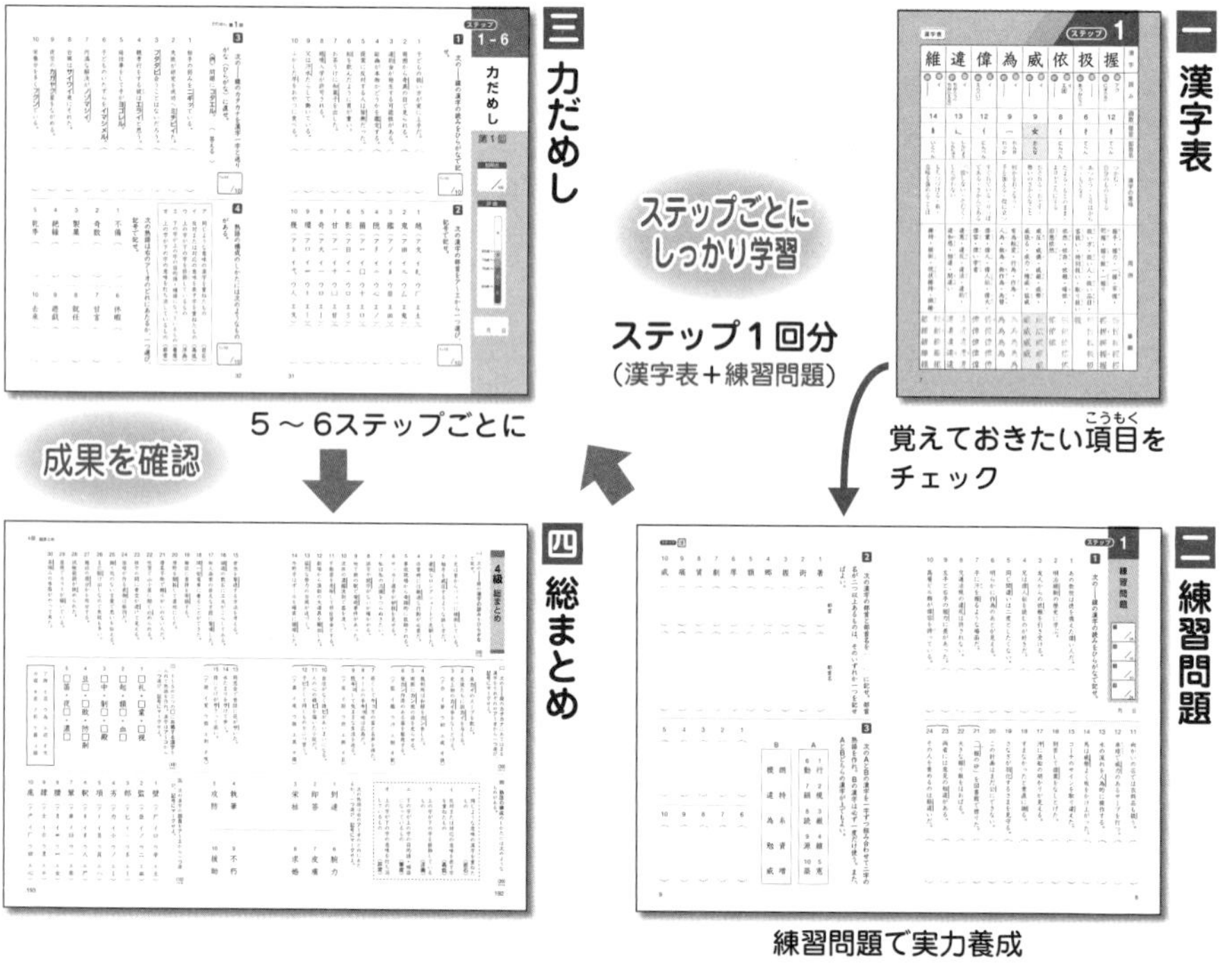

一 漢字表

各ステップで学習する漢字の数は7～9字です。

漢字表には、それぞれの漢字について覚えておきたい項目《こうもく》が整理されています。漢字表の内容を確認してから、練習問題に進んでください。

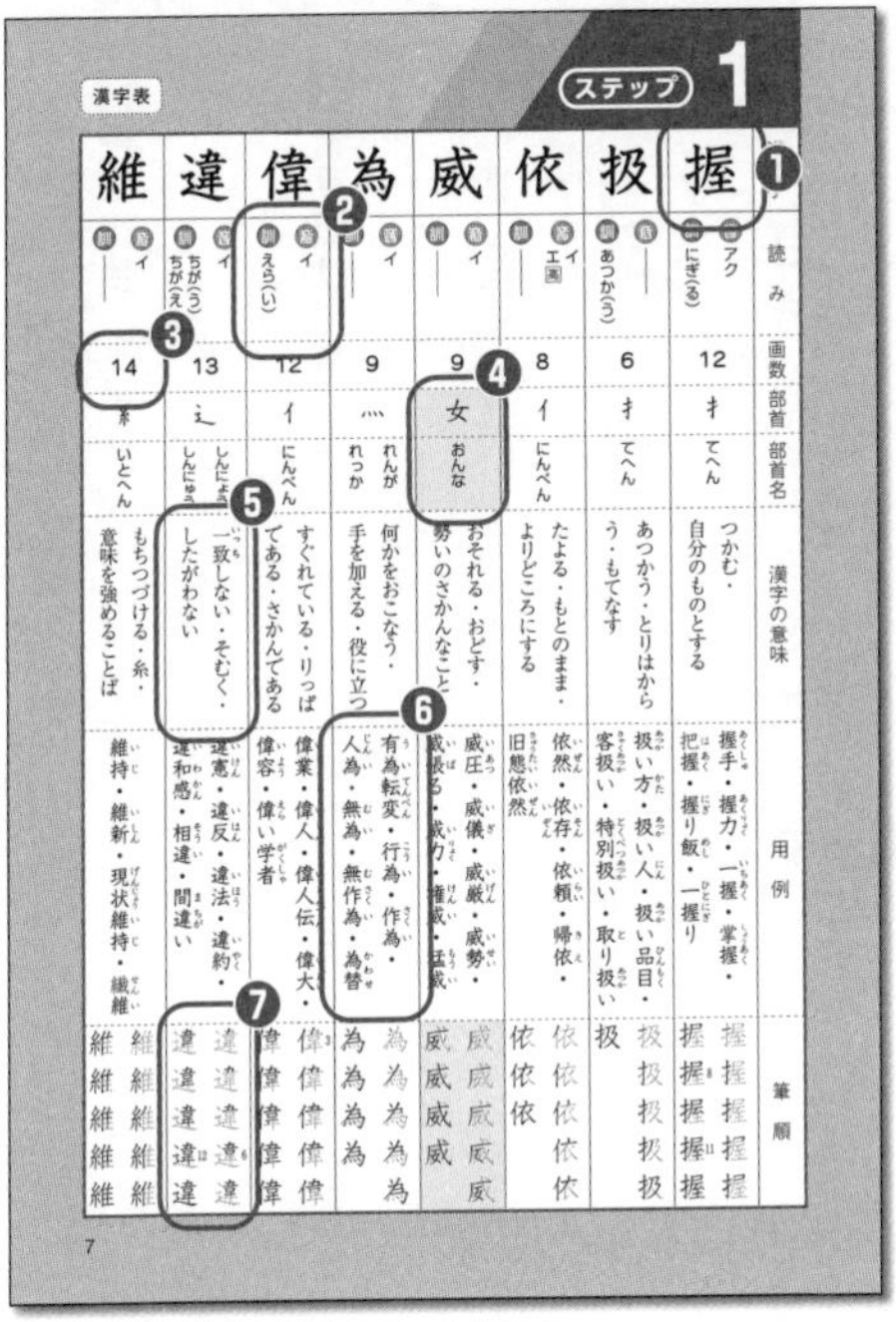

漢字表
ステップ 1
❶ ❷ ❸ ❹ ❺ ❻ ❼
読み
画数
部首
部首名
漢字の意味
用例
筆順
握　音 アク　訓 にぎ(る)　12　扌　てへん　つかむ・自分のものとする　握手《あくしゅ》・握力《あくりょく》・一握《いちあく》・掌握《しょうあく》・把握《はあく》・握《にぎ》り飯《めし》・一握《ひとにぎ》り
扱　音 ―　訓 あつか(う)　6　扌　てへん　あつかう・とりはからう・もてなす　扱《あつか》い方《かた》・扱《あつか》い人《にん》・扱《あつか》い品目《ひんもく》・客扱《きゃくあつか》い・特別扱《とくべつあつか》い・取《と》り扱《あつか》い
依　音 イ エ 高　訓 ―　8　亻　にんべん　たよる・もとのまま・よりどころにする　依然《いぜん》・依存《いそん》・依頼《いらい》・帰依《きえ》・旧態依然《きゅうたいいぜん》
威　音 イ　訓 ―　9　女　おんな　おそれる・おどす・勢いのさかんなこと　威圧《いあつ》・威儀《いぎ》・威厳《いげん》・威勢《いせい》・威張《いば》る・威力《いりょく》・権威《けんい》・猛威《もうい》
為　音 イ　訓 ―　9　灬　れんが れっか　何かをおこなう・手を加える・役に立つ　有為転変《ういてんぺん》・行為《こうい》・作為《さくい》・人為《じんい》・無為《むい》・無作為《むさくい》・為替《かわせ》
偉　音 イ　訓 えら(い)　12　亻　にんべん　すぐれている・りっぱである・さかんである　偉業・偉人・偉人伝・偉大・偉容《いよう》・偉《えら》い学者《がくしゃ》
違　音 イ　訓 ちが(う) ちが(える)　13　辶　しんにょう しんにゅう　一致《いっち》しない・そむく・したがわない　違憲《いけん》・違反《いはん》・違法《いほう》・違約《いやく》・違和感《いわかん》・相違《そうい》・間違《まちが》い
維　音 イ　訓 ―　14　糸　いとへん　もちつづける・糸・意味を強めることば　維持《いじ》・維新《いしん》・現状維持《げんじょういじ》・繊維《せんい》
7

❶**学習漢字**　ここで学習する漢字を教科書体で記してあります。この字形を参考にして略さずていねいに書くよう心がけましょう。

❷**読み**　音読みはカタカナで、訓読みはひらがなで記載《きさい》してあります。高は高校で学習する読みで、準2級以上で出題対象になります。

❸**画数**　総画数を示してあります。

❹**部首・部首名**　「漢検」で採用している部首・部首名です。注意したいものには、色をつけてあります（筆順も同様）。

❺**意味**　学習漢字の基本的な意味です。漢字の意味を把握《はあく》することは、用例の意味や同音・同訓異字の学習、熟語の構成を学ぶうえで重要です。

❻**用例**　学習漢字を用いた熟語を中心に用例を挙げました。3級以上の漢字や高校で学習する読みは赤字で示してあります。

❼**筆順**　筆順は10の場面を示しています。途中《とちゅう》を省略した場合はその場面の横に現在何画目なのかを表示しました。

二 練習問題

各ステップの問題は、読み・書き取り問題を中心にさまざまな問題で構成されています。得点記入欄《らん》に記録して繰《く》り返し学習してください。

1 読み問題……各ステップの学習漢字を中心に、音読み・訓読み・特別な読み（熟字訓・当て字）を適宜《てきぎ》配分してあります。

4 書き取り問題…同音・同訓異字を含《ふく》め、用例を幅広《はばひろ》く扱《あつか》っています。

その他、さまざまな角度から学習できるようになっています。

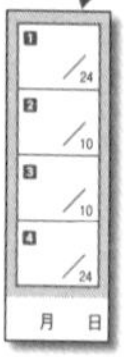

得点を記入します。

コラム
漢字の使い分け、四字熟語の意味など、漢字全般《ぜんぱん》のことがらを平易に記してあります。

三 力だめし

5～6ステップごとに設けてあります。

一〇〇点満点で、自己評価ができますので、小テストとして取り組んでください。

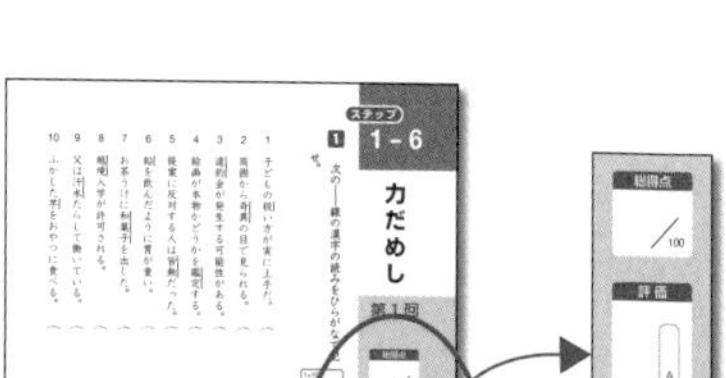

自己評価ができます。

四 総まとめ

学習がひととおり終わったら、実力の確認にお使いください。

総まとめには答案用紙がついています。

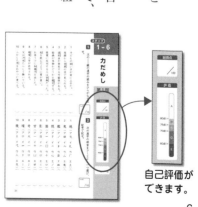

漢字	読み	画数	部首	部首名	漢字の意味	用例
握	音 アク / 訓 にぎ(る)	12	扌	てへん	つかむ・自分のものとする	握手《あくしゅ》・握力《あくりょく》・一握《いちあく》・掌握《しょうあく》・把握《はあく》・握《にぎ》り飯《めし》・一握《ひとにぎ》り
扱	音 ―― / 訓 あつか(う)	6	扌	てへん	あつかう・とりはからう・もてなす	扱《あつか》い方《かた》・扱《あつか》い人《にん》・扱《あつか》い品目《ひんもく》・客扱《きゃくあつか》い・特別扱《とくべつあつか》い・取《と》り扱《あつか》い
依	音 イ、エ 高 / 訓 ――	8	亻	にんべん	たよる・もとのまま・よりどころにする	依然《いぜん》・依存《いそん》《いぞん》・依頼《いらい》・帰依《きえ》・旧態依然《きゅうたいいぜん》
威	音 イ / 訓 ――	9	女	おんな	おそれる・おどす・勢いのさかんなこと	威圧《いあつ》・威儀《いぎ》・威厳《いげん》・威勢《いせい》・威張《いば》る・威力《いりょく》・権威《けんい》・猛威《もうい》
為	音 イ / 訓 ――	9	灬	れんが れっか	何かをおこなう・手を加える・役に立つ	有為転変《ういてんぺん》・行為《こうい》・作為《さくい》・人為《じんい》・無為《むい》・無作為《むさくい》・為替《かわせ》
偉	音 イ / 訓 えら(い)	12	亻	にんべん	すぐれている・りっぱである・さかんである	偉業《いぎょう》・偉人《いじん》・偉人伝《いじんでん》・偉大《いだい》・偉容《いよう》・偉《えら》い学者《がくしゃ》
違	音 イ / 訓 ちが(う)、ちが(える)	13	辶	しんにょう しんにゅう	一致《いっち》しない・そむく・したがわない	違憲《いけん》・違反《いはん》・違法《いほう》・違約《いやく》・違和感《いわかん》・相違《そうい》・間違《まちが》い
維	音 イ / 訓 ――	14	糸	いとへん	もちつづける・糸・意味を強めることば	維持《いじ》・維新《いしん》・現状維持《げんじょういじ》・繊維《せんい》

筆順

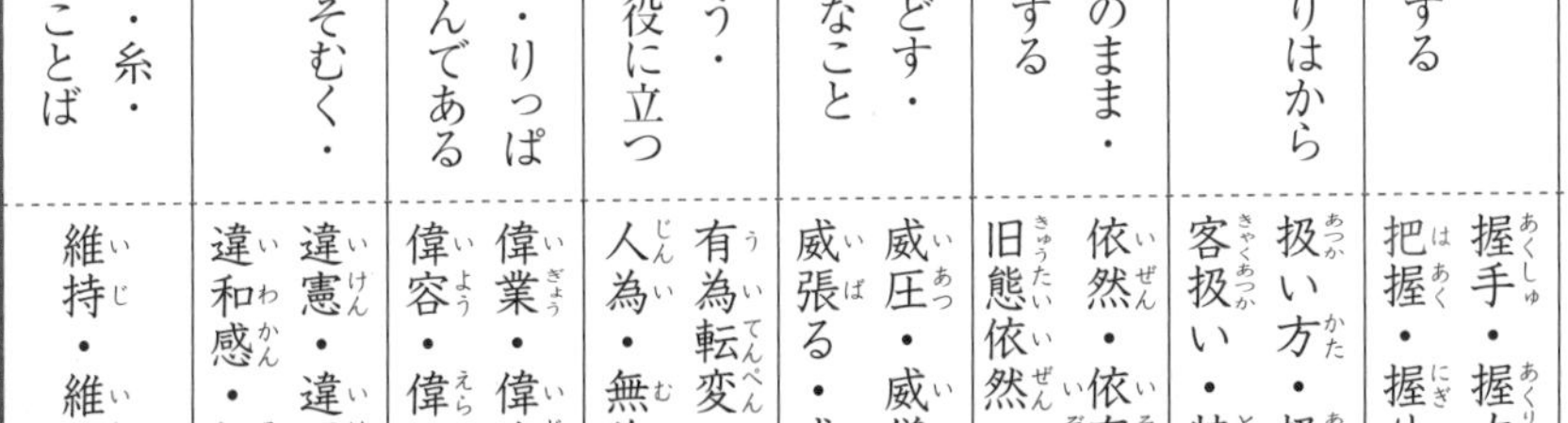

ステップ 1

練習問題

1	／24
2	／10
3	／10
4	／24

月　日

1 次の――線の漢字の読みをひらがなで記せ。

1 あの教授は徳を備えた偉い人だ。（　）

2 明治維新の歴史に学ぶ。（　）

3 友人からの依頼《らい》を引き受ける。（　）

4 兄は偉人伝を読むのが好きだ。（　）

5 同じ間違いは二度としたくない。（　）

6 明らかに作為のあとが見える。（　）

7 手に汗《あせ》を握るような場面だ。（　）

8 交通法規の違反は許されない。（　）

9 左手と右手の握力に差があった。（　）

10 高層ビル群が偉容を誇《ほこ》っている。（　）

11 向かいの店では衣料品も扱う。（　）

12 卓球《たっきゅう》で威力のあるサーブを打つ。（　）

13 水の流れを人為的に操作する。（　）

14 馬は威勢よく坂をかけ上がった。（　）

15 コーチのサインを取り違えた。（　）

16 刻苦して偉業をなしとげた。（　）

17 沖に漁船の明かりが見える。（　）

18 すまなかったと素直に謝る。（　）

19 さなぎが羽化するさまを見守る。（　）

20 この計画はまだ公にできない。（　）

21 「一握の砂」を図書館で借りた。（　）

22 大きな握り飯をほおばる。（　）

23 両者には意見の相違がある。（　）

24 その人を責めるのは筋違いだ。（　）

2

次の漢字の部首と部首名を（　）に記せ。部首名が二つ以上あるものは、そのいずれか一つを記せばよい。

	漢字	部首	部首名
1	著	（　）	（　）
2	街	（　）	（　）
3	握	（　）	（　）
4	郷	（　）	（　）
5	額	（　）	（　）
6	厚	（　）	（　）
7	劇	（　）	（　）
8	賃	（　）	（　）
9	痛	（　）	（　）
10	威	（　）	（　）

3

次のAとBの漢字を一字ずつ組み合わせて二字の熟語を作れ。Bの漢字は必ず一度だけ使う。また、AとBどちらの漢字が上でもよい。

A

1 行　2 規　3 厳　4 維　5 憲
6 勤　7 絹　8 読　9 源　10 築

B

朗　持　糸　資　増
模　違　為　勉　威

1（　）　2（　）　3（　）　4（　）　5（　）
6（　）　7（　）　8（　）　9（　）　10（　）

4 次の――線のカタカナを漢字に直せ。

1 部下の前でむやみにイバる。
2 不正コウイが発覚した。
3 運動して健康イジに努める。
4 貴重な美術品を取りアツカう。
5 二人はにこやかにアクシュした。
6 この墓はイダイな国王のものだ。
7 事件の動かぬ証拠《しょうこ》をニギる。
8 イホウ建築を取りしまる。
9 客のアツカいに慣れている。
10 父はエラぶった態度は見せない。
11 事件はイゼン未解決のままだ。
12 想像していたものとはチガった。
13 実験結果は予想とコトなった。
14 海外に新しく支店をモウける。
15 エンドウに植物が植わっている。
16 実家は書店をイトナんでいる。
17 ハナゾノではバラが満開だ。
18 七月のことをフミヅキともいう。
19 ここは降雨量の多いチイキだ。
20 ポンプで空気をアッシュクする。
21 カゲキな発言はひかえる。
22 有名なカゲキを鑑賞《かんしょう》した。
23 大きな鏡に全身をウツす。
24 中身を別の容器にウツす。

とめ・はねにご用心

書き取り問題では「とめ・はね」に気をつけ、楷書《かいしょ》ではっきりとていねいに書いてください。くずした字や乱雑な字は採点の対象となりません。字形や筆順を正しく覚えることが大切です。

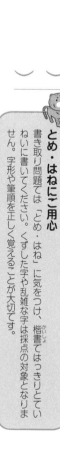

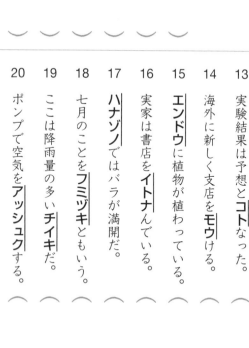

ステップ 2

漢字	読み	画数	部首	部首名	漢字の意味	用例	筆順
緯	音 イ　訓 ―	16	糸	いとへん	織物の横糸・東西の方向	緯線《いせん》・緯度《いど》・経緯《けいい》・南緯《なんい》・北緯《ほくい》	緯 緯 緯7 緯 緯 緯12 緯 緯 緯 緯
壱	音 イチ　訓 ―	7	士	さむらい	「一」にかわる字	壱万円《いちまんえん》	壱 壱 壱 壱 壱 壱 壱
芋	音 ―　訓 いも	6	艹	くさかんむり	いも	芋版《いもばん》・芋掘《いもほ》り・親芋《おやいも》・里芋《さといも》・焼《や》き芋《いも》	芋 芋 芋 芋 芋 芋
陰	音 イン　訓 かげ・かげ(る)	11	阝	こざとへん	日かげ・くらい・ひそかに・時間	陰影《いんえい》・陰気《いんき》・陰性《いんせい》・陰陽《いんよう》・光陰《こういん》・陰口《かげぐち》・木陰《こかげ》・日陰《ひかげ》	陰 陰 陰 陰 陰 陰 陰 陰 陰 陰11
隠	音 イン　訓 かく(す)・かく(れる)	14	阝	こざとへん	表面に出ない・退く・見えないようにする	隠居《いんきょ》・隠然《いんぜん》・隠匿《いんとく》・隠忍自重《いんにんじちょう》・隠《かく》し味《あじ》・雲隠《くもがく》れ	隠 隠 隠 隠 隠7 隠 隠 隠 隠12 隠14
影	音 エイ　訓 かげ	15	彡	さんづくり	光がさえぎられた部分・すがた・かげぼうし	影響《えいきょう》・影像《えいぞう》・陰影《いんえい》・撮影《さつえい》・投影《とうえい》・影絵《かげえ》・影法師《かげぼうし》・人影《ひとかげ》	影2 影4 影 影 影9 影 影12 影 影 影
鋭	音 エイ　訓 するど(い)	15	金	かねへん	するどい・勢いがよい・すばやい	鋭意《えいい》・鋭角《えいかく》・鋭敏《えいびん》・鋭利《えいり》・新鋭《しんえい》・新進気鋭《しんしんきえい》・精鋭《せいえい》	鋭2 鋭4 鋭 鋭7 鋭 鋭 鋭 鋭13 鋭 鋭
越	音 エツ　訓 こ(す)・こ(える)	12	走	そうにょう	こえる・こす・度をこす・まさる	越境《えっきょう》・越権《えっけん》・越冬《えっとう》・呉越同舟《ごえつどうしゅう》・優越《ゆうえつ》・峠《とうげ》を越《こ》す	越3 越 越 越 越 越 越 越 越 越
援	音 エン　訓 ―	12	扌	てへん	たすける・ひきとる・ひきあげる	援軍《えんぐん》・援護《えんご》・援助《えんじょ》・応援《おうえん》・救援《きゅうえん》・後援《こうえん》・支援《しえん》・声援《せいえん》	援 援 援 援 援6 援 援9 援 援 援

ステップ 2

練習問題

1 □/24　2 □/10　3 □/16　4 □/24

月　日

1 次の――線の漢字の読みをひらがなで記せ。

1 母校の選手に熱い声援を送る。（　）
2 幼いころに影絵をして遊んだ。（　）
3 赤道より北側は北緯で表す。（　）
4 初めて徒歩で国境を越えた。（　）
5 心なしか表情に陰りが見られる。（　）
6 野鳥保護運動を支援している。（　）
7 領収証に金壱万円也《なり》と書く。（　）
8 複雑な心情を投影した作品だ。（　）
9 弟が後ろ手に何かを隠している。（　）
10 教会の屋根が鋭角をなしている。（　）
11 陰気なムードが一変した。（　）
12 他社より技術面で優越している。（　）
13 父は退職して隠居の身になった。（　）
14 会場からは鋭い質問が続出した。（　）
15 にわか雨を木陰でやり過ごした。（　）
16 正月用の里芋を大量に出荷する。（　）
17 軽くて暖かい羽毛ぶとんだ。（　）
18 知らせを聞いて有頂天になった。（　）
19 代理人の越権をとがめる。（　）
20 寒さもやっと峠《とうげ》を越したようだ。（　）
21 毎朝欠かさず仏の影像を拝む。（　）
22 障子に影法師が映っている。（　）
23 業界に隠然たる力を持つ大物だ。（　）
24 夜半を過ぎて月が雲に隠れた。（　）

2 次の漢字と反対または対応する意味を表す漢字を、後の□の中から選んで（　）に入れ、熟語を作れ。□の中の漢字は一度だけ使うこと。

1 （　）応
2 授（　）
3 （　）陽
4 加（　）
5 経（　）
6 （　）続
7 去（　）
8 干（　）
9 利（　）
10 （　）果

緯・因・陰・害・減・呼・受・就・断・満

3 次の（　）にそれぞれ異なる「イ」と音読みする適切な漢字を書き入れて熟語を作れ。

1 （　）然
2 推（　）
3 得（　）
4 容（　）
5 （　）産
6 （　）約
7 （　）様
8 無作（　）
9 （　）持
10 南（　）
11 （　）降
12 胸（　）
13 （　）院
14 権（　）
15 白（　）
16 （　）腸

4 次の——線のカタカナを漢字に直せ。

1 少数**セイエイ**でメンバーを選ぶ。
2 園内は**イモ**を洗うような混雑だ。
3 **ヒトカゲ**が絶えた夜の道を歩く。
4 再建資金を**エンジョ**する。
5 **インエイ**に富んだ音色が響《ひび》く。
6 証書には一でなく**イチ**の字を使う。
7 調査隊が南極で**エットウ**する。
8 高いビルで**ヒカゲ**ができる。
9 打球に**スルド**く反応した。
10 **コウイン**矢のごとしという。
11 **カク**れていた問題点が発覚する。
12 これまでの**ケイイ**を説明する。
13 言動から気持ちを**スイサツ**する。
14 会議の記録を**インサツ**して配る。
15 **イタ**る所にポスターをはる。
16 相手を**ウヤマ**う心を大切にする。
17 発生したかびを**ジョキョ**する。
18 **ヨクバ**って菓子《かし》を三つも取った。
19 **エイリ**な小刀で細工をほどこす。
20 結局は**エイリ**目的の事業だ。
21 **イド**の高い極寒の地である。
22 **イド**でくんだ水を飲む。
23 多くの困難を乗り**コ**えてきた。
24 よく**コ**えた土で野菜を育てる。

使い分けよう！ **かげ【陰・影】**

陰…例 建物の陰になる　陰で支える　木陰ですずむ
（光の当たらない部分・人目につかない所）

影…例 障子に映る影　影も形もない　湖面に月影がゆらぐ
（光をさえぎってできる黒い部分・物の形・日月などの光）

漢字	読み	画数	部首	部首名	漢字の意味	用例	筆順
煙	音 エン 訓 けむ(る)・けむり・けむ(い)	13	火	ひへん	けむり・すす・かすみ・たばこ	煙雨《えんう》・煙突《えんとつ》・煙幕《えんまく》・喫煙《きつえん》・禁煙《きんえん》・排煙《はいえん》・噴煙《ふんえん》・土煙《つちけむり》	煙2 煙 煙 煙6 煙 煙9 煙 煙 煙 煙
鉛	音 エン 訓 なまり	13	金	かねへん	なまり・金属の一つ	鉛管《えんかん》・鉛直《えんちょく》・鉛筆《えんぴつ》・亜鉛《あえん》・黒鉛《こくえん》・鉛色《なまりいろ》	鉛2 鉛4 鉛 鉛7 鉛 鉛 鉛 鉛 鉛 鉛
縁	音 エン 訓 ふち	15	糸	いとへん	へり・つながり・めぐりあわせ	縁側《えんがわ》・縁起《えんぎ》・縁故《えんこ》・血縁《けつえん》・絶縁《ぜつえん》・縁取《ふちど》り・額縁《がくぶち》・金縁《きんぶち》	縁6 縁 縁 縁 縁 縁 縁 縁 縁 縁
汚	音 オ 訓 けが(す)高・けが(れる)高・けが(らわしい)高・よご(す)・よご(れる)・きたな(い)	6	氵	さんずい	よごす・きたない・そこなう	汚職《おしょく》・汚水《おすい》・汚染《おせん》・汚濁《おだく》・汚泥《おでい》・汚点《おてん》・汚《よご》れ物《もの》	汚 汚 汚 汚 汚 汚
押	音 オウ高 訓 お(す)・お(さえる)	8	扌	てへん	おす・おさえる・印をおす・韻《いん》をそろえる	押印《おういん》・押収《おうしゅう》・押《お》し花《ばな》・後押《あとお》し・目白押《めじろお》し	押 押 押 押 押 押 押 押
奥	音 オウ高 訓 おく	12	大	だい	内へ深く入ったところ・深くてむずかしいこと	奥義《おうぎ》《おくぎ》・深奥《しんおう》・内奥《ないおう》・秘奥《ひおう》・奥底《おくそこ》・奥歯《おくば》・大奥《おおおく》・山奥《やまおく》	奥 奥 奥 奥5 奥 奥 奥9 奥 奥 奥
憶	音 オク 訓 ――	16	忄	りっしんべん	おぼえる・おもう・おしはかる	憶説《おくせつ》・憶測《おくそく》・記憶《きおく》・追憶《ついおく》	憶2 憶 憶5 憶7 憶 憶 憶 憶12 憶14 憶16
菓	音 カ 訓 ――	11	艹	くさかんむり	おかし・木の実・果実	菓子《かし》・製菓《せいか》・名菓《めいか》・銘菓《めいか》・和菓子《わがし》・綿菓子《わたがし》	菓 菓 菓 菓 菓 菓7 菓 菓 菓 菓

ステップ 3

練習問題

1	/24
2	/10
3	/9
4	/24

月　日

1 次の――線の漢字の読みをひらがなで記せ。

1 製菓会社が異分野に進出する。（　　）
2 汚れ物は自分で洗っている。（　　）
3 窓から銭湯の煙突《とつ》が見える。（　　）
4 憶測だけで判断してはいけない。（　　）
5 一足早く優良物件を押さえた。（　　）
6 雨が降り出しそうな鉛色の空だ。（　　）
7 奥から順につめて座る。（　　）
8 この部屋はひどく煙たい。（　　）
9 人々の記憶に残る作品だ。（　　）
10 金糸でハンカチの縁取りをした。（　　）
11 昨日から上の奥歯が痛い。（　　）
12 重力の方向を鉛直という。（　　）
13 昔からの腐《くさ》れ縁がたち切れない。（　　）
14 優れた汚水処理システムを作る。（　　）
15 貯金は煙のように消えた。（　　）
16 父の縁故をたよって上京した。（　　）
17 行列で押し合いへし合いする。（　　）
18 式典は厳かにとり行われた。（　　）
19 経歴に汚点を残すことになった。（　　）
20 汚い言葉づかいを改める。（　　）
21 入賞を機縁に作家を志す。（　　）
22 絵に合った額縁を選ぶ。（　　）
23 深刻な人手不足が問題となる。（　　）
24 子犬が小刻みに震《ふる》えている。（　　）

2 次の（　）内に入る漢字を、後の［　］の中から選び、四字熟語を完成せよ。［　］の中の漢字は一度だけ使うこと。

1 現状（　）持
2 （　）名返上
3 一（　）両得
4 有（　）転変
5 絶体絶（　）
6 旧態（　）然
7 利害（　）失
8 無念無（　）
9 心（　）一転
10 理（　）整然

依・為・維・汚・機・挙・想・得・命・路

3 次の——線のカタカナにあてはまる漢字をそれぞれのア～オから一つ選び、記号で記せ。

1 精**エイ**ぞろいの若いチームだ。（　）
2 成長を**エイ**像で記録する。（　）
3 作者の姿が投**エイ**された作品だ。（　）
（ア 英　イ 鋭　ウ 影　エ 映　オ 永）

4 人気が上向き、後**エン**会もできた。（　）
5 犯人は**エン**幕を張って姿を隠した。（　）
6 **エン**側に座って庭をながめる。（　）
（ア 遠　イ 縁　ウ 援　エ 鉛　オ 煙）

7 名**カ**のまんじゅうを買った。（　）
8 台風で**カ**川の増水が予想される。（　）
9 **カ**値のある品かどうか見極める。（　）
（ア 河　イ 貨　ウ 菓　エ 可　オ 価）

4 次の――線のカタカナを漢字に直せ。

1 **ワガシ**では大福が好きだ。
2 排気《はいき》ガスが村の空気を**ヨゴ**す。
3 山焼きの風下は**ケム**かった。
4 傷口を強く**オ**さえて止血する。
5 **エンギ**をかついで日を決めた。
6 **エンピツ**で簡単にスケッチする。
7 過ぎ去った日々を**ツイオク**する。
8 たばこの**ケムリ**が目にしみる。
9 **ヤマオク**の小さな集落で暮らす。
10 足が**ナマリ**のように重い。
11 **キタナ**い手で触《さわ》ってはいけない。
12 健康のために**キンエン**を始めた。
13 政治家の**オショク**事件が起きる。
14 庭に咲《さ》いた花で**オ**し花を作る。
15 発表会の**エンソウ**を録音する。
16 家と学校とを**オウフク**する。
17 本に**チョサク**者のサインがある。
18 花模様を**オ**り出した布地だ。
19 前向きな**シセイ**で取り組む。
20 新しい仕事にも**ナ**れてきた。
21 味の**カゲン**をみながら料理する。
22 目標額の**カゲン**を設定する。
23 ようやく部屋が**アタタ**まった。
24 親切にされて心が**アタタ**まった。

汚名返上（おめいへんじょう）
「立てられた悪い評判を消し、名誉《めいよ》を取りもどすこと」という意味の四字熟語です。「汚名（＝悪い評判）」は、自身で受け取りたくないものなので「返上（＝返すこと）」と続きます。「挽回《ばんかい》（＝取り返すこと）」と続けないよう注意しましょう。

漢字	読み	画数	部首	部首名	漢字の意味	用例
暇	音 カ　訓 ひま	13	日	ひへん	ひま・やすみ・何かをする時間	休暇《きゅうか》・寸暇《すんか》・余暇《よか》・暇《ひま》つぶし・手間暇《てまひま》
箇	音 カ　訓 ―	14	⺮	たけかんむり	ものをかぞえるとき用いることば	箇所《かしょ》・箇条《かじょう》・箇条書《かじょうが》き
雅	音 ガ　訓 ―	13	隹	ふるとり	上品なこと・風流なこと・おおらかなこと	雅楽《ががく》・雅号《がごう》・雅俗《がぞく》・閑雅《かんが》・静寂閑雅《せいじゃくかんが》・風雅《ふうが》・優雅《ゆうが》
介	音 カイ　訓 ―	4	人	ひとやね	なかだちをする・たすける・つまらないもの	介護《かいご》・介在《かいざい》・介助《かいじょ》・介入《かいにゅう》・介抱《かいほう》・魚介《ぎょかい》・紹介《しょうかい》・仲介《ちゅうかい》
戒	音 カイ　訓 いまし(める)	7	戈	ほこづくり　ほこがまえ	注意する・いましめる・さとす・おきて	戒律《かいりつ》・一罰百戒《いちばつひゃっかい》・訓戒《くんかい》・警戒《けいかい》・厳戒《げんかい》・懲戒《ちょうかい》・破戒《はかい》
皆	音 カイ　訓 みな	9	白	しろ	すべて・全部・おなじく	皆既《かいき》・皆勤《かいきん》・皆無《かいむ》・皆目《かいもく》・免許皆伝《めんきょかいでん》・皆様《みなさま》
壊	音 カイ　訓 こわ(す) こわ(れる)	16	土	つちへん	くずれる・くずす	壊滅《かいめつ》・決壊《けっかい》・全壊《ぜんかい》・損壊《そんかい》・倒壊《とうかい》・破壊《はかい》・崩壊《ほうかい》・壊《こわ》れ物《もの》
較	音 カク　訓 ―	13	車	くるまへん	くらべる・きそう・あきらか	較差《かくさ》・比較《ひかく》
獲	音 カク　訓 え(る)	16	犭	けものへん	とらえる・つかまえる・手に入れる	獲得《かくとく》・漁獲《ぎょかく》・漁獲量《ぎょかくりょう》・捕獲《ほかく》・乱獲《らんかく》・濫獲《らんかく》・獲物《えもの》

筆順

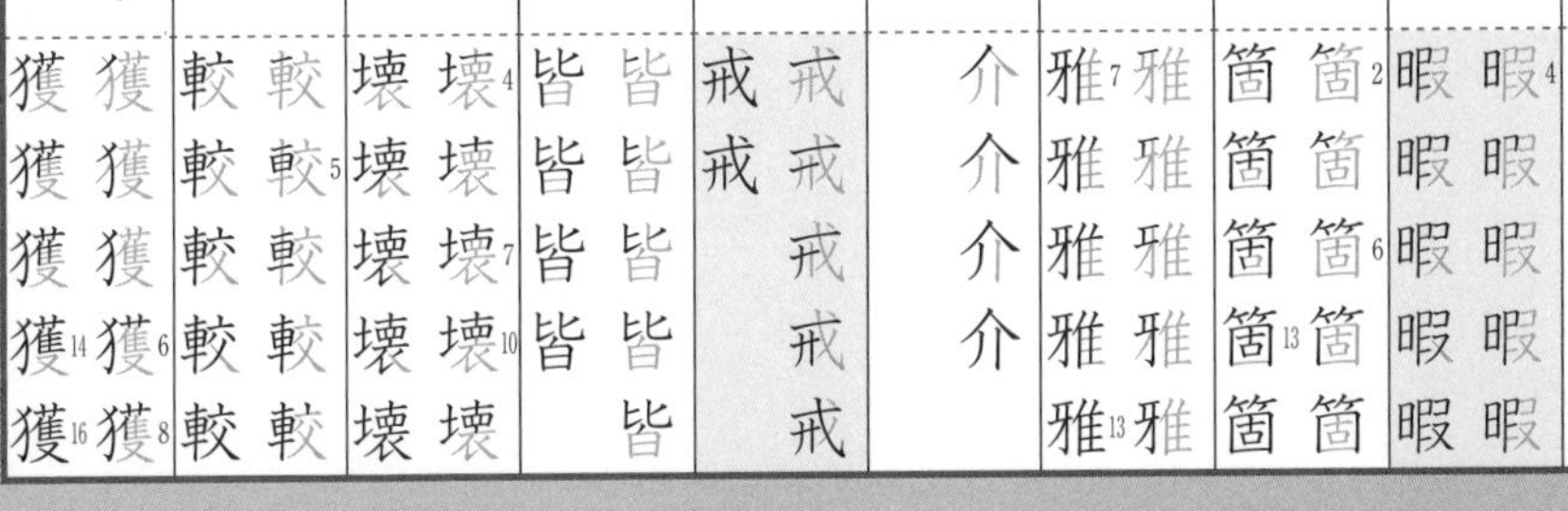

ステップ 4

練習問題

1	/24
2	/10
3	/10
4	/24

月　日

1

次の——線の漢字の読みをひらがなで記せ。

1 ライオンが獲物に飛びかかった。（　）
2 高齢《こうれい》者の介護が社会問題となる。（　）
3 二次災害に備え警戒を強める。（　）
4 保養地で優雅な日々を過ごす。（　）
5 魚介類は体によいといわれる。（　）
6 形あるものはいつか壊れる。（　）
7 間違っている箇所に線を引く。（　）
8 姉は中学三年間を皆勤で通した。（　）
9 今年は漁獲量が減少した。（　）
10 成功できたのは皆のおかげだ。（　）
11 境内では雅楽の演奏が始まった。（　）
12 今年の冬は比較的暖かいようだ。（　）
13 注文が多くて休む暇もない。（　）
14 戦争で破壊された街が復興した。（　）
15 乱暴な運転を戒められた。（　）
16 寸暇をおしんで研究に打ちこむ。（　）
17 梅干しのおにぎりを食べる。（　）
18 小さな船で大海原にこぎ出した。（　）
19 器物損壊の罪に問われる。（　）
20 古い校舎を壊して建てかえる。（　）
21 行楽地で余暇を楽しむ。（　）
22 手間暇かけて料理を作った。（　）
23 ロボット全盛の時代がくる。（　）
24 温度計の目盛りを正確に読む。（　）

2 熟語の構成のしかたには次のようなものがある。

ア　同じような意味の漢字を重ねたもの　（岩石）
イ　反対または対応の意味を表す字を重ねたもの　（高低）
ウ　上の字が下の字を修飾《しゅうしょく》しているもの　（洋画）
エ　下の字が上の字の目的語・補語になっているもの　（着席）
オ　上の字が下の字の意味を打ち消しているもの　（非常）

次の熟語は右のア〜オのどれにあたるか、一つ選び、記号で記せ。

1 防災（　）
2 取捨（　）
3 鋭角（　）
4 獲得（　）
5 無言（　）
6 救援（　）
7 朗読（　）
8 未熟（　）
9 挙手（　）
10 難易（　）

3 次の漢字の部首と部首名を（　）に記せ。部首名が二つ以上あるものは、そのいずれか一つを記せばよい。

	部首	部首名
1 獲	（　）	（　）
2 奥	（　）	（　）
3 暇	（　）	（　）
4 壱	（　）	（　）
5 戒	（　）	（　）
6 雅	（　）	（　）
7 煙	（　）	（　）
8 壊	（　）	（　）
9 老	（　）	（　）
10 建	（　）	（　）

4 次の——線のカタカナを漢字に直せ。

1 **エモノ**を見つけて矢をつがえる。
2 厳しい**カイリツ**を守っている。
3 **キュウカ**を取って海外へ行く。
4 成功の可能性は**カイム**に等しい。
5 **ヒマ**を見つけて練習にはげむ。
6 複数の商品を**ヒカク**して買う。
7 **ミナサマ**お元気でしょうか。
8 庭園の**フウガ**な茶室に通された。
9 昨日の台風で屋根が**コワ**れた。
10 他国の**カイニュウ**をこばむ。
11 やっと高い地位を**カクトク**した。
12 今回の失敗を**イマシ**めとする。
13 注意点を**カジョウ**書きにする。
14 **カイコ**のまゆから絹糸をとる。
15 資金不足を借入金で**オギナ**う。
16 **スデ**で触《さわ》らないように注意する。
17 **オンダン**な地域で農業が盛んだ。
18 決勝戦は雨で**エンキ**となった。
19 草木を煮《に》出《だ》した液で布を**ソ**める。
20 商店街の組合に**カメイ**する。
21 登場人物は全て**カメイ**で記した。
22 的を**イ**た説明に納得した。
23 雨なので外出せずに家に**イ**る。
24 入会には親の承諾《しょうだく》が**イ**るそうだ。

「々」って何？
「々」は同じ字を二度書く労を省く符号《ふごう》で「踊《おど》り字（繰《く》り返し符号）」といいます。これは「人々」「年々」などの漢字一字の繰り返しに用い、「一年一年」「不承不承」といった熟語の繰り返しや、「民主主義」「学生生活」のように複合語と認められる語句には用いません。

漢字	読み	画数	部首	部首名	漢字の意味	用例	筆順
刈	音 ―― 訓 か(る)	4	刂	りっとう	かる・まとめて切り取る・短く切る	刈《か》り入《い》れ・稲刈《いねか》り・草刈《くさか》り・芝刈《しばか》り・丸刈《まるが》り	刈 刈 刈 刈
甘	音 カン 訓 あま(い) あま(える) あま(やかす)	5	甘	かん あまい	あまい・あまんじる・うまい	甘言《かんげん》・甘受《かんじゅ》・甘美《かんび》・甘味料《かんみりょう》・甘口《あまくち》・甘酢《あまず》・甘党《あまとう》	甘 甘 甘 甘 甘
汗	音 カン 訓 あせ	6	氵	さんずい	あせ	汗顔《かんがん》・汗牛充棟《かんぎゅうじゅうとう》・発汗《はっかん》・汗水《あせみず》・脂汗《あぶらあせ》・寝汗《ねあせ》・冷《ひ》や汗《あせ》	汗 汗 汗 汗 汗 汗
乾	音 カン 訓 かわ(く) かわ(かす)	11	乙	おつ	水分がなくなる・いぬい(北西の方面)	乾季《かんき》・乾燥《かんそう》・乾電池《かんでんち》・乾杯《かんぱい》・無味《むみ》乾燥《かんそう》・生乾《なまがわ》き	乾 乾 乾 乾 乾6 乾 乾 乾 乾 乾
勧	音 カン 訓 すす(める)	13	力	ちから	すすめる・はげます	勧業《かんぎょう》・勧告《かんこく》・勧奨《かんしょう》・勧善懲悪《かんぜんちょうあく》・勧誘《かんゆう》・入会《にゅうかい》を勧《すす》める	勧 勧3 勧 勧 勧 勧 勧 勧11 勧 勧
歓	音 カン 訓 ――	15	欠	あくび かける	よろこぶ・たのしむ	歓喜《かんき》・歓迎《かんげい》・歓呼《かんこ》・歓声《かんせい》・歓待《かんたい》・歓談《かんだん》・哀歓《あいかん》・交歓《こうかん》	歓3 歓 歓 歓 歓 歓 歓11 歓 歓 歓15
監	音 カン 訓 ――	15	皿	さら	みはりをする・ろうや・かんがみる	監禁《かんきん》・監査《かんさ》・監察《かんさつ》・監視《かんし》・監修《かんしゅう》・監督《かんとく》・総監《そうかん》	監 監 監 監 監 監 監 監10 監14 監
環	音 カン 訓 ――	17	王	おうへん たまへん	わ・ぐるぐるまわる・まわりをとりまく	環境《かんきょう》・環視《かんし》・環礁《かんしょう》・環状《かんじょう》・一環《いっかん》・衆人環視《しゅうじんかんし》・循環《じゅんかん》	環2 環4 環6 環8 環 環13 環 環 環 環
鑑	音 カン 訓 かんが(みる)高	23	金	かねへん	てほん・見わける・かんがみる	鑑札《かんさつ》・鑑識《かんしき》・鑑賞《かんしょう》・鑑定《かんてい》・鑑別《かんべつ》・印鑑《いんかん》・図鑑《ずかん》・名鑑《めいかん》	鑑2 鑑4 鑑 鑑8 鑑 鑑12 鑑15 鑑18 鑑20 鑑23

練習問題

1	／24
2	／10
3	／10
4	／24

月　日

1 次の——線の漢字の読みをひらがなで記せ。

1 印鑑登録の手続きをする。
2 牧草を刈り取って冬に備える。
3 思いもよらぬ歓待を受けた。
4 教授に辞典の監修をお願いした。
5 夏は洗たく物の乾きが早い。
6 どんな批判でも甘受する。
7 法人に給料引き上げを勧告する。
8 手に汗を握る熱戦が続いた。
9 夏はプール監視員として働く。
10 ひざの上でネコが甘える。
11 写真が豊富に載《の》った図鑑だ。
12 乾物屋でかつおぶしを買う。
13 父は医師から禁煙を勧められた。
14 店でカレーの甘口を注文した。
15 衆人環視の中で事件が起きた。
16 夜がふけるまで友と歓をつくす。
17 極度の緊張《きんちょう》から発汗した。
18 世界の情勢を正しく認識する。
19 出かけるにはよい日和だ。
20 部屋の天井から照明をつるす。
21 今は乾季で降雨量はゼロに近い。
22 晩秋の乾いた風が心地よい。
23 甘美なメロディーを楽しむ。
24 妹は祖父に甘やかされて育った。

2 次の――線のところにあてはまる送りがなをひらがなで記せ。

〈例〉意見を述――。（べる）

1 水に落としたタオルを乾――。（　　）
2 水をやってもすぐに土が乾――。（　　）

3 夕日が西の山に隠――。（　　）
4 物陰に身を隠――。（　　）

5 あまり結論を急ぐと話が壊――。（　　）
6 校舎を取り壊――ことになった。（　　）

7 危――ぶつかるところだった。（　　）
8 合格できるかを危――でいる。（　　）

9 批判は甘――て受け入れる。（　　）
10 子どもを甘――てはいけない。（　　）

3 次の各組の熟語が対義語の関係になるように、（　）に入る漢字を後の［　］の中から選べ。［　］の中の漢字は一度だけ使うこと。

1 存続―断（　）
2 甘言―（　）言
3 困難―容（　）
4 定期―（　）時
5 油断―警（　）

6 憶測―（　）信
7 近海―遠（　）
8 歓声―（　）鳴
9 保守―（　）新
10 盛夏―（　）冬

易・戒・革・確・苦・厳・絶・悲・洋・臨

4 次の——線のカタカナを漢字に直せ。

1 **カンデンチ**の取りかえ時期だ。
2 判断が**アマ**かったと反省する。
3 じっとしても**アセ**ばむ陽気だ。
4 会計**カンサ**の報告があった。
5 雨にぬれた服を室内で**カワ**かす。
6 美術館で絵画を**カンショウ**する。
7 かみの毛を短く**カ**り上げる。
8 **ハッカン**で体温が下がった。
9 先の台風で避《ひ》難《なん》**カンコク**が出た。
10 人工**カンミリョウ**を使っている。
11 生活**カンキョウ**が整っている。
12 勝利の報に**カンコ**の声を上げた。
13 **ワ**れるような拍手《はくしゅ》が起こった。
14 洋ランの**カブ**分けをした。
15 新居に移るまでの**カリ**の住まいだ。
16 表通りに店の**カンバン**を出した。
17 税制**カイカク**について議論する。
18 退職して家業に**センネン**する。
19 役所の**ケンゲン**で中に立ち入る。
20 講演の内容を**カンケツ**に述べる。
21 長年続いた漫《まん》画《が》が**カンケツ**した。
22 兄はかなりの**アツ**がりだ。
23 スープが**アツ**くて飲めない。
24 手**アツ**いもてなしを受ける。

使い分けよう！ **かんしょう【観賞・鑑賞】**

観賞…例 ホタルを観賞する
(自然や草花などを見て楽しむ)

鑑賞…例 音楽を鑑賞する
(芸術作品などを味わって理解する)

漢字	読み	画数	部首	部首名	漢字の意味	用例
含	音 ガン　訓 ふく(む)・ふく(める)	7	口	くち	内につつみこむ・深い味わい・いだく	含羞《がんしゅう》・含蓄《がんちく》・含味《がんみ》・含有《がんゆう》・包含《ほうがん》・かんで含《ふく》める
奇	音 キ　訓 —	8	大	だい	ふしぎ・すぐれた・思いがけない・はんぱな	奇異《きい》・奇術《きじゅつ》・奇跡《きせき》・奇抜《きばつ》・好奇心《こうきしん》・珍奇《ちんき》・妙計奇策《みょうけいきさく》
祈	音 キ　訓 いの(る)	8	ネ	しめすへん	いのる・神や仏に願う	祈雨《きう》・祈願《きがん》・祈念《きねん》・祈《いの》るような気持《きも》ち
鬼	音 キ　訓 おに	10	鬼	おに	死んだ人・おに・すぐれたもの	鬼気《きき》・鬼才《きさい》・鬼門《きもん》・餓鬼《がき》・疑心暗鬼《ぎしんあんき》・吸血鬼《きゅうけつき》
幾	音 キ　訓 いく	12	幺	よう・いとがしら	いくつ・いくら・きざし・ほとんど	幾何学《きかがく》・幾重《いくえ》・幾多《いくた》・幾分《いくぶん》
輝	音 キ　訓 かがや(く)	15	車	くるま	きらきらと明るく見える・かがやかしい	輝輝《きき》・輝石《きせき》・光輝《こうき》・清輝《せいき》・輝《かがや》かしい未来《みらい》
儀	音 ギ　訓 —	15	亻	にんべん	作法に合ったおこない・やきまり・もけい	儀式《ぎしき》・威儀《いぎ》・行儀《ぎょうぎ》・葬儀《そうぎ》・地球儀《ちきゅうぎ》・難儀《なんぎ》・余儀《よぎ》・流儀《りゅうぎ》
戯	音 ギ　訓 たわむ(れる)高	15	戈	ほこづくり・ほこがまえ	たわむれる・ふざける・芝居《しばい》	戯画《ぎが》・戯曲《ぎきょく》・児戯《じぎ》・遊戯《ゆうぎ》・子犬《こいぬ》と戯《たわむ》れる

筆順

漢字	筆順
含	含（7画）
奇	奇（8画）
祈	祈（8画）
鬼	鬼（10画）
幾	幾 6
輝	輝 3 8 13
儀	儀 4 8 15
戯	戯 8 11 14

ステップ 6 練習問題

1	/24
2	/9
3	/10
4	/24

月　日

1 次の――線の漢字の読みをひらがなで記せ。

1 現代の世相を戯画化している。（　）
2 庭園は幾何学《かがく》的に設計された。（　）
3 鉄分を多く含む野菜を食べる。（　）
4 行儀の悪い座り方を注意された。（　）
5 映画界の鬼才といわれた人だ。（　）
6 毎朝欠かさず祈りをささげる。（　）
7 人気作家の戯曲を上演する。（　）
8 神社に参拝して合格を祈願する。（　）
9 新雪が朝日にきらきらと輝く。（　）
10 彼《かれ》の言葉にはいつも含蓄《ちく》がある。（　）

11 幾つもの流れ星を見て感動した。（　）
12 神前で威儀を正して拝礼する。（　）
13 余興で奇術を見せてもらった。（　）
14 民話には多くの鬼が登場する。（　）
15 幾多の難関を乗り越えてきた。（　）
16 相手の気持ちを推し量る。（　）
17 わが身を省みて恥《は》じ入る。（　）
18 鮮《あざ》やかな手並みで魚をさばく。（　）
19 多くの問題を包含している。（　）
20 よく言い含めてあきらめさせた。（　）
21 縁側でひなたぼっこをする。（　）
22 金縁の眼鏡をかけている。（　）
23 汚水処理設備を見学する。（　）
24 汚れ役でチャンスをつかんだ。（　）

2 次の——線のカタカナにあてはまる漢字をそれぞれのア〜オから一つ選び、記号で記せ。

1 **ギ**礼的なあいさつを述べた。（　）
2 不自然な話に**ギ**念を抱《いだ》いた。（　）
3 コンピューターの**ギ**能を習得する。（　）
（ア 技　イ 義　ウ 疑　エ 戯　オ 儀）

4 **カン**言につられて痛い目にあう。（　）
5 客席から**カン**声が上がる。（　）
6 開花時期を植物図**カン**で調べた。（　）
（ア 監　イ 鑑　ウ 歓　エ 勧　オ 甘）

7 年をとっても好**キ**心を失わない。（　）
8 実現しそうもない**キ**上のプランだ。（　）
9 表情に**キ**気迫《せま》るものを感じた。（　）
（ア 奇　イ 輝　ウ 鬼　エ 机　オ 幾）

3 次の（　）内に入る漢字を、後の□の中から選び、四字熟語を完成せよ。□の中の漢字は一度だけ使うこと。

1 青天（　）日
2 百（　）夜行
3 意味深（　）
4 半信半（　）
5 疑心（　）鬼
6 衆人（　）視
7 （　）果応報
8 独立自（　）
9 （　）想天外
10 危急存（　）

暗・因・環・鬼・奇・疑・尊・長・白・亡

4 次の――線のカタカナを漢字に直せ。

1 来年のことを言うと**オニ**が笑う。（　　）
2 合計金額は**イク**らになるのか。（　　）
3 刀身が銀色の**コウキ**を放つ。（　　）
4 世界の平和を心から**イノ**る。（　　）
5 伝統的な**ギシキ**が行われる。（　　）
6 **キモン**の方角に気をつける。（　　）
7 かんで**フク**めるように説明する。（　　）
8 神仏に平和な世を**キネン**する。（　　）
9 水泳で**カガヤ**かしい成績を残す。（　　）
10 **キスウ**は二で割り切れない。（　　）
11 単なる言葉の**ユウギ**に過ぎない。（　　）
12 食品の鉄分**ガンユウ**量を調べる。（　　）

13 **キソク**正しい生活を心がける。（　　）
14 日が**ク**れるまで練習を続けた。（　　）
15 下半身の**キンニク**をきたえる。（　　）
16 景気の影響《えいきょう》で貯金が**メベ**りする。（　　）
17 こんなつらさはまだ**ジョ**の口だ。（　　）
18 母の着物と**オビ**をゆずり受けた。（　　）
19 野生動物が辺りを**ケイカイ**する。（　　）
20 **ケイカイ**なリズムの曲をかける。（　　）
21 東北の**キョウド**料理を味わう。（　　）
22 金属の**キョウド**を調べる。（　　）
23 従業員の賃金を**ア**げた。（　　）
24 身近なことを例に**ア**げて説く。（　　）

疑心暗鬼（ぎしんあんき）

「疑心、暗鬼を生ず」の略。「疑いの心があると、何でもないことにまで不安や恐怖《きょうふ》を覚えるようになってしまうこと」を表す言葉です。中国で「鬼」は、「幽霊《ゆうれい》・霊魂《れいこん》」を指します。

例 その一言で、ますます疑心暗鬼におちいった。

ステップ 1-6

力だめし

第1回

総得点 /100

評価

A
80点 B
75点 C
70点 D
60点 E

月　日

1 次の——線の漢字の読みをひらがなで記せ。

1×10　/10

1 子どもの扱い方が実に上手だ。（　）
2 周囲から奇異の目で見られる。（　）
3 違約金が発生する可能性がある。（　）
4 絵画が本物かどうかを鑑定する。（　）
5 提案に反対する人は皆無だった。（　）
6 鉛を飲んだように胃が重い。（　）
7 お茶うけに和菓子を出した。（　）
8 越境入学が許可される。（　）
9 父は汗水たらして働いている。（　）
10 ふかした芋をおやつに食べる。（　）

2 次の漢字の部首をア～エから一つ選び、記号で記せ。

1×10　/10

1 越（ア 戈　イ 走　ウ 厂　エ 土）（　）
2 鬼（ア 田　イ 儿　ウ 厶　エ 鬼）（　）
3 鑑（ア ノ　イ 金　ウ 臣　エ 皿）（　）
4 隠（ア 阝　イ 爫　ウ 心　エ ノ）（　）
5 箇（ア ⺮　イ 囗　ウ 十　エ 口）（　）
6 影（ア 日　イ 亠　ウ 口　エ 彡）（　）
7 甘（ア 一　イ 十　ウ 山　エ 甘）（　）
8 奇（ア 大　イ 一　ウ 口　エ 亅）（　）
9 環（ア 口　イ 罒　ウ ⺩　エ 丨）（　）
10 幾（ア 幺　イ 弋　ウ 人　エ 戈）（　）

3 次の――線のカタカナを漢字一字と送りがな（ひらがな）に直せ。

〈例〉問題にコタエル。（答える）

1×10 ／10

1 相手の弱みをニギッている。（ ）
2 失敗が研究を成功へミチビイた。（ ）
3 フタタビ会うことはないだろう。（ ）
4 親孝行をする彼《かれ》はエライと思う。（ ）
5 庭仕事をして手がヨゴレル。（ ）
6 子どものいたずらをイマシメル。（ ）
7 円満な解決がノゾマシイ。（ ）
8 台風はサイワイ東にそれた。（ ）
9 夜空のカガヤク星をながめる。（ ）
10 栄養分を多くフクンでいる。（ ）

4 熟語の構成のしかたには次のようなものがある。

1×10 ／10

ア 同じような意味の漢字を重ねたもの（岩石）
イ 反対または対応の意味を表す字を重ねたもの（高低）
ウ 上の字が下の字を修飾《しゅうしょく》しているもの（洋画）
エ 下の字が上の字の目的語・補語になっているもの（着席）
オ 上の字が下の字の意味を打ち消しているもの（非常）

次の熟語は右のア～オのどれにあたるか、一つ選び、記号で記せ。

1 不備（ ）
2 奇数（ ）
3 製菓（ ）
4 絶縁（ ）
5 乾季（ ）
6 休暇（ ）
7 甘言（ ）
8 就任（ ）
9 遊戯（ ）
10 去来（ ）

5 次の各文にまちがって使われている同じ読みの漢字が一字ある。上に誤字を、下に正しい漢字を記せ。

2×5 /10

誤 正

1 研究分野では権位といわれる教授だが、酒席では実にざっくばらんに学生と語り合う。 (　)(　)

2 祖父母は複数のおもちゃを熱心に比格し、最終的に木製のアヒルを孫に買ってきた。 (　)(　)

3 自宅での快護には適切な環境の整備だけでなく、周りの理解と協力も不可欠である。 (　)(　)

4 青年が宿敵を破り、王座を獲得したので、支縁者が大勢集まって盛大な祝勝会を開いた。 (　)(　)

5 雲一つない熱暑の昼下がりとはいえ、公園の大樹の木影に入るとさすがにすずしい。 (　)(　)

6 後の［　］内のひらがなを漢字に直して（　）に入れ、対義語・類義語を作れ。［　］内のひらがなは一度だけ使い、漢字一字を記せ。

1×10 /10

対義語

1 深夜―(　)昼

2 陽性―(　)性

3 建設―破(　)

4 定例―(　)時

5 在宅―(　)守

類義語

6 加勢―応(　)

7 許可―(　)認

8 散歩―散(　)

9 回想―追(　)

10 重荷―負(　)

いん・えん・おく・かい・さく・しょう・たん・はく・りん・る

7

次の（　）内に入る漢字を、後の［　］の中から選び、四字熟語を完成せよ。［　］の中の漢字は一度だけ使うこと。

2×10　／20

1 （　）名無実
2 （　）味本位
3 玉石（　）交
4 新進気（　）
5 平身（　）頭
6 外交辞（　）
7 （　）風堂々
8 天（　）地異
9 意気（　）合
10 一刀（　）断

［威・鋭・興・混・低・投・変・有・両・令］

8

次の――線のカタカナを漢字に直せ。

2×10　／20

1 車が**ツチケムリ**を上げて通った。（　）
2 **カンキン**された人を救い出す。（　）
3 バスの**ウンチン**が値上げされる。（　）
4 入学祝いは**チキュウギ**だった。（　）
5 田んぼで実った稲《いね》を**カ**る。（　）
6 身の**チヂ**む思いで話を聞いた。（　）
7 心の**オクソコ**にひめた思いだ。（　）
8 青色の毛糸でセーターを**ア**む。（　）
9 遠方の友の**アンピ**をたずねる。（　）
10 残ったお金を銀行に**アズ**けた。（　）

ステップ 7

漢字	読み	画数	部首	部首名	漢字の意味	用例	筆順
詰	音 キツ高 訓 つ(める) つ(まる) つ(む)	13	言	ごんべん	問いつめる・つまる・つめる・まがる	詰問《きつもん》・難詰《なんきつ》・息詰《いきづ》まる・大詰《おおづ》め・箱詰《はこづ》め・膝詰《ひざづ》め	詰 詰 詰 詰 詰 詰 詰 詰 詰 詰
却	音 キャク 訓 ―	7	卩	わりふ ふしづくり	しりぞく・受けつけない・～し終わる	却下《きゃっか》・焼却《しょうきゃく》・退却《たいきゃく》・脱却《だっきゃく》・売却《ばいきゃく》・返却《へんきゃく》・忘却《ぼうきゃく》・冷却《れいきゃく》	却 却 却 却 却 却 却
脚	音 キャク キャ高 訓 あし	11	月	にくづき	あし・下についてささえるもの	脚注《きゃくちゅう》・脚本《きゃくほん》・脚力《きゃくりょく》・脚光《きゃっこう》・健脚《けんきゃく》・失脚《しっきゃく》・二人三脚《ににんさんきゃく》	脚 脚 脚 脚 脚 脚 脚 脚 脚 脚
及	音 キュウ 訓 およ(ぶ) およ(び) およ(ぼす)	3	又	また	追いつく・そこまで届く・および・ならびに	及第《きゅうだい》・及落《きゅうらく》・言及《げんきゅう》・追及《ついきゅう》・波及《はきゅう》・普及《ふきゅう》・及《およ》び腰《ごし》	及 及 及
丘	音 キュウ 訓 おか	5	一	いち	少しもりあがった土地	丘陵《きゅうりょう》・丘陵地《きゅうりょうち》・砂丘《さきゅう》・段丘《だんきゅう》・墳丘《ふんきゅう》・小高《こだか》い丘《おか》	丘 丘 丘 丘 丘
朽	音 キュウ 訓 く(ちる)	6	木	きへん	くさってくずれる・役に立たない	不朽《ふきゅう》・腐朽《ふきゅう》・不朽不滅《ふきゅうふめつ》・老朽《ろうきゅう》・朽《く》ちることのない名声《めいせい》	朽 朽 朽 朽 朽 朽
巨	音 キョ 訓 ―	5	工	え たくみ	大きい・多い・すぐれた	巨額《きょがく》・巨漢《きょかん》・巨匠《きょしょう》・巨体《きょたい》・巨大《きょだい》・巨費《きょひ》・巨木《きょぼく》・巨万《きょまん》	巨 巨 巨 巨 巨
拠	音 キョ コ 訓 ―	8	扌	てへん	たよる・よりどころ・たてこもる	拠点《きょてん》・群雄割拠《ぐんゆうかっきょ》・根拠《こんきょ》・準拠《じゅんきょ》・占拠《せんきょ》・論拠《ろんきょ》・証拠《しょうこ》	拠 拠 拠 拠 拠 拠 拠 拠
距	音 キョ 訓 ―	12	𧾷	あしへん	へだたる・たがう・間をおく	距離《きょり》	距 距 距 距 距 距 距 距 距 距

ステップ 7

練習問題

1	／24
2	／10
3	／10
4	／24

月　日

1 次の――線の漢字の読みをひらがなで記せ。

1 少し距離《り》を置いて付き合う。（　　）
2 制度改革は大詰めを迎《むか》えた。（　　）
3 各地方に商品の流通拠点を置く。（　　）
4 図書館で借りた本を返却する。（　　）
5 倉庫にあった机の脚を修理する。（　　）
6 大将はやむを得ず退却を命じた。（　　）
7 脚注を参考にして古典を読む。（　　）
8 運動会当日は本部に詰めている。（　　）
9 河岸段丘として有名な土地だ。（　　）
10 作品が入賞して脚光を浴びた。（　　）

11 事件の確かな証拠をつかんだ。（　　）
12 常人の及ぶところではない。（　　）
13 後世に残る不朽の名作である。（　　）
14 健脚向きの登山コースにいどむ。（　　）
15 朽ちた大木が横たわっていた。（　　）
16 巨大なビルが林立している。（　　）
17 丘の上から港の船が見える。（　　）
18 親友の門出を心から祝う。（　　）
19 管理者の責任を追及すべきだ。（　　）
20 たばこは健康に害を及ぼす。（　　）
21 吸血鬼が主人公の長編小説だ。（　　）
22 豆まきをして鬼を追いはらう。（　　）
23 テーブルに食器を並べる。（　　）
24 とうていリーダーの器ではない。（　　）

2 次のAとBの漢字を一字ずつ組み合わせて二字の熟語を作れ。Bの漢字は必ず一度だけ使う。また、AとBどちらの漢字が上でもよい。

A

1 老　2 冷　3 軍　4 脚　5 丘
6 拠　7 党　8 裏　9 遊　10 及

B

言　準　砂　戯　庭
甘　却　力　朽　援

1（　　）　2（　　）　3（　　）　4（　　）　5（　　）
6（　　）　7（　　）　8（　　）　9（　　）　10（　　）

3 次の各組の熟語が対義語の関係になるように、（　）に入る漢字を後の□の中から選べ。□の中の漢字は一度だけ使うこと。

1 寒冷―温（　）
2 例外―原（　）
3 平易―（　）解
4 祖先―子（　）
5 不和―円（　）
6 受理―（　）下
7 利益―（　）害
8 晩成―早（　）
9 悪化―（　）転
10 家臣―（　）君

却・好・主・熟・則・孫・損・暖・難・満

4 次の——線のカタカナを漢字に直せ。

1 **ショウコ**を隠した疑いがある。（　　）
2 建設に**キョガク**の費用を要した。（　　）
3 経済への**ハキュウ**効果が現れる。（　　）
4 永遠に**ク**ちることのない愛だ。（　　）
5 映画用の**キャクホン**を書く。（　　）
6 **サキュウ**で育つ植物を研究する。（　　）
7 感動のあまり言葉に**ツ**まる。（　　）
8 土地と家を**バイキャク**する。（　　）
9 そう断言できる**コンキョ**はない。（　　）
10 機能**オヨ**び用法を説明する。（　　）
11 校舎の**ロウキュウ**化が進む。（　　）
12 果物を**ハコヅ**めにして送った。（　　）

13 駅まではかなりの**キョ**離《り》がある。（　　）
14 一夜にして城を**キズ**いたそうだ。（　　）
15 土が水を**キュウシュウ**する。（　　）
16 アイディアが**イズミ**のようにわく。（　　）
17 本堂で心静かに本尊を**オガ**む。（　　）
18 高い**ココロザシ**を持つ仲間だ。（　　）
19 謝礼は**イッサイ**受け取らない。（　　）
20 ひざの**キズグチ**に薬をつける。（　　）
21 経済の専門家を**コウシ**に招いた。（　　）
22 **コウシ**の区別はきちんとつける。（　　）
23 バスが止まり席を**ウツ**った。（　　）
24 大きな鏡に全身が**ウツ**った。（　　）

使い分けよう！　**ついきゅう　【追究・追求・追及】**

追究…例 真理の追究　学問の追究　（きわめる）
追求…例 利益の追求　幸福の追求　（追い求める）
追及…例 責任の追及　余罪の追及　（追いつめる）

漢字表

ステップ 8

漢字	読み	画数	部首	部首名	漢字の意味	用例	筆順
御	音 ギョ・ゴ 訓 おん	12	彳	ぎょうにんべん	馬をあつかう・おさめる・丁寧《ていねい》な意の接頭語	御璽《ぎょじ》・御者《ぎょしゃ》・制御《せいぎょ》・防御《ぼうぎょ》・御殿《ごてん》・御飯《ごはん》・御用《ごよう》・御中《おんちゅう》	3
凶	音 キョウ 訓 ―	4	凵	うけばこ	ききん・心がわるい・えんぎがわるい	凶悪《きょうあく》・凶器《きょうき》・凶作《きょうさく》・凶事《きょうじ》・凶刃《きょうじん》・凶暴《きょうぼう》・吉凶《きっきょう》・元凶《げんきょう》	
叫	音 キョウ 訓 さけ(ぶ)	6	口	くちへん	大声を出す・よぶ・なく	叫喚《きょうかん》・絶叫《ぜっきょう》・叫《さけ》び声《ごえ》	
狂	音 キョウ 訓 くる(う)・くる(おしい)	7	犭	けものへん	くるう・くるったようにはげしい・ふざける	狂気《きょうき》・狂喜《きょうき》・狂言《きょうげん》・狂奔《きょうほん》・狂乱《きょうらん》・酔狂《すいきょう》・熱狂《ねっきょう》・発狂《はっきょう》	
況	音 キョウ 訓 ―	8	氵	さんずい	ようす・ありさま	概況《がいきょう》・活況《かっきょう》・近況《きんきょう》・好況《こうきょう》・実況《じっきょう》・状況《じょうきょう》・盛況《せいきょう》・不況《ふきょう》	
狭	音 キョウ 高 訓 せま(い)・せば(める)・せば(まる)	9	犭	けものへん	せまい・心がせまい・範囲《はんい》が小さい	狭義《きょうぎ》・狭量《きょうりょう》・広狭《こうきょう》・偏狭《へんきょう》・手狭《てぜま》・視野《しや》が狭《せば》まる	
恐	音 キョウ 訓 おそ(れる)・おそ(ろしい)	10	心	こころ	こわがる・かしこまる・つつしむ・おどす	恐悦《きょうえつ》・恐慌《きょうこう》・恐縮《きょうしゅく》・恐怖《きょうふ》・恐竜《きょうりゅう》・末恐《すえおそ》ろしい	
響	音 キョウ 訓 ひび(く)	20	音	おと	ひびき・ひびく・他へはたらきをおよぼす	影響《えいきょう》・音響《おんきょう》・交響楽《こうきょうがく》・交響曲《こうきょうきょく》・反響《はんきょう》・打《う》てば響《ひび》く	3, 6, 8, 13, 16, 20

ステップ 8 練習問題

1	／24
2	／16
3	／10
4	／24

月　日

1 次の——線の漢字の読みをひらがなで記せ。

1 番組に対する反響は大きかった。（　）
2 この車は速度制御装置付きだ。（　）
3 人と交わらないと視野が狭まる。（　）
4 ジェットコースターで絶叫する。（　）
5 敵を恐れてばかりではいけない。（　）
6 公演は大入り満員の盛況だった。（　）
7 熱狂的なファンが押し寄せた。（　）
8 肩身《かたみ》の狭い思いをさせられた。（　）
9 毎日おいしい御飯を食べている。（　）
10 お越しいただき恐縮しています。（　）
11 発車のベルが鳴り響いた。（　）
12 決勝戦の実況放送を聞く。（　）
13 昨年は長雨がたたり凶作だった。（　）
14 末恐ろしい才能の持ち主だ。（　）
15 社名に御中をつけて手紙を出す。（　）
16 狂おしいほどに待ちこがれる。（　）
17 不況で閉店に追いこまれた。（　）
18 子どもたちが大声で叫んでいる。（　）
19 仏前に座してお経をよむ。（　）
20 近くの耳鼻科に通院している。（　）
21 合格の知らせに狂喜した。（　）
22 手違いがあって計画が狂った。（　）
23 新たに交響楽団が組織される。（　）
24 トランペットの音色が響き渡《わた》る。（　）

2 次の（　）にそれぞれ異なる「キョウ」と音読みする適切な漢字を書き入れて熟語を作れ。

1 望（　　）
2（　　）敵
3 状（　　）
4（　　）乱
5 布（　　）
6（　　）囲
7（　　）給
8（　　）器

9（　　）賛
10（　　）界
11（　　）争
12 音（　　）
13（　　）存
14（　　）脚
15（　　）味
16（　　）面

3 次の漢字の部首をア～エから一つ選び、記号で記せ。

1 疑（ア 匕　イ 疋　ウ 矛　エ 矢）（　　）
2 含（ア 人　イ 二　ウ 山　エ 口）（　　）
3 響（ア 幺　イ 阝　ウ 音　エ 日）（　　）
4 戯（ア 虍　イ ノ　ウ 弋　エ 戈）（　　）
5 就（ア 亠　イ 口　ウ 尢　エ 丶）（　　）
6 御（ア 彳　イ 干　ウ 止　エ 卩）（　　）
7 勧（ア 二　イ 力　ウ ノ　エ 隹）（　　）
8 裏（ア 亠　イ 田　ウ 里　エ 衣）（　　）
9 憶（ア 忄　イ 立　ウ 日　エ 心）（　　）
10 脚（ア 月　イ 土　ウ 厶　エ 卩）（　　）

4 次の——線のカタカナを漢字に直せ。

1 **オソ**らく明日は晴れるだろう。（　　）
2 **キョウゲン**は日本の古典芸能だ。（　　）
3 放置自転車が道を**セバ**めている。（　　）
4 わが家の**キンキョウ**を知らせる。（　　）
5 救助を求めて声を限りに**サケ**ぶ。（　　）
6 何か**ゴヨウ**はございませんか。（　　）
7 打てば**ヒビ**くような受け答えだ。（　　）
8 吉《きち》と出るか**キョウ**と出るか。（　　）
9 秋に桜が**クル**い咲《ざ》きした。（　　）
10 部屋が**テゼマ**になってきた。（　　）
11 あわてて城の**ボウギョ**を固める。（　　）
12 業界に悪**エイキョウ**を及ぼす。（　　）

---

13 失敗を**オソ**れずチャレンジする。（　　）
14 寒さが最も**キビ**しい時期だ。（　　）
15 日本**ケイザイ**の動向を見守る。（　　）
16 高をくくって**イタ**いめにあった。（　　）
17 **キヌ**をさくような悲鳴を聞いた。（　　）
18 **カンベン**な方法で調理する。（　　）
19 季節の**クダモノ**が店頭に並ぶ。（　　）
20 **ベンゼツ**さわやかな好青年だ。（　　）
21 **キキ**せまる光景を目にした。（　　）
22 **キキ**意識が薄《うす》れてきている。（　　）
23 **カタ**破りの発想で難問を解いた。（　　）
24 悪だくみの**カタ**棒をかつぐ。（　　）

「言」と「言」は違う?
検定では、教科書体（言）を手本にして書くことが基本ですが、書体によって字形に相違が見られるものがあります。「言・言・言」「令・令」などは、デザインの違いであって、字体の違いとは見なしません。検定ではいずれも正解になります。

漢字表

ステップ 9

漢字	読み	画数	部首	部首名	漢字の意味	用例	筆順
驚	音 キョウ 訓 おどろ(く) おどろ(かす)	22	馬	うま	びっくりする	驚異《きょうい》・驚喜《きょうき》・驚嘆《きょうたん》・驚天動地《きょうてんどうち》・驚《おどろ》きを隠《かく》す	驚3 驚5 驚8 驚11 驚 驚 驚 驚 驚17 驚22
仰	音 ギョウ コウ 訓 あお(ぐ) おお(せ) 高	6	亻	にんべん	上を向く・あがめる・おおせ	仰角《ぎょうかく》・仰視《ぎょうし》・仰天《ぎょうてん》・信仰《しんこう》・信仰心《しんこうしん》・仰《あお》げば尊《とうと》し	仰 仰 仰 仰 仰 仰
駆	音 ク 訓 か(ける) か(る)	14	馬	うまへん	かける・思いのままに・追いたてる	駆使《くし》・駆除《くじょ》・駆動《くどう》・疾駆《しっく》・先駆《せんく》・駆《か》け出《だ》し・駆《か》け回《まわ》る	駆 駆 駆 駆5 駆 駆10 駆 駆 駆 駆
屈	音 クツ 訓 ―	8	尸	かばね しかばね	かがむ・くじける・いきづまる	屈指《くっし》・屈伸《くっしん》・屈折《くっせつ》・屈託《くったく》・退屈《たいくつ》・卑屈《ひくつ》・不屈《ふくつ》・理屈《りくつ》	屈 屈 屈 屈 屈 屈 屈 屈
掘	音 クツ 訓 ほ(る)	11	扌	てへん	ほる・ほりだす	掘削《くっさく》・採掘《さいくつ》・試掘《しくつ》・盗掘《とうくつ》・発掘《はっくつ》・掘《ほ》り出《だ》し物《もの》・芋掘《いもほ》り	掘 掘 掘 掘5 掘 掘 掘 掘 掘 掘
繰	音 ― 訓 く(る)	19	糸	いとへん	引きよせまきとる・順におくる・かぞえる	繰《く》り上《あ》げ・繰《く》り返《かえ》し・繰《く》り延《の》べ・糸繰《いとく》り・やり繰《く》り	繰 繰3 繰 繰6 繰9 繰12 繰15 繰 繰 繰19
恵	音 ケイ エ 訓 めぐ(む)	10	心	こころ	めぐむ・したがう・かしこい	恵贈《けいぞう》・恵与《けいよ》・恩恵《おんけい》・互恵《ごけい》・天恵《てんけい》・猿知恵《さるぢえ》・知恵《ちえ》	恵 恵 恵 恵 恵 恵 恵 恵 恵 恵
傾	音 ケイ 訓 かたむ(く) かたむ(ける)	13	亻	にんべん	かたむく・心をよせる・そうなりがち	傾向《けいこう》・傾斜《けいしゃ》・傾注《けいちゅう》・傾聴《けいちょう》・傾倒《けいとう》・前傾《ぜんけい》・日《ひ》が傾《かたむ》く	傾2 傾 傾 傾6 傾 傾 傾10 傾 傾 傾

練習問題

1	／24
2	／5
3	／10
4	／24

月　日

1

次の——線の漢字の読みをひらがなで記せ。

1 事業に全力を傾注する。（　）
2 自然界の驚異に目を見張る。（　）
3 皆で知恵をしぼって解決した。（　）
4 祖母は信仰心のあつい人だった。（　）
5 理屈に合わないことを言われた。（　）
6 あわただしく駆け回る毎日だ。（　）
7 海底から石油を採掘する。（　）
8 真夏の星空を仰視する。（　）
9 強い風に船が大きく傾いた。（　）
10 豊かな天恵がもたらされた。（　）

11 実物の巨大さには驚かされた。（　）
12 労働運動の先駆をなした人だ。（　）
13 幾度も繰り返して注意した。（　）
14 世界屈指の名門大学に通う。（　）
15 恵みの雨で草木がうるおった。（　）
16 終生の師と仰ぐ人物に出会った。（　）
17 庭の土を掘って球根を植えた。（　）
18 先生は毒舌家で知られている。（　）
19 薬剤《やくざい》を使用して害虫を駆除する。（　）
20 先行きへの不安に駆られた。（　）
21 思いがけない再会に驚喜する。（　）
22 映画の意外な結末に驚いた。（　）
23 生来の筆無精をお許しください。（　）
24 もはや精も根もつき果てた。（　）

2 次の各文にまちがって使われている同じ読みの漢字が一字ある。上に誤字を、下に正しい漢字を記せ。

誤　正

1 有効な少子化対作が打ち出されないまま、日本の総人口は予測よりも早く減少に転じた。（　）（　）

2 保護者の印監もしくはサインがないと、許可を得るための書類が提出できない。（　）（　）

3 皆がしているからと安易に行動に移すと、思わぬ偉法行為を犯すことになる。（　）（　）

4 宿を一箇所に定め、そこを拠典にして路線バスで名所をめぐった。（　）（　）

5 使い心地がよく、求水性と速乾性にも優れたタオルを長年愛用している。（　）（　）

3 次の各組の熟語が類義語の関係になるように、（　）に入る漢字を後の□の中から選べ。□の中の漢字は一度だけ使うこと。

1 大樹―（　）木

2 看病―介（　）

3 不朽―（　）遠

4 推量―（　）測

5 親類―（　）者

6 熱狂―興（　）

7 形見―（　）品

8 用心―警（　）

9 及第―合（　）

10 老練―円（　）

遺・永・縁・憶・戒・格・巨・護・熟・奮

4 次の――線のカタカナを漢字に直せ。

1 一種の民間シンコウといえよう。
2 創作意欲をカり立てる風景だ。
3 村の古老の話に耳をカタムける。
4 遺跡《いせき》から土器がハックツされる。
5 医師に指示をアオいだ。
6 生物は太陽のオンケイを受ける。
7 足音にオドロいて鳥が飛び立つ。
8 光のクッセツの実験をした。
9 辞書をクって意味を調べる。
10 技術をクシして完成させた。
11 イモホりで楽しい一日を過ごす。
12 音楽の才能にメグまれている。
13 家族一同びっくりギョウテンだ。
14 人口が減少のケイコウにある。
15 寺のケイダイに桜の木がある。
16 ケワしい山道にさしかかった。
17 言いワケをするつもりはない。
18 駅は通勤客でコンザツしている。
19 旅先で道に迷ってコマった。
20 キチョウ品を預かっている。
21 青をキチョウとした絵をかく。
22 モトを正せば自分が悪かった。
23 外出前に火のモトを確かめる。
24 史実にモトづいた小説だ。

読み方をまちがえやすい漢字

Q…次の語の読み方は? ①仰視 ②駆られる ③反響

A…①ぎょうし ②か(られる) ③はんきょう

「仰視」は「こうし」、「駆られる」は「かけ(られる)」、「反響」は「はんごう」と読み誤りやすいので注意しましょう。

漢字	継	迎	撃	肩	兼	剣	軒	圏
読み	音 ケイ 訓 つ(ぐ)	音 ゲイ 訓 むか(える)	音 ゲキ 訓 う(つ)	音 ケン 高 訓 かた	音 ケン 訓 か(ねる)	音 ケン 訓 つるぎ	音 ケン 訓 のき	音 ケン 訓 ——
画数	13	7	15	8	10	10	10	12
部首	糸	⻌	手	肉	八	刂	車	囗
部首名	いとへん	しんにょう しんにゅう	て	にく	はち	りっとう	くるまへん	くにがまえ
漢字の意味	つぐ・続ける・血のつながりのない間がら	むかえる・他人の気に入るようにする	たまをうつ・やっつける・ふれる	かた・になう・もちこたえる	かねる・あわせもつ・前もって	つるぎ・きる・剣法・短い刀	ひさし・あがる・家・家をかぞえることば	かこい・しきり・限られた区域
用例	継嗣《けいし》・継承者《けいしょうしゃ》・継続《けいぞく》・後継者《こうけいしゃ》・中継《ちゅうけい》・跡継《あとつ》ぎ	迎撃《げいげき》・迎合《げいごう》・迎春《げいしゅん》・歓迎《かんげい》・送迎《そうげい》・迎《むか》え火《び》・出迎《でむか》え	撃退《げきたい》・撃墜《げきつい》・撃破《げきは》・攻撃《こうげき》・襲撃《しゅうげき》・反撃《はんげき》・砲撃《ほうげき》・目撃《もくげき》	肩章《けんしょう》・双肩《そうけん》・比肩《ひけん》・肩車《かたぐるま》・肩凝《かたこ》り・肩幅《かたはば》・肩肘《かたひじ》・肩身《かたみ》	兼任《けんにん》・兼務《けんむ》・兼用《けんよう》・才色兼備《さいしょくけんび》・昼夜兼行《ちゅうやけんこう》	剣豪《けんごう》・剣術《けんじゅつ》・剣道《けんどう》・剣法《けんぽう》・真剣《しんけん》・刀剣《とうけん》・木剣《ぼっけん》・剣《つるぎ》の舞《まい》	一軒家《いっけんや》・五軒先《ごけんさき》・数軒《すうけん》・軒先《のきさき》・軒下《のきした》・軒並《のきな》み	圏外《けんがい》・圏内《けんない》・安全圏《あんぜんけん》・首都圏《しゅとけん》・大気圏《たいきけん》
筆順	継 継3 継 継6 継8 継 継 継 継 継	迎 迎 迎 迎 迎 迎 迎	撃 撃5 撃 撃 撃 撃 撃 撃 撃14 撃	肩 肩 肩 肩 肩 肩 肩 肩	兼 兼 兼 兼 兼 兼 兼 兼 兼 兼	剣 剣 剣 剣 剣 剣 剣 剣 剣 剣	軒 軒 軒 軒 軒 軒 軒 軒 軒 軒	圏 圏 圏4 圏6 圏 圏 圏 圏 圏 圏

練習問題

1	/24
2	/16
3	/10
4	/24

月　日

1 次の――線の漢字の読みをひらがなで記せ。

1 宇宙船が大気圏に再突入《とつにゅう》した。（　）
2 河川の水質調査を継続する。（　）
3 刀剣のコレクションが公開された。（　）
4 飛んでいる鳥を撃ち落とした。（　）
5 農家の軒先で野菜を売っている。（　）
6 多くの役職を兼務している。（　）
7 会社の前に迎えの車を用意する。（　）
8 合格の安全圏の大学を受ける。（　）
9 有名な流派の剣法を習う。（　）
10 肩に一ひらの花びらが落ちた。（　）
11 ここから五軒先に薬局がある。（　）
12 旅行先で大きな事故を目撃した。（　）
13 「剣の舞《まい》」という名曲がある。（　）
14 積極的な提案は大歓迎だ。（　）
15 書店と文具店とを兼ねた店だ。（　）
16 伝統技術を継ぐ者が減っている。（　）
17 お年玉で壱万円をもらった。（　）
18 天から授かった大切な命だ。（　）
19 いかにも軽率だったと反省した。（　）
20 悲しい光景に思わず目を背けた。（　）
21 大衆への迎合が批判される。（　）
22 家族そろって新年を迎えた。（　）
23 国民生活への影響が多大である。（　）
24 うわさをすれば影がさす。（　）

2 次の（　）にそれぞれ異なる「ケン」と音読みする適切な漢字を書き入れて熟語を作れ。

1 （　）庁
2 （　）術
3 経（　）
4 危（　）
5 （　）討
6 事（　）
7 違（　）
8 （　）任

9 （　）限
10 （　）築
11 （　）脚
12 （　）究
13 首都（　）
14 意（　）
15 旅（　）
16 一（　）家

3 次の（　）内に入る漢字を、後の□の中から選び、四字熟語を完成せよ。□の中の漢字は一度だけ使うこと。

1 無病息（　）
2 不（　）実行
3 起（　）転結
4 八方（　）人
5 真（　）勝負

6 昼夜（　）行
7 （　）故知新
8 適者生（　）
9 （　）天動地
10 （　）朗快活

温・驚・兼・剣・言・災・承・存・美・明

4 次の——線のカタカナを漢字に直せ。

1 都心部への通勤**ケンナイ**に住む。
2 伝統芸能の**ケイショウ**者となる。
3 駅前に**スウケン**の飲食店が並ぶ。
4 ピストルの弾《たま》が標的を**ウ**ちぬく。
5 **シンケン**な表情で授業を聞く。
6 港は**ソウゲイ**の人で混雑した。
7 大は小を**カ**ねるという。
8 父親の**カタグルマ**に子が喜ぶ。
9 **ノキシタ**にツバメが巣をかける。
10 引き**ツ**ぎの期間が必要だ。
11 相手に負けじと**ハンゲキ**に出た。
12 古代の**ツルギ**が展示されていた。

13 男女**ケンヨウ**のコートを買った。
14 客をお**ムカ**えする準備を始める。
15 冷たい飲み物が**ホ**しい。
16 巨大**メイロ**で半日楽しんだ。
17 出かけたきり**ユクエ**知れずだ。
18 わが校では音楽活動が**サカ**んだ。
19 不燃ごみを適切に**ショリ**する。
20 新システムを**ジュリツ**する。
21 **ケシキ**のよい丘で弁当を食べる。
22 反省している**ケシキ**すらない。
23 電車のつり**カワ**を握る。
24 リンゴを**カワ**ごとかじった。

昼夜兼行（ちゅうやけんこう）
「昼と夜の区別なく続けて物事を行うこと」という意味の四字熟語。「兼行」には昼も夜も休まず道を急いで一日の行程を二倍にする、またそのように急いで仕事をする、という意味があります。似た意味の四字熟語として、「不眠《ふみん》不休」などがあります。

漢字表

ステップ 11

漢字	読み	画数	部首	部首名	漢字の意味	用例	筆順
堅	音 ケン 訓 かた(い)	12	土	つち	こわれにくい・しっかりしている・かたい	堅固《けんご》・堅持《けんじ》・堅実《けんじつ》・中堅《ちゅうけん》・堅苦《かたくる》しい・手堅《てがた》い	堅堅堅堅堅堅堅堅堅堅
遣	音 ケン 訓 つか(う) つか(わす)	13	辶	しんにょう しんにゅう	行かせる・さしむける・追いやる	遣唐使《けんとうし》・先遣隊《せんけんたい》・派遣《はけん》・気遣《きづか》い・小遣《こづか》い	遣遣遣遣遣遣遣遣遣遣
玄	音 ゲン 訓 ―	5	玄	げん	くろい・奥深い・天の別名	玄関《げんかん》・玄米《げんまい》・玄米食《げんまいしょく》・玄米茶《げんまいちゃ》・幽玄《ゆうげん》・玄人《くろうと》	玄玄玄玄玄
枯	音 コ 訓 か(れる) か(らす)	9	木	きへん	かれる・水分がなくなる・おとろえる	枯渇《こかつ》・枯死《こし》・枯淡《こたん》・栄枯《えいこ》・枯《か》れ枝《えだ》・木枯《こが》らし	枯枯枯枯枯枯枯枯枯
誇	音 コ 訓 ほこ(る)	13	言	ごんべん	大げさにいう・じまんする・ほこり	誇示《こじ》・誇称《こしょう》・誇大《こだい》・誇張《こちょう》・誇《ほこ》りを持《も》つ	誇誇誇誇誇誇誇誇誇誇
鼓	音 コ 訓 つづみ 高	13	鼓	つづみ	つづみ・たたく・はげます	鼓吹《こすい》・鼓笛《こてき》・鼓動《こどう》・鼓舞《こぶ》・鼓膜《こまく》・太鼓《たいこ》・小鼓《こつづみ》・舌鼓《したつづみ》	鼓鼓鼓鼓鼓鼓鼓鼓鼓鼓
互	音 ゴ 訓 たが(い)	4	二	に	おたがいに・いりみだれる	互角《ごかく》・互恵《ごけい》・互助《ごじょ》・互譲《ごじょう》・交互《こうご》・相互《そうご》・互《たが》い違《ちが》い	互互互互
抗	音 コウ 訓 ―	7	扌	てへん	さからう・はむかう・ふせぐ	抗議《こうぎ》・抗菌《こうきん》・抗争《こうそう》・対抗《たいこう》・抵抗《ていこう》・反抗《はんこう》・不可抗力《ふかこうりょく》	抗抗抗抗抗抗抗

ステップ 11

練習問題

1 ／24
2 ／5
3 ／10
4 ／24

月　日

1 次の――線の漢字の読みをひらがなで記せ。

1 政党内の抗争が激化した。（　　）
2 自然豊かな故郷を誇りに思う。（　　）
3 これまでのやり方を堅持する。（　　）
4 これは相互に関連する事件だ。（　　）
5 先遣隊のメンバーに選ばれた。（　　）
6 もうすぐ木枯らしがふく季節だ。（　　）
7 玄米食は健康によいといわれる。（　　）
8 祭りの太鼓の音が聞こえてくる。（　　）
9 じょうだんの通じない堅い人だ。（　　）
10 他校との対抗試合が行われる。（　　）

11 誇大広告に惑《まど》わされるな。（　　）
12 関係各国へ使者を遣わす。（　　）
13 最後まで互角に渡《わた》り合った。（　　）
14 枯死寸前の老木がよみがえった。（　　）
15 紅白の旗を互い違いに並べる。（　　）
16 話が誇張されて伝わった。（　　）
17 お気遣いはご無用に願います。（　　）
18 カラスが枯れ枝にとまった。（　　）
19 何事も深刻には考えない性分だ。（　　）
20 極めて優れた研究者であった。（　　）
21 自転車操業で危険な経営状態だ。（　　）
22 だれの仕業か見当はついている。（　　）
23 祝いの席に紅白の幕が張られる。（　　）
24 夕日で海が紅に染まる。（　　）

2 1〜5の三つの□に共通する漢字を入れて熟語を作れ。漢字はア〜コから一つ選び、記号で記せ。

1 □実・□固・中□　（　　）

2 □反・相□・□和感　（　　）

3 交□・□恵・□助　（　　）

4 □性・□影・□険　（　　）

5 □式・流□・行□　（　　）

ア 陰　イ 補　ウ 互　エ 堅　オ 存
カ 宗　キ 儀　ク 捨　ケ 違　コ 遺

3 次の漢字が下の（　）に入る漢字を修飾《しゅうしょく》するよう、後の□の中から選び、熟語を作れ。□の中の漢字は一度だけ使うこと。

1 鋭（　　）

2 巨（　　）

3 汚（　　）

4 甘（　　）

5 歓（　　）

6 乾（　　）

7 砂（　　）

8 橋（　　）

9 偉（　　）

10 朗（　　）

角・季・脚・丘・業・言・声・体・点・報

4 次の——線のカタカナを漢字に直せ。

1 高級品で着飾《きかざ》り財力をコジする。

2 おコヅカいで洋服を買った。

3 手塩にかけた植木をカらした。

4 舞台《ぶたい》の主役をコウゴに務める。

5 カタクルしい空気がただよう。

6 宅配便をゲンカン先で受け取る。

7 心臓のコドウが聞こえるようだ。

8 私の母校は百年の歴史をホコる。

9 日本からも救援隊をハケンした。

10 エイコ盛衰《せいすい》は世の習いだ。

11 タガいの苦労を分かち合う。

12 ケンジツな暮らしぶりだ。

13 試合の判定にコウギする。

14 馬がアバれて行列が乱れた。

15 最近、味のコノみが変わった。

16 プロにマサるとも劣《おと》らない技だ。

17 財産分配についてユイゴンする。

18 事件については口をトざした。

19 シナイで何度も素振《すぶ》りをする。

20 カンラン車に乗って街を見渡《みわた》す。

21 新聞のチョウカンの一面を見る。

22 文化庁チョウカンに就任する。

23 野山をカけ巡《めぐ》って遊んだ。

24 月が次第《しだい》にカけていく。

使い分けよう！ こじ【誇示・固持・固辞】

誇示…例 力を誇示する （自慢《じまん》して見せびらかす）

固持…例 自説を固持する （自分の意見などをかたく持ち続けて変えない）

固辞…例 大臣就任を固辞する （かたく辞退する）

漢字	読み（音）	読み（訓）	画数	部首	部首名	漢字の意味	用例
攻	コウ	せ(める)	7	攵	のぶん ぼくづくり	せめる・おさめる・研究する	攻撃《こうげき》・攻守《こうしゅ》・攻防《こうぼう》・攻略《こうりゃく》・専攻《せんこう》・速攻《そっこう》・難攻不落《なんこうふらく》
更	コウ	さら ふ(ける) 高 ふ(かす) 高	7	曰	ひらび いわく	あたらしくなる・入れかわる・夜の一部分	更衣《こうい》・更新《こうしん》・更生《こうせい》・更迭《こうてつ》・深更《しんこう》・変更《へんこう》・殊更《ことさら》・夜更《よふ》け
恒	コウ	―	9	忄	りっしんべん	いつもかわらない	恒温《こうおん》・恒久《こうきゅう》・恒常《こうじょう》・恒心《こうしん》・恒星《こうせい》・恒例《こうれい》
荒	コウ	あら(い) あ(れる) あ(らす)	9	艹	くさかんむり	あれる・あれはてる・とりとめがない	荒天《こうてん》・荒廃《こうはい》・荒漠《こうばく》・荒涼《こうりょう》・破天荒《はてんこう》・荒立《あらだ》てる・荒波《あらなみ》
項	コウ	―	12	頁	おおがい	小さく分けた一つ一つのことがら	項目《こうもく》・事項《じこう》・条項《じょうこう》・別項《べっこう》・要項《ようこう》
稿	コウ	―	15	禾	のぎへん	文章などを書きしるしたもの	稿料《こうりょう》・遺稿《いこう》・起稿《きこう》・寄稿《きこう》・原稿《げんこう》・草稿《そうこう》・脱稿《だっこう》・投稿《とうこう》
豪	ゴウ	―	14	豕	ぶた いのこ	すぐれる・すぐれた人・つよい・すごい	豪雨《ごうう》・豪華《ごうか》・豪快《ごうかい》・豪勢《ごうせい》・豪邸《ごうてい》・剣豪《けんごう》・古豪《こごう》・富豪《ふごう》

筆順

ステップ 12 練習問題

1	/24
2	/10
3	/10
4	/24

月　日

1 次の――線の漢字の読みをひらがなで記せ。

1 剣豪を主人公にした小説だ。（　）
2 弁護士を志して法学を専攻する。（　）
3 世間の荒波にもまれて強くなる。（　）
4 午後から豪雨になる予報だ。（　）
5 恒星の位置によって方角を知る。（　）
6 更に努力することを約束した。（　）
7 街頭演説の草稿を書き起こす。（　）
8 大学入学試験の要項を発表する。（　）
9 試合は激しい攻防戦となった。（　）
10 荒天のため出漁を見合わせた。（　）
11 人類の恒久の平和を願っている。（　）
12 思い切って攻めの作戦に転じた。（　）
13 会場に豪勢な料理が運ばれた。（　）
14 更衣室は体育館の裏にある。（　）
15 国語辞典の「あ」の項目を見る。（　）
16 新聞に短歌を投稿した。（　）
17 自宅を出て最寄りの駅まで歩く。（　）
18 率先して雑用を引き受ける。（　）
19 バラの花が高貴な香りを放つ。（　）
20 バニラの香料を使った商品だ。（　）
21 就職祝いに万年筆をもらった。（　）
22 新しい課で重要なポストに就く。（　）
23 展覧会は盛況を極めた。（　）
24 盛んな声援が選手に送られた。（　）

2 次の（　）内に入る漢字を、後の［　］の中から選び、四字熟語を完成せよ。［　］の中の漢字は一度だけ使うこと。

1 （　）刀直入
2 難（　）不落
3 自力（　）生
4 悪逆無（　）
5 意志（　）固
6 （　）今東西
7 社交（　）令
8 自（　）自足
9 故事来（　）
10 起（　）回生

給・堅・古・攻・更・死・辞・単・道・歴

3 次の――線のところにあてはまる送りがなをひらがなで記せ。

〈例〉意見を述――。（べる）

1 台風の影響で海が荒――。（　）
2 カラスがごみ捨て場を荒――た。（　）
3 真夏日の太陽がやっと傾――た。（　）
4 父の忠告に耳を傾――た。（　）
5 友との実力の差が狭――てきた。（　）
6 可能性を狭――てはいけない。（　）
7 名木がついに枯――時がきた。（　）
8 薬をまいて雑草を枯――。（　）
9 手品師の奇術に驚――た。（　）
10 そっと近寄り弟を驚――。（　）

4 次の――線のカタカナを漢字に直せ。

1 大きな声で**ゴウカイ**に笑う。
2 一気に敵を**コウリャク**する。
3 会員証の**コウシン**を済ませた。
4 卒業文集の**ゲンコウ**を書く。
5 事を**アラダ**てないようにしたい。
6 遠足は毎年秋の**コウレイ**行事だ。
7 禁止**ジョウコウ**にふれる行為だ。
8 計画は急に**ヘンコウ**になった。
9 **ハテンコウ**な試みを実行に移す。
10 堅い守りに城を**セ**めあぐねた。
11 **サラ**に十年の月日が流れた。
12 イノシシが畑を**ア**らして困る。
13 姉は**コウフン**すると早口になる。
14 出発に間に合うか**アヤ**ぶまれる。
15 **カタトキ**も離《はな》れず父を看病する。
16 手**ミヤゲ**を持って訪問する。
17 在庫の**ウム**を問い合わせる。
18 受験の**ココロガマ**えができた。
19 多額の**ザイサン**を相続する。
20 薬の**コウカ**が現れて熱が下がる。
21 **コウカ**なアクセサリーをつける。
22 着陸のため飛行機が**コウカ**する。
23 実は**イゼン**から気になっていた。
24 名画は**イゼン**として行方不明だ。

まちがえやすい四字熟語

Q…空欄《くうらん》に入る漢字は？　①絶□《たい》絶命　②一□《しん》不乱　③□《たん》刀直入

A…①体　②心　③単

それぞれ、「絶対絶命」、「一身不乱」、「短刀直入」などと書き誤らないように注意しましょう。

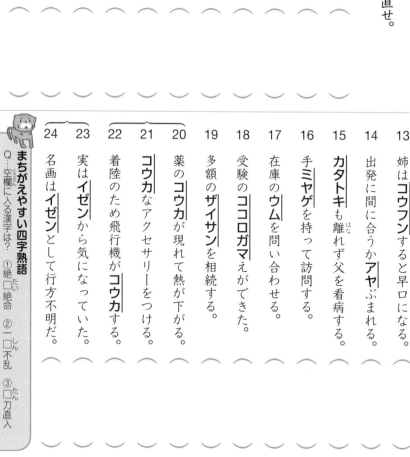

ステップ 7-12

力だめし

第2回

総得点 ／100

評価

A
80点 ▶ B
75点 ▶ C
70点 ▶ D
60点 ▶ E

月　日

1 次の――線の漢字の読みをひらがなで記せ。

1×10 ／10

1 明治の文豪の遺稿が見つかる。（　　）
2 新作の春物の服が入荷される。（　　）
3 退屈しのぎにテレビを見る。（　　）
4 なだらかな丘の上で休む。（　　）
5 中堅社員向けの研修を行う。（　　）
6 新型の四輪駆動車が発売された。（　　）
7 虫に驚いて叫び声を上げる。（　　）
8 このホールは音響が素晴らしい。（　　）
9 胸の鼓動が高鳴った。（　　）
10 車が入らない狭い路地で遊ぶ。（　　）

2 次の漢字の部首をア〜エから一つ選び、記号で記せ。

1×10 ／10

1 圏（ア口　イ二　ウ大　エ㔾）（　　）
2 剣（ア𠆢　イ刂　ウ亅　エ人）（　　）
3 更（ア一　イ曰　ウ田　エノ）（　　）
4 驚（ア艹　イ勹　ウ攵　エ馬）（　　）
5 裁（ア土　イ戈　ウ衣　エ丶）（　　）
6 暴（ア日　イ二　ウ八　エ氺）（　　）
7 屈（ア屮　イ尸　ウ山　エ厂）（　　）
8 菓（ア艹　イ日　ウ田　エ木）（　　）
9 傾（ア匕　イ頁　ウ亻　エハ）（　　）
10 看（アノ　イ二　ウ手　エ目）（　　）

3

次の——線のカタカナを漢字一字と送りがな（ひらがな）に直せ。

〈例〉問題に**コタエル**。（答える）

1 木箱に高級なビワを**ツメル**。（　　）
2 受賞して**ホコラシイ**気持ちだ。（　　）
3 空を**アオグ**と雲が流れていた。（　　）
4 物事を**ムズカシク**考えすぎだ。（　　）
5 自然の**メグミ**が豊かな土地だ。（　　）
6 会社に新人を**ムカエル**。（　　）
7 つり糸を**タラシ**て魚を待つ。（　　）
8 人生に影響を**オヨボシ**た作品だ。（　　）
9 興奮を**サマシ**てから話し合おう。（　　）
10 **ココロヨク**引き受けてくれた。（　　）

1×10　／10

4

1〜5の三つの□に共通する漢字を入れて熟語を作れ。漢字はア〜コから一つ選び、記号で記せ。

1 □衣・変□・□新（　　）
2 □例・□久・□星（　　）
3 □略・速□・□守（　　）
4 □目・事□・条□（　　）
5 根□・証□・□点（　　）

ア 更　イ 恒　ウ 固　エ 現　オ 攻
カ 慣　キ 項　ク 拠　ケ 枯　コ 況

2×5　／10

5 熟語の構成のしかたには次のようなものがある。

1×10　　／10

ア　同じような意味の漢字を重ねたもの（岩石）
イ　反対または対応の意味を表す字を重ねたもの（高低）
ウ　上の字が下の字を修飾《しゅうしょく》しているもの（洋画）
エ　下の字が上の字の目的語・補語になっているもの（着席）
オ　上の字が下の字の意味を打ち消しているもの（非常）

次の熟語は右のア～オのどれにあたるか、一つ選び、記号で記せ。

1　握力（　　）
2　無為（　　）
3　豪雨（　　）
4　比較（　　）
5　近況（　　）
6　出荷（　　）
7　功罪（　　）
8　巨大（　　）
9　越冬（　　）
10　存亡（　　）

6 後の［　］内のひらがなを漢字に直して（　）に入れ、対義語・類義語を作れ。［　］内のひらがなは一度だけ使い、漢字一字を記せ。

1×10　　／10

対義語

1　豊作―（　）作
2　中止―（　）続
3　進撃―退（　）
4　乱暴―温（　）
5　短縮―（　）長

類義語

6　天性―素（　）
7　精進―（　）力
8　失業―失（　）
9　対等―（　）角
10　修理―（　）修

えん・きゃく・きょう・けい・ご・しつ・しょく・ど・ほ・わ

7

次の（　）内に入る漢字を、後の［　］の中から選び、四字熟語を完成せよ。［　］の中の漢字は一度だけ使うこと。

2×10　／20

1 牛（　）馬食
2 才色（　）備
3 二人三（　）
4 不可（　）力
5 無理算（　）
6 問答無（　）
7 明（　）止水
8 同工（　）曲
9 晴（　）雨読
10 頭寒（　）熱

異・飲・脚・鏡・兼・抗・耕・足・段・用

8

次の――線のカタカナを漢字に直せ。

2×10　／20

1 **コクモツ**の供給は安定している。（　）
2 高校で**エンゲキ**部に所属する。（　）
3 遠**キョ**離《り》通学を三年間続けた。（　）
4 発芽**ゲンマイ**をたいて食べる。（　）
5 今や**ゲイノウ**界の大スターだ。（　）
6 家の**ウラテ**に小川が流れている。（　）
7 新人は自分一人で**カタミ**が狭い。（　）
8 食料品は**ノキナ**み値上がりした。（　）
9 店の**センデン**のちらしを配る。（　）
10 **ネッキョウ**的なファンが集まる。（　）

ステップ13

漢字	読み	画数	部首	部首名	漢字の意味	用例	筆順
込	音 ―― 訓 こ(む)・こ(める)	5	辶	しんにょう・しんにゅう	こめる・こもる・手数がかかる	尻込《しりご》み・閉《と》じ込《こ》める・見込《みこ》み・持《も》ち込《こ》む	込 込 込 込 込
婚	音 コン 訓 ――	11	女	おんなへん	夫婦になる	婚姻《こんいん》・婚期《こんき》・婚約《こんやく》・婚礼《こんれい》・既婚《きこん》・求婚《きゅうこん》・結婚《けっこん》・未婚《みこん》	婚 婚 婚 婚 婚 婚 婚 婚 婚 婚11
鎖	音 サ 訓 くさり	18	金	かねへん	くさり・つなぐ・とざす	鎖国《さこく》・鎖骨《さこつ》・鉄鎖《てっさ》・封鎖《ふうさ》・閉鎖《へいさ》・連鎖《れんさ》・鎖編《くさりあ》み	鎖4 鎖 鎖7 鎖9 鎖 鎖 鎖 鎖 鎖16 鎖18
彩	音 サイ 訓 いろど(る) 高	11	彡	さんづくり	色をつける・美しいいろどり・つや	彩雲《さいうん》・彩色《さいしき》・異彩《いさい》・色彩《しきさい》・水彩《すいさい》・精彩《せいさい》・多彩《たさい》・淡彩《たんさい》	彩 彩 彩 彩 彩 彩 彩 彩 彩 彩11
歳	音 サイ・セイ 訓 ――	13	止	とめる	としつき・一年間・年齢《ねんれい》を数えることば	歳月《さいげつ》・歳時記《さいじき》・歳出《さいしゅつ》・歳旦《さいたん》・歳入《さいにゅう》・歳末《さいまつ》・歳暮《せいぼ》	歳 歳4 歳 歳 歳 歳 歳10 歳 歳 歳
載	音 サイ 訓 の(せる)・の(る)	13	車	くるま	のせる・しるす・上に積む・とし	載録《さいろく》・記載《きさい》・掲載《けいさい》・積載《せきさい》・千載一遇《せんざいいちぐう》・満載《まんさい》・連載《れんさい》	載 載 載 載 載8 載 載 載 載 載
剤	音 ザイ 訓 ――	10	刂	りっとう	くすり・くすりを調合する	栄養剤《えいようざい》・下剤《げざい》・解熱剤《げねつざい》・錠剤《じょうざい》・洗剤《せんざい》・調剤《ちょうざい》・防腐剤《ぼうふざい》	剤 剤 剤 剤 剤 剤 剤 剤 剤 剤
咲	音 ―― 訓 さ(く)	9	口	くちへん	花のつぼみがひらく	遅咲《おそざ》き・返《かえ》り咲《ざ》く・七分咲《しちぶざ》き・早咲《はやざ》き・室咲《むろざ》き	咲 咲 咲 咲 咲 咲 咲 咲 咲

ステップ 13

練習問題

1	/24
2	/10
3	/9
4	/24

月　日

1 次の——線の漢字の読みをひらがなで記せ。

1 あふれる思いを込めて歌った。（　）
2 早咲きのバラが満開となった。（　）
3 新人の中でも異彩を放っている。（　）
4 手の込んだ細工をほどこす。（　）
5 合格者の名前が会誌に載る。（　）
6 友人は近々結婚するそうだ。（　）
7 街は歳末セールで混雑している。（　）
8 今こそ因習の鎖をたち切る時だ。（　）
9 雑誌に連載中のコラムが好評だ。（　）
10 野原にコスモスが咲き乱れる。（　）
11 最近は未婚の男女が増えている。（　）
12 食物連鎖のバランスが保たれる。（　）
13 薬剤師を目指して大学に入った。（　）
14 今年度は好景気で歳入が増えた。（　）
15 地元の遊園地が閉鎖された。（　）
16 話すうち彼《かれ》は馬脚をあらわした。（　）
17 再利用でごみの減量化を図る。（　）
18 支《し》払《はら》い期日を一週間繰り延べる。（　）
19 旅の情報を満載した雑誌だ。（　）
20 新聞に新作映画の広告を載せる。（　）
21 毎朝欠かさず牛乳を飲んでいる。（　）
22 当時の私はまだ乳飲み子だった。（　）
23 新たな火星探査機を開発中だ。（　）
24 解決の糸口を探っている。（　）

2 次の漢字の部首をア〜エから一つ選び、記号で記せ。

1 豪（ア亠 イ口 ウ冖 エ豕）（　）
2 軒（ア車 イ二 ウ丨 エ干）（　）
3 彩（ア爫 イ釆 ウ彡 エ木）（　）
4 堅（ア臣 イ又 ウ二 エ土）（　）
5 歳（ア止 イ厂 ウ小 エ戈）（　）
6 載（ア土 イ一 ウ車 エ戈）（　）
7 剤（ア亠 イ文 ウ斉 エ刂）（　）
8 歓（アノ イ隹 ウ人 エ欠）（　）
9 翌（ア冫 イ羽 ウ亠 エ立）（　）
10 玄（ア丶 イ亠 ウ幺 エ玄）（　）

3 次の——線のカタカナにあてはまる漢字をそれぞれのア〜オから一つ選び、記号で記せ。

1 **サイ**時記で夏の季語を調べる。（　）
2 貨物を積**サイ**して船が港を出た。（　）
3 試合は精**サイ**を欠く内容だった。（　）
（ア彩 イ載 ウ歳 エ切 オ再）

4 祭りで**ケイ**内がにぎわっている。（　）
5 自然から多くの恩**ケイ**を受ける。（　）
6 最近の消費者の**ケイ**向を調べる。（　）
（ア敬 イ恵 ウ継 エ境 オ傾）

7 自宅の庭の雑草を**カ**った。（　）
8 全速力で馬を**カ**って追いかけた。（　）
9 大輪のキクが**カ**れてしまった。（　）
（ア駆 イ借 ウ刈 エ枯 オ兼）

4 次の——線のカタカナを漢字に直せ。

1 新聞に政治家の汚職事件が**ノ**る。
2 同級生と世間話に花を**サ**かせる。
3 転倒《てんとう》して**サコツ**を折った。
4 秋の木の葉は**シキサイ**が豊かだ。
5 汚れのよく落ちる**センザイ**だ。
6 裁判は和解に持ち**コ**まれた。
7 二十余年の**サイゲツ**が流れる。
8 野球選手が**コンヤク**を発表した。
9 書類の**キサイ**事項を確かめる。
10 犬が**クサリ**でつながれている。
11 新商品が**ミコ**み以上に売れた。
12 大雨で大きな**サイガイ**が起きた。
13 市民の要求は**シリゾ**けられた。
14 実力が**タメ**される時が来た。
15 準備不足を**ニンシキ**させられた。
16 今も親しい**オサナトモダチ**だ。
17 **アヤ**ういところで難を逃《のが》れた。
18 古い体制に**カザアナ**を開けたい。
19 事故防止の**タイサク**を考える。
20 友人と**ミツ**に連絡《れんらく》を取り合う。
21 学級**タイコウ**リレーに出る。
22 **タイコウ**車線の車に注意する。
23 学芸会で**カゲ**絵劇を上演した。
24 いつも**カゲ**口《ぐち》をたたく人だ。

使い分けよう！ はかる【計・測・量・図】

計る…例 時間を計る （時間や数などをはかる・考える）
測る…例 距離《きょり》を測る （長短や遠近、高低、面積をはかる）
量る…例 体重を量る （重さや容積をはかる・推測する）
図る…例 解決を図る （実現するよう計画する）

ステップ 14

漢字	読み	画数	部首	部首名	漢字の意味	用例	筆順
惨	音 サン、ザン 高 / 訓 みじ(め) 高	11	忄	りっしんべん	いたましい・むごい	惨禍《さんか》・惨劇《さんげき》・惨事《さんじ》・惨状《さんじょう》・陰惨《いんさん》・凄惨《せいさん》・悲惨《ひさん》・惨敗《ざんぱい》	惨 惨 惨 惨 惨 惨 惨 惨 惨 惨 11
旨	音 シ / 訓 むね 高	6	日	ひ	考えの内容・うまい・むね	主旨《しゅし》・趣旨《しゅし》・本旨《ほんし》・諭旨《ゆし》・要旨《ようし》・論旨《ろんし》・論旨明快《ろんしめいかい》	旨 旨 旨 旨 旨 旨
伺	音 シ 高 / 訓 うかが(う)	7	亻	にんべん	ようすをたずねる・そば近くつかえる	伺候《しこう》・進退伺《しんたいうかが》い・お宅《たく》へ伺《うかが》う	伺 伺 伺 伺 伺 伺 伺
刺	音 シ / 訓 さ(す)、さ(さる)	8	刂	りっとう	さす・とげ・ちくりとさせる・名ふだ	刺客《しきゃく》・刺激《しげき》・風刺《ふうし》・名刺《めいし》・有刺鉄線《ゆうしてっせん》・くぎを刺《さ》す	刺 刺 刺 刺 刺 刺 刺 刺
脂	音 シ / 訓 あぶら	10	月	にくづき	動物性のあぶら・やに・化粧《けしょう》用のべに	脂質《ししつ》・脂粉《しふん》・脂肪《しぼう》・樹脂《じゅし》・脱脂《だっし》・油脂《ゆし》・脂汗《あぶらあせ》	脂 脂 脂 脂 脂 脂 脂 脂 脂 脂
紫	音 シ / 訓 むらさき	12	糸	いと	むらさき・赤と青の中間色	紫雲《しうん》・紫外線《しがいせん》・紫紺《しこん》・山紫水明《さんしすいめい》・千紫万紅《せんしばんこう》・紫色《むらさきいろ》	紫 紫 紫 4 紫 紫 紫 紫 紫 紫 紫 12
雌	音 シ / 訓 め、めす	14	隹	ふるとり	めす・弱いもの	雌伏《しふく》・雌雄《しゆう》・雌株《めかぶ》・雌花《めばな》	雌 雌 雌 4 雌 雌 雌 8 雌 雌 雌 雌 14
執	音 シツ、シュウ / 訓 と(る)	11	土	つち	あつかう・とらわれる	執行《しっこう》・執刀《しっとう》・執筆《しっぴつ》・確執《かくしつ》・固執《こしつ》《こしゅう》・執心《しゅうしん》・執念《しゅうねん》・妄執《もうしゅう》	執 執 執 執 執 執 7 執 執 執 執

ステップ 14

練習問題

1	/24
2	/10
3	/10
4	/24

月　日

1 次の――線の漢字の読みをひらがなで記せ。

1 争いは悲惨な結果をもたらした。（　）
2 手術は主治医の執刀で行われた。（　）
3 新しい担当者に名刺をわたす。（　）
4 イチョウの雌株を観察する。（　）
5 講演の要旨を四百字でまとめる。（　）
6 彼《かれ》の額には脂汗がにじんでいる。（　）
7 警察が惨事の原因を調査する。（　）
8 ぜひ皆様のご意見を伺いたい。（　）
9 新製品の開発に執念を燃やす。（　）
10 合成樹脂を扱う専門商社だ。（　）
11 バラのとげが指に刺さる。（　）
12 姉夫婦は雌の子犬を育てている。（　）
13 庭のアジサイが紫に色づく。（　）
14 この一戦で雌雄《ゆう》を決する。（　）
15 八十周年記念の式典を執り行う。（　）
16 私の申し出は会議で却下された。（　）
17 工事費用の内訳を明記する。（　）
18 身支度を整えて食事に出かける。（　）
19 世相への風刺を込めた戯画だ。（　）
20 虫に刺されたあとがはれ上がる。（　）
21 夜空に輝く星座を観測する。（　）
22 ソファーに座ってくつろぐ。（　）
23 貿易統計のデータを参照する。（　）
24 易しい問題から始めよう。（　）

2

次の（　）内に入る漢字を、後の□の中から選び、四字熟語を完成せよ。□の中の漢字は一度だけ使うこと。

1 暗雲低（　）（　）
2 諸行無（　）（　）
3 （　）学多才
4 電光石（　）（　）
5 油（　）大敵
6 一部始（　）（　）
7 山（　）水明
8 喜色（　）面
9 急（　）直下
10 一心不（　）（　）

火・紫・終・常・断・転・博・満・迷・乱

3

次の漢字と反対または対応する意味を表す漢字を、後の□の中から選んで（　）に入れ、熟語を作れ。□の中の漢字は一度だけ使うこと。

1 （　）来
2 取（　）
3 師（　）
4 （　）亡
5 送（　）
6 難（　）
7 収（　）
8 栄（　）
9 自（　）
10 （　）守

易・去・迎・枯・攻・支・捨・存・他・弟

4 次の――線のカタカナを漢字に直せ。

1 夕雲が**ムラサキイロ**に染まる。（　　）
2 三人の社員が事務を**ト**っている。（　　）
3 動植物の**ユシ**から石けんを作る。（　　）
4 交流会は実に**シゲキ**的だった。（　　）
5 **ロンシ**が明快で理解しやすい。（　　）
6 **メス**のネコが居着いてしまった。（　　）
7 先生のお宅へ**ウカガ**うつもりだ。（　　）
8 夏の日差しは**シガイセン**が強い。（　　）
9 新聞の連載小説を**シッピツ**する。（　　）
10 演技に**アブラ**が乗ってきた。（　　）
11 素早く針を**サ**して縫《ぬ》い進める。（　　）
12 **メバナ**の下に小さな実がついた。（　　）

13 事故の**サンジョウ**が伝えられた。（　　）
14 会の**シッコウ**委員に選ばれた。（　　）
15 **シオドキ**をみて場から退席した。（　　）
16 事実を**シメ**して説得する。（　　）
17 負け**イクサ**はしない主義だ。（　　）
18 見上げた**コンジョウ**の持ち主だ。（　　）
19 走ってきたので**コキュウ**が荒い。（　　）
20 未来をになう**ワコウド**が集まる。（　　）
21 けがからの**サイキ**を図る。（　　）
22 **サイキ**あふれる人材を採用する。（　　）
23 誠実な友人を委員長に**オ**す。（　　）
24 書類に署名して印鑑を**オ**す。（　　）

使い分けよう！ **さす【差・指・刺】**

差す…例 かさを差す　光が差す　（かざす・さしはさむ）
指す…例 目的地を指す　針が北を指す　（それだと定めてしめす）
刺す…例 くぎを刺す　刀で刺す　舌を刺す味　（つき通す）

ステップ 15

漢字	読み	画数	部首	部首名	漢字の意味	用例	筆順
芝	音 — 訓 しば	6	艹	くさかんむり	しば・イネ科の多年草	芝居《しばい》・芝刈《しばか》り・芝草《しばくさ》・芝山《しばやま》・猿芝居《さるしばい》・芝生《しばふ》	芝 芝 芝 芝 芝 芝
斜	音 シャ 訓 なな(め)	11	斗	とます	ななめ	斜線《しゃせん》・斜塔《しゃとう》・斜面《しゃめん》・斜陽《しゃよう》・傾斜《けいしゃ》・ごきげん斜《なな》め	斜 斜 斜4 斜 斜 斜 斜 斜 斜 斜
煮	音 シャ 高 訓 に(る) に(える) に(やす)	12	灬	れんが れっか	にる・にえる	煮沸《しゃふつ》・煮《に》え湯《ゆ》・煮炊《にた》き・煮豆《にまめ》・煮物《にもの》・雑煮《ぞうに》・生煮《なまに》え・業《ごう》を煮《に》やす	煮 煮 煮 煮 煮 煮 煮 煮 煮 煮12
釈	音 シャク 訓 —	11	釆	のごめへん	ときあかす・言いわけをする・ゆるす	釈然《しゃくぜん》・釈放《しゃくほう》・釈明《しゃくめい》・会釈《えしゃく》・解釈《かいしゃく》・講釈《こうしゃく》・注釈《ちゅうしゃく》・保釈《ほしゃく》	釈 釈 釈 釈 釈 釈7 釈 釈 釈 釈
寂	音 ジャク セキ 高 訓 さび さび(しい) さび(れる)	11	宀	うかんむり	しずかでさびしい・僧《そう》が死ぬこと	寂寂《じゃくじゃく》・寂滅《じゃくめつ》・静寂《せいじゃく》・入寂《にゅうじゃく》・寂然《せきぜん》・店《みせ》が寂《さび》れる	寂 寂 寂 寂 寂 寂 寂 寂9 寂 寂
朱	音 シュ 訓 —	6	木	き	だいだい色がかった赤	朱色《しゅいろ》・朱印《しゅいん》・朱肉《しゅにく》・朱塗《しゅぬ》り・朱筆《しゅひつ》	朱 朱 朱 朱 朱 朱
狩	音 シュ 訓 か(る) か(り)	9	犭	けものへん	かりをする	狩猟《しゅりょう》・紅葉狩《もみじが》り	狩 狩 狩 狩 狩 狩 狩 狩 狩
趣	音 シュ 訓 おもむき	15	走	そうにょう	しみじみとした味わい・考え・好み	趣意《しゅい》・趣向《しゅこう》・趣旨《しゅし》・趣味《しゅみ》・画趣《がしゅ》・興趣《きょうしゅ》・情趣《じょうしゅ》・野趣《やしゅ》	趣3 趣 趣 趣 趣 趣 趣 趣12 趣 趣15

ステップ 15

練習問題

1	/24
2	/5
3	/9
4	/24

月　日

1 次の――線の漢字の読みをひらがなで記せ。

1 公園の芝生で弁当を食べた。（　　）
2 セミの声が朝の静寂を破った。（　　）
3 雪国では傾斜の急な屋根が多い。（　　）
4 異国的な趣のある町並みだ。（　　）
5 おいしそうな煮豆を小皿に取る。（　　）
6 人口が減り、村は寂れる一方だ。（　　）
7 説明は受けたが釈然としない。（　　）
8 父が新しい芝刈り機を買った。（　　）
9 昔は狩猟《りょう》と採集の生活だった。（　　）
10 机の上に印鑑と朱肉を用意する。（　　）

11 窓から斜めに太陽の光が差した。（　　）
12 夜には人も通らない寂しい道だ。（　　）
13 記者会見を開いて釈明する。（　　）
14 相手の態度に業《ごう》を煮やした。（　　）
15 キツネを狩って生計を立てた。（　　）
16 テーブルに多彩な料理が並ぶ。（　　）
17 全部で十箇条の決まりがある。（　　）
18 窓ガラスの破片が飛び散った。（　　）
19 イタリアのピサの斜塔《とう》を訪れる。（　　）
20 建物を斜め右から撮影《さつえい》する。（　　）
21 最初に会合の趣旨を説明する。（　　）
22 一輪の花が趣をそえている。（　　）
23 早めに必要な資材を確保する。（　　）
24 不明な言葉を辞書で確かめる。（　　）

2 1～5の三つの□に共通する漢字を入れて熟語を作れ。漢字はア～コから一つ選び、記号で記せ。

1 □念・固□・□筆 （　）
2 理□・□折・□指 （　）
3 解□・注□・□放 （　）
4 □線・□面・□陽 （　）
5 情□・□向・□味 （　）

ア 煮　イ 寂　ウ 趣　エ 執　オ 朱
カ 斜　キ 釈　ク 屈　ケ 為　コ 狩

3 次の――線のカタカナにあてはまる漢字をそれぞれのア～オから一つ選び、記号で記せ。

1 シュに交われば赤くなるという。 （　）
2 野シュに富んだ美しい庭だ。 （　）
3 最終防衛ラインは死シュする。 （　）
（ア 朱　イ 趣　ウ 主　エ 種　オ 守）

4 緊張《きんちょう》でコ動が激しくなる。 （　）
5 コ張された情報が報道された。 （　）
6 論より証コで見たものを信じよう。 （　）
（ア 故　イ 鼓　ウ 誇　エ 枯　オ 拠）

7 スーツケースに荷物をツめ込んだ。 （　）
8 定職にツいて両親を安心させる。 （　）
9 土器のかけらをツぎ合わせる。 （　）
（ア 連　イ 継　ウ 積　エ 詰　オ 就）

4 次の――線のカタカナを漢字に直せ。

1 妹は朝からごきげん**ナナ**めだ。（　　）
2 魚といっしょに野菜を**ニ**る。（　　）
3 庭は秋の**オモムキ**が深まった。（　　）
4 卒業が近づき**サビ**しく感じる。（　　）
5 家族でイチゴ**ガ**りに出かける。（　　）
6 **シュイロ**がはえた美しい建物だ。（　　）
7 山の**シャメン**に宅地を造成する。（　　）
8 **ニ**え湯を飲まされた思いだ。（　　）
9 私の**シュミ**は切手の収集だ。（　　）
10 **ジャクジャク**として人影もない。（　　）
11 示し合わせてひと**シバイ**打った。（　　）
12 難解な語に**チュウシャク**を付す。（　　）

13 委員会の提言に**シタガ**う。（　　）
14 飛行機の**モケイ**を組み立てる。（　　）
15 失敗して思わず**シタウ**ちした。（　　）
16 早起きの**シュウカン**をつける。（　　）
17 優勝**シュクガ**パレードを見る。（　　）
18 感動して**メガシラ**が熱くなった。（　　）
19 政局は**コンメイ**を極めている。（　　）
20 年末年始は**イナカ**に帰る予定だ。（　　）
21 大学では心理学を**センコウ**した。（　　）
22 書類**センコウ**を通過した。（　　）
23 三つ先の駅で電車を**オ**りる。（　　）
24 役目を終え肩の荷が**オ**りた。（　　）

使い分けよう！　**しゅし【主旨・趣旨】**
主旨…例 説明文の主旨をつかむ　（中心となることがらや意味）
趣旨…例 財団設立の趣旨を説明する　（言おう、しようとする目的や理由）

漢字	読み	画数	部首	部首名	漢字の意味	用例	筆順
需	音 ジュ 訓 ―	14	雨	あめかんむり	必要とする・もとめる	需給《じゅきゅう》・需要《じゅよう》・外需《がいじゅ》・軍需《ぐんじゅ》・特需《とくじゅ》・内需《ないじゅ》・必需《ひつじゅ》・必需品《ひつじゅひん》	需 需3 需 需6 需8 需 需 需 需 需14
舟	音 シュウ 訓 ふね ふな	6	舟	ふね	こぶね	舟運《しゅううん》・舟航《しゅうこう》・呉越同舟《ごえつどうしゅう》・舟遊《ふなあそ》び・舟歌《ふなうた》・渡《わた》し舟《ぶね》	舟 舟 舟 舟 舟 舟
秀	音 シュウ 訓 ひい(でる)高	7	禾	のぎ	すぐれている・ぬきんでている	秀歌《しゅうか》・秀才《しゅうさい》・秀作《しゅうさく》・秀麗《しゅうれい》・俊秀《しゅんしゅう》・眉目秀麗《びもくしゅうれい》・優秀《ゆうしゅう》	秀 秀 秀 秀 秀 秀 秀
襲	音 シュウ 訓 おそ(う)	22	衣	ころも	不意に攻める・あとをつぐ	襲撃《しゅうげき》・襲名《しゅうめい》・襲来《しゅうらい》・奇襲《きしゅう》・逆襲《ぎゃくしゅう》・空襲《くうしゅう》・世襲《せしゅう》・踏襲《とうしゅう》	襲5 襲9 襲 襲 襲 襲 襲16 襲18 襲20 襲22
柔	音 ジュウ ニュウ 訓 やわ(らか) やわ(らかい)	9	木	き	やわらかい・やさしい・てなずける	柔道《じゅうどう》・柔軟《じゅうなん》・懐柔《かいじゅう》・外柔内剛《がいじゅうないごう》・優柔《ゆうじゅう》・柔弱《にゅうじゃく》・柔和《にゅうわ》	柔 柔 柔 柔 柔 柔 柔 柔 柔
獣	音 ジュウ 訓 けもの	16	犬	いぬ	けもの・野生の動物	獣医《じゅうい》・怪獣《かいじゅう》・人面獣心《じんめんじゅうしん》・鳥獣《ちょうじゅう》・珍獣《ちんじゅう》・猛獣《もうじゅう》・獣道《けものみち》	獣4 獣 獣 獣8 獣 獣12 獣 獣 獣 獣
瞬	音 シュン 訓 またた(く)高	18	目	めへん	ごく短い時間	瞬間《しゅんかん》・瞬時《しゅんじ》・瞬発力《しゅんぱつりょく》・一瞬《いっしゅん》・星《ほし》が瞬《またた》く	瞬5 瞬 瞬9 瞬11 瞬13 瞬 瞬 瞬 瞬 瞬
旬	音 ジュン シュン 訓 ―	6	日	ひ	一か月のうちの十日間・野菜などのしゅん	旬刊《じゅんかん》・旬報《じゅんぽう》・下旬《げじゅん》・上旬《じょうじゅん》・初旬《しょじゅん》・中旬《ちゅうじゅん》・旬《しゅん》の野菜《やさい》	旬 旬 旬 旬 旬 旬

ステップ 16

練習問題

1	／24
2	／10
3	／10
4	／24

月　日

1 次の――線の漢字の読みをひらがなで記せ。

1 電力の需要が過去最高となった。（　）
2 旬の野菜を使って料理を作る。（　）
3 「ベニスの舟歌」をききたい。（　）
4 寒波の襲来で作物に影響が出た。（　）
5 赤ちゃんの柔らかい手を握る。（　）
6 万葉の秀歌として親しまれる。（　）
7 決定的瞬間をとらえた映像だ。（　）
8 内需の拡大が進み景気が上向く。（　）
9 山深い里まで獣道をたどった。（　）
10 今月中旬には英国から帰国する。（　）

11 湖に舟を浮《う》かべてつりをする。（　）
12 登山中にハチの襲撃にあう。（　）
13 もの静かで顔つきも柔和な人だ。（　）
14 秀才が必ず大器とは限らない。（　）
15 病気の愛犬を獣医にみてもらう。（　）
16 昔は舟運が主な輸送手段だった。（　）
17 銀行を襲った男が捕《つか》まった。（　）
18 海岸の砂浜《すなはま》を素足で歩いた。（　）
19 優柔不断で決められない。（　）
20 客を柔らかな表情で出迎える。（　）
21 互恵の原則で条約を結んだ。（　）
22 いつも友人に恵まれてきた。（　）
23 アレルギーの検査は陰性だった。（　）
24 物陰から子犬が飛び出してくる。（　）

2 次の各組の熟語が類義語の関係になるように、（　）に入る漢字を後の［　］の中から選べ。［　］の中の漢字は一度だけ使うこと。

1 帰郷―帰（　）
2 守備―防（　）
3 地道―（　）実
4 改定―変（　）
5 理由―根（　）
6 反撃―逆（　）
7 支援―（　）力
8 永遠―（　）久
9 本気―真（　）
10 長者―富（　）

［ 拠・御・剣・堅・更・恒・豪・襲・助・省 ］

3 次の漢字と同じような意味の漢字を、後の［　］の中から選んで（　）に入れ、熟語を作れ。［　］の中の漢字は一度だけ使うこと。

1 積（　）
2 油（　）
3 優（　）
4 （　）固
5 （　）喜
6 遊（　）
7 （　）大
8 （　）続
9 恩（　）
10 光（　）

［ 歓・輝・戯・巨・恵・継・堅・載・脂・秀 ］

4 次の——線のカタカナを漢字に直せ。

1 **ヤワ**らかな毛布にくるまる。

2 ここは**チョウジュウ**の保護区だ。

3 トラに**オソ**われる夢を見た。

4 **ジュウドウ**で心と技をみがく。

5 事故は**イッシュン**の油断からだ。

6 生活**ヒツジュ**品をそろえる。

7 七月**ゲジュン**から夏休みになる。

8 アラスカの氷原で**ケモノ**を追う。

9 **ユウシュウ**な成績で卒業した。

10 両軍が呉越《ごえつ》**ドウシュウ**で来た。

11 歌舞伎《かぶき》の**シュウメイ**披露《ひろう》を行う。

12 **ニュウジャク**な精神をきたえる。

13 社長**シュウニン**を盛大に祝う。

14 親友を**ウラギ**ることはできない。

15 **シヤ**の広い人材を求めている。

16 **マコト**に申し訳ございません。

17 対談で作家の**スガオ**にせまる。

18 雨量計で雨量を**ソクテイ**する。

19 怒《おこ》られそうになって**ミガマ**えた。

20 まだ書き込む**ヨハク**がある。

21 機械の部品が**ジキ**を帯びる。

22 **ジキ**の花びんに花を生ける。

23 夜中に何度も目が**サ**めた。

24 ふろの湯が**サ**めてしまった。

使い分けよう！ **じゅよう【受容・需要】**

受容…例 異文化を受容する（受け入れる）

需要…例 若者に需要のある商品だ（必要として求める）

ステップ 17

漢字	読み	画数	部首	部首名	漢字の意味	用例	筆順
巡	音 ジュン 訓 めぐ(る)	6	巛	かわ	ひとまわりする・各地をまわって歩く	巡回《じゅんかい》・巡業《じゅんぎょう》・巡視《じゅんし》・巡礼《じゅんれい》・巡歴《じゅんれき》・一巡《いちじゅん》・お巡《まわ》りさん	
盾	音 ジュン 訓 たて	9	目	め	やりや矢などを防ぐ武器・たて	矛盾《むじゅん》・盾突《たてつ》く・後《うし》ろ盾《だて》	
召	音 ショウ 訓 め(す)	5	口	くち	上のものがよびよせる	召喚《しょうかん》・召還《しょうかん》・召集《しょうしゅう》・召致《しょうち》・応召《おうしょう》・召《め》し上《あ》がる	
床	音 ショウ 訓 とこ ゆか	7	广	まだれ	ねどこ・台の形をしたもの・地層・地盤《じばん》	温床《おんしょう》・起床《きしょう》・同床異夢《どうしょういむ》・病床《びょうしょう》・臨床《りんしょう》・床板《ゆかいた》・床運動《ゆかうんどう》	
沼	音 ショウ高 訓 ぬま	8	氵	さんずい	どろ深い大きな池・ぬま	沼沢《しょうたく》・湖沼《こしょう》・沼地《ぬまち》・底《そこ》なし沼《ぬま》・泥沼《どろぬま》	
称	音 ショウ 訓 ―	10	禾	のぎへん	つりあう・名づける・ほめる	称呼《しょうこ》・称号《しょうごう》・称賛《しょうさん》・愛称《あいしょう》・改称《かいしょう》・敬称《けいしょう》・通称《つうしょう》・名称《めいしょう》	
紹	音 ショウ 訓 ―	11	糸	いとへん	ひきあわせる・とりもつ・つぐ	紹介《しょうかい》・紹述《しょうじゅつ》	6
詳	音 ショウ 訓 くわ(しい)	13	言	ごんべん	くわしい・つまびらかなこと	詳解《しょうかい》・詳細《しょうさい》・詳述《しょうじゅつ》・詳報《しょうほう》・不詳《ふしょう》・未詳《みしょう》	2 4 6

練習問題

1	/24
2	/16
3	/10
4	/24

月　日

1 次の――線の漢字の読みをひらがなで記せ。

1 家に帰るとすぐに床に就いた。（　　）
2 沼にまつわる伝説を絵本にする。（　　）
3 体操の床運動の練習をする。（　　）
4 前回の説明と矛《む》盾している。（　　）
5 親しい友人と愛称で呼び合う。（　　）
6 担当者から詳しい説明があった。（　　）
7 病床の母に花を贈《おく》る。（　　）
8 先月末に臨時国会が召集された。（　　）
9 ようやくチャンスが巡ってきた。（　　）
10 わが国の古典芸能を紹介する。（　　）

11 会いたくて矢も盾もたまらない。（　　）
12 祖父は毎朝六時に起床する。（　　）
13 勇気ある発言だと称賛された。（　　）
14 和服をお召しになっている。（　　）
15 間もなく事件の詳報が届く。（　　）
16 安全のため工事現場を巡回した。（　　）
17 資料に基づいて議論を進める。（　　）
18 大会に出られただけでも本望だ。（　　）
19 園児を引率して動物園を訪れる。（　　）
20 贈《おく》り物に相手の頭文字を入れる。（　　）
21 劇団が地方を巡業している。（　　）
22 池を巡る小道を散歩する。（　　）
23 犯人は身元不詳のままだ。（　　）
24 もっと詳しいことが知りたい。（　　）

2 次の（　）にそれぞれ異なる「コウ」と音読みする適切な漢字を書き入れて熟語を作れ。

1 線（　）
2 最（　）潮
3 （　）争
4 （　）為
5 （　）陰
6 （　）奮
7 （　）久
8 草（　）
9 趣（　）
10 （　）互
11 変（　）
12 事（　）
13 （　）補
14 信（　）
15 猛《もう》（　）
16 破天（　）

3 次の漢字が下の（　）に入る漢字を修飾《しゅうしょく》するよう、後の□の中から選び、熟語を作れ。□の中の漢字は一度だけ使うこと。

1 背（　）
2 予（　）
3 握（　）
4 健（　）
5 斜（　）
6 瞬（　）
7 盛（　）
8 狂（　）
9 秀（　）
10 奇（　）

間・喜・脚・況・景・作・数・測・面・力

4 次の——線のカタカナを漢字に直せ。

1 トコの間に花を生ける。
2 アジア諸国をメグる旅に出た。
3 ショウサイは別紙を参照せよ。
4 ヌマチにミズバショウが生える。
5 先生もすっかりお年をメされた。
6 春野菜をオンショウで育てる。
7 友人を母にショウカイする。
8 規則をタテに取って依頼《いらい》を断る。
9 旧姓《きゅうせい》をツウショウとして使う。
10 祖父は野鳥の生態にクワしい。
11 ユカイタにワックスをかける。
12 警備員が駅構内をジュンシする。
13 遠足は雨でジュンエンになった。
14 講堂の落成式にショウタイされる。
15 タビカサなる来訪を受けた。
16 末はハカセか大臣かと言われた。
17 テシオにかけて育てた野菜だ。
18 ツウカイな逆転勝利を収めた。
19 ウチュウの神秘に思いをはせる。
20 増税反対のショメイを集める。
21 本のショメイが思い出せない。
22 肉や野菜をくしにサして焼く。
23 授業でサされて質問に答えた。
24 雨の中、かさをサして出かけた。

同床異夢（どうしょういむ）
「同じ寝床《ねどこ》に寝ていても、それぞれ異なった夢を見る」ことを表し、「いっしょに同じことをしていても考え方や目的が異なる」ということをたとえた四字熟語です。
例 チームは同床異夢でまとまりに欠ける。

漢字	読み	画数	部首	部首名	漢字の意味	用例	筆順
丈	音 ジョウ 訓 たけ	3	一	いち	つよい・長さの単位・長老への敬称	丈夫《じょうぶ》・頑丈《がんじょう》・気炎万丈《きえんばんじょう》・気丈《きじょう》・背丈《せたけ》・身丈《みたけ》	丈 丈 丈
畳	音 ジョウ 訓 たた(む) たたみ	12	田	た	かさねる・たたみをかぞえることば	畳語《じょうご》・畳用《じょうよう》・一畳《いちじょう》・重畳《ちょうじょう》・折《お》り畳《たた》む・畳敷《たたみじ》き・青畳《あおだたみ》	畳2 畳 畳 畳 畳 畳 畳 畳 畳11 畳
殖	音 ショク 訓 ふ(える) ふ(やす)	12	歹	かばねへん いちたへん がつへん	ふえて多くなる・たくわえたもの	殖産《しょくさん》・学殖《がくしょく》・生殖《せいしょく》・増殖《ぞうしょく》・繁殖《はんしょく》・養殖《ようしょく》・利殖《りしょく》	殖 殖 殖 殖 殖 殖 殖 殖11 殖 殖
飾	音 ショク 訓 かざ(る)	13	飠	しょくへん	かざる・よそおう	矯飾《きょうしょく》・修飾《しゅうしょく》・装飾《そうしょく》・服飾《ふくしょく》・粉飾《ふんしょく》・宝飾《ほうしょく》・髪飾《かみかざ》り	飾2 飾4 飾6 飾 飾 飾 飾 飾 飾 飾
触	音 ショク 訓 ふ(れる) さわ(る)	13	角	つのへん	何かにふれる・あたる	触手《しょくしゅ》・触発《しょくはつ》・一触即発《いっしょくそくはつ》・感触《かんしょく》・接触《せっしょく》・抵触《ていしょく》・手触《てざわ》り	触2 触 触 触 触 触 触10 触 触 触
侵	音 シン 訓 おか(す)	9	亻	にんべん	おかす・すすむ・やぶる・入りこむ	侵害《しんがい》・侵攻《しんこう》・侵入《しんにゅう》・侵犯《しんぱん》・侵略《しんりゃく》・不可侵《ふかしん》・自由《じゆう》を侵《おか》す	侵 侵 侵 侵 侵 侵 侵 侵 侵
振	音 シン 訓 ふ(る) ふ(るう) ふ(れる)	10	扌	てへん	ふる・ふるえる・さかんにする	振興《しんこう》・振動《しんどう》・振幅《しんぷく》・不振《ふしん》・振替《ふりかえ》・振《ふ》り返《かえ》る・羽振《はぶ》り	振 振 振 振 振 振 振 振 振 振
浸	音 シン 訓 ひた(す) ひた(る)	10	氵	さんずい	水につかる・しみこむ	浸出《しんしゅつ》・浸食《しんしょく》・浸水《しんすい》・浸透《しんとう》・浸入《しんにゅう》・水浸《みずびた》し・喜《よろこ》びに浸《ひた》る	浸 浸 浸 浸 浸 浸 浸 浸 浸 浸

ステップ18

練習問題

1	／24
2	／10
3	／5
4	／24

月　日

1

次の——線の漢字の読みをひらがなで記せ。

1 服飾デザイナーの道を選んだ。

2 「山々」などの語を畳語という。

3 目標を達成し、喜びに浸る。

4 去年よりも背丈がのびた。

5 国際交流の振興に力を入れる。

6 触らぬ神にたたりなし。

7 五年で殖えた資産はわずかだ。

8 個人の自由を侵してはならない。

9 私は新しい畳のにおいが好きだ。

10 かしこくて気丈な女性だ。

11 飾らない人柄《ひとがら》で素敵な人だ。

12 触手をのばして獲物をとらえる。

13 幼い子どもが手を振っている。

14 ウイルスが急激に増殖する。

15 空き家にだれか侵入したようだ。

16 今月末で店を畳むことにした。

17 方位磁石の針が左右に振れる。

18 会報用の原稿に朱を入れる。

19 植物の生殖について研究する。

20 事業に成功して財産を殖やした。

21 友の大活躍《かつやく》に触発された。

22 高圧線に触れると感電する。

23 列車の振動音が伝わってくる。

24 記者として敏腕《びんわん》を振るっている。

2 次の各組の熟語が対義語・類義語の関係になるように、(　)に入る漢字を後の[　]の中から選べ。[　]の中の漢字は一度だけ使うこと。

対義語

1 開放—閉(　)
2 単純—(　)雑
3 病弱—(　)夫
4 不振—(　)調
5 温和—凶(　)

類義語

6 簡単—平(　)
7 留守—不(　)
8 支度—(　)備
9 皮肉—風(　)
10 弁解—(　)明

易・好・鎖・在・刺・釈・準・丈・複・暴

3 次の各文にまちがって使われている同じ読みの漢字が一字ある。上に誤字を、下に正しい漢字を記せ。

（誤　正）

1 サミットが日本で開かれ、各国首脳が環境問題について真険に討議を重ねた。(　)(　)

2 大学は労朽化した図書館を取り壊し、新館の建設に取りかかった。(　)(　)

3 最近では養植技術の研究が進み、天然の魚のほうが味に優れるという訳でもないようだ。(　)(　)

4 広葉樹の多い山道を歩くと、足の裏に落ち葉の柔らかい歓触が伝わる。(　)(　)

5 正月におせち料理を作る家庭が減り、伝統的な家庭料理の経承を危ぶむ声がある。(　)(　)

4 次の――線のカタカナを漢字に直せ。

1 久しぶりに外の空気にフれた。（　　）
2 テーブルをいつも花でカザろう。（　　）
3 今年一年の行いをフり返る。（　　）
4 台風で床上までシンスイした。（　　）
5 夏服をタタんで箱にしまう。（　　）
6 ヨウショクのウナギを食べる。（　　）
7 テザワりのいい布地を買った。（　　）
8 著作権シンガイのおそれがある。（　　）
9 タケの長いコートを愛用する。（　　）
10 店内にソウショクをほどこす。（　　）
11 大雨で道がミズビタしになった。（　　）
12 仕事場はロクジョウの広さだ。（　　）

13 食欲フシンで元気が出ない。（　　）
14 老後に備えて貯金をフやす。（　　）
15 当局とのセッショクを試みた。（　　）
16 ジョウブな体に恵まれている。（　　）
17 汚染物質を完全に取りノゾく。（　　）
18 新しい環境にテキオウする。（　　）
19 春のようにおだやかなヒヨリだ。（　　）
20 マドを開けて風を入れよう。（　　）
21 真っ暗な中をテサグりで進む。（　　）
22 一面に菜の花がサいている。（　　）
23 路上に積み荷がサンランした。（　　）
24 今朝にわとりのサンランを見た。（　　）

使い分けよう！　しんにゅう【進入・侵入・浸入】

進入…例　列車が進入する　進入禁止　（進み入る）
侵入…例　家宅侵入　住居侵入罪　（不法に押し入る）
浸入…例　泥水《でいすい》の浸入　水が浸入する　（水が入る）

総得点 ／100

評価
A
80点 B
75点 C
70点 D
60点 E

月　日

1 次の――線の漢字の読みをひらがなで記せ。

1×10 ／10

1 姉の婚礼の日取りが決まる。（　）
2 疑いが晴れて釈放される。（　）
3 惨劇を二度と繰り返したくない。（　）
4 祖母は水彩画を習い始めた。（　）
5 底なし沼だと恐れられている。（　）
6 九月の初旬に海外に行く予定だ。（　）
7 法律を盾に取って要求を退けた。（　）
8 趣向をこらしたもてなしを受ける。（　）
9 需給の調整を心がける。（　）
10 礼状を送ろうと筆を執った。（　）

2 次に示した部首とは異なる部首を持つ漢字をア～オから一つ選び、記号で記せ。

2×5 ／10

1 戈〔ほこづくり・ほこがまえ〕
（ア 我　イ 載　ウ 戦　エ 戒　オ 成）（　）
2 日〔ひ〕
（ア 暮　イ 旬　ウ 盟　エ 早　オ 春）（　）
3 止〔とめる〕
（ア 武　イ 歩　ウ 歴　エ 雌　オ 正）（　）
4 木〔き〕
（ア 査　イ 来　ウ 朱　エ 染　オ 彩）（　）
5 宀〔うかんむり〕
（ア 宝　イ 憲　ウ 密　エ 富　オ 宣）（　）

3 次の――線のカタカナを漢字一字と送りがな（ひらがな）に直せ。

〈例〉問題にコタエル。（答える）

1×10 ／10

1 新機能がソナワッたカメラだ。（　）
2 オサナイころの思い出を話す。（　）
3 明朝、必ずおウカガイします。（　）
4 一日かけて観光地をメグッた。（　）
5 荒野が広がるサビシイ場所だ。（　）
6 不足している人員をオギナウ。（　）
7 この植物は葉がチヂレている。（　）
8 折り紙で部屋のカザリを作った。（　）
9 作品にそっと手をフレル。（　）
10 料理の出来ばえをタシカメル。（　）

4 次の――線のカタカナにあてはまる漢字をそれぞれのア～オから一つ選び、記号で記せ。

1×10 ／10

1 今冬一番の寒波がシュウ来する。（　）
2 シュウ労環境の改善に努める。（　）
3 兄はよくシュウ才《さい》と言われていた。（　）
（ア習　イ就　ウ秀　エ州　オ襲）

4 シン水被害《ひがい》の状況を調べる。（　）
5 不法シン入の犯人が捕《つか》まった。（　）
6 会社が経営不シンにおちいる。（　）
（ア侵　イ浸　ウ進　エ振　オ深）

7 地下鉄の駅名が改ショウされた。（　）
8 転校生が皆にショウ介された。（　）
9 国会のショウ集を行う。（　）
10 皇位継ショウの儀式が行われる。（　）
（ア照　イ紹　ウ承　エ称　オ召）

5 次の各文にまちがって使われている同じ読みの漢字が一字ある。上に誤字を、下に正しい漢字を記せ。

2×5 ／10

誤 正

1 今大会で響異的な世界記録を樹立したことは、長年にわたる厳しい努力の成果である。（　）（　）

2 アジアからの留学生を迎え、共に学ぶ若者たちによる観迎会が盛大に行われた。（　）（　）

3 都心に向かうその通勤電車は、多数の乗客を積め込んで始発駅を定刻に出発した。（　）（　）

4 付着したしみに強力な洗材を試したが、やはり全部落とすのは難しいようだ。（　）（　）

5 無農薬で育てた野菜や果物を自宅の玄間まで毎週届けてくれるシステムを利用する。（　）（　）

6 後の□内のひらがなを漢字に直して（　）に入れ、対義語・類義語を作れ。□内のひらがなは一度だけ使い、漢字一字を記せ。

1×10 ／10

対義語

1 返却―（　）用
2 凶暴―（　）和
3 破壊―建（　）
4 大要―（　）細
5 年頭―（　）末

類義語

6 健康―（　）夫
7 応援―（　）勢
8 使命―責（　）
9 全快―（　）治
10 歴然―明（　）

か・かん・さい・しゃく・しょう・じょう・せつ・にゅう・はく・む

7 次の（　）内に入る漢字を、後の[ ]の中から選び、四字熟語を完成せよ。[ ]の中の漢字は一度だけ使うこと。

2×10 /20

1 論（　）明快
2 馬耳（　）風
3 同（　）異夢
4 優（　）不断
5 舌先三（　）
6 空前（　）後
7 （　）年満作
8 人面（　）心
9 名（　）一体
10 針小（　）大

[旨・実・柔・獣・床・寸・絶・東・豊・棒]

8 次の――線のカタカナを漢字に直せ。

2×10 /20

1 ぶた肉と大根の**ニモノ**を作る。（　）
2 **ザッシ**を読んで暇をつぶす。（　）
3 血液中の**シシツ**の量が増えた。（　）
4 くわを使って畑を**タガヤ**す。（　）
5 **シャヨウ**を受けた山が好きだ。（　）
6 バザーの**シュウエキ**を寄付する。（　）
7 緑の**シバフ**が一面に広がった。（　）
8 **シュンジ**の判断が命を救った。（　）
9 さわやかな朝の空気を**ス**う。（　）
10 プリンターで年賀状を**ス**る。（　）

ステップ 19

漢字	読み	画数	部首	部首名	漢字の意味	用例	筆順
寝	音 シン 訓 ね(る)・ね(かす)	13	宀	うかんむり	ねる・居室	寝食《しんしょく》・寝台《しんだい》・就寝《しゅうしん》・寝汗《ねあせ》・寝息《ねいき》・寝袋《ねぶくろ》・寝坊《ねぼう》・寝《ね》ぼけ眼《まなこ》	寝(3) 寝 寝 寝 寝 寝(9) 寝 寝 寝 寝
慎	音 シン 訓 つつし(む)	13	忄	りっしんべん	気をつける・つつしむ	慎重《しんちょう》・謹慎《きんしん》・不謹慎《ふきんしん》・言葉《ことば》を慎《つつし》む	慎 慎 慎 慎 慎 慎 慎 慎(10) 慎 慎(13)
震	音 シン 訓 ふる(う)・ふる(える)	15	雨	あめかんむり	ゆれ動く・ふるう	震源《しんげん》・震災《しんさい》・震度《しんど》・震動《しんどう》・激震《げきしん》・地震《じしん》・耐震《たいしん》・余震《よしん》	震(3) 震 震(6) 震(8) 震 震 震(12) 震 震 震
薪	音 シン 訓 たきぎ	16	艹	くさかんむり	燃料用の木・まき	薪水《しんすい》・薪炭《しんたん》・薪炭商《しんたんしょう》・薪能《たきぎのう》・薪拾《たきぎひろ》い	薪 薪(3) 薪(5) 薪(8) 薪(10) 薪(12) 薪 薪 薪 薪
尽	音 ジン 訓 つ(くす)・つ(きる)・つ(かす)	6	尸	かばね・しかばね	全部出しきる・つくす・全部	尽力《じんりょく》・一網打尽《いちもうだじん》・縦横無尽《じゅうおうむじん》・無尽蔵《むじんぞう》・理不尽《りふじん》	尽 尽 尽 尽 尽 尽
陣	音 ジン 訓 ――	10	阝	こざとへん	じんだて・いくさ・にわかに	陣営《じんえい》・陣地《じんち》・陣痛《じんつう》・初陣《ういじん》・円陣《えんじん》・出陣《しゅつじん》・退陣《たいじん》・布陣《ふじん》	陣 陣 陣 陣 陣 陣 陣 陣 陣 陣
尋	音 ジン 訓 たず(ねる)	12	寸	すん	ききただす・ふつう・ひろ（長さの単位）	尋常《じんじょう》・尋常一様《じんじょういちよう》・尋問《じんもん》・千尋《せんじん》・尋《たず》ね人《びと》	尋 尋 尋 尋 尋 尋 尋(9) 尋 尋 尋
吹	音 スイ 訓 ふ(く)	7	口	くちへん	口でふいてならす・うそぶく・かぜ	吹奏楽《すいそうがく》・吹鳴《すいめい》・鼓吹《こすい》・霧吹《きりふ》き・吹雪《ふぶき》・息吹《いぶき》	吹 吹 吹 吹 吹 吹 吹

ステップ19

練習問題

1	/24
2	/10
3	/10
4	/24

月　日

1 次の——線の漢字の読みをひらがなで記せ。

1 火の元を点検してから就寝した。（　　）
2 革命思想を鼓吹した活動家だ。（　　）
3 余震はおおむね収まった。（　　）
4 妹は安らかな寝息を立てている。（　　）
5 交番で駅までの道を尋ねる。（　　）
6 もう少し慎重に考えていきたい。（　　）
7 野外活動で薪を拾いに行った。（　　）
8 役者は紙吹雪の中を退場した。（　　）
9 村の発展に尽力した人物だ。（　　）
10 尋常な手段では相手に勝てない。（　　）

11 兄は怒《いか》りに声を震わせた。（　　）
12 武将が相手の陣地に攻め込む。（　　）
13 強い北風が顔面に吹きつけた。（　　）
14 父の代まで薪炭商を営んでいた。（　　）
15 授業中の私語は慎むべきだ。（　　）
16 言葉ではとても言い尽くせない。（　　）
17 背水の陣で敗者復活戦にのぞむ。（　　）
18 胸元にブローチをつける。（　　）
19 湖は聞きしに勝る美しさだった。（　　）
20 木綿豆腐《どうふ》を使った料理だ。（　　）
21 母は夕飯の支度に取りかかった。（　　）
22 度重なるけがで引退を決意した。（　　）
23 密閉して保存できる容器を使う。（　　）
24 質問に対して皆が口を閉ざした。（　　）

2 次の（　）内に入る漢字を、後の［　］の中から選び、四字熟語を完成せよ。［　］の中の漢字は一度だけ使うこと。

1 言語道（　　）
2 一（　　）落着
3 一意（　　）心
4 （　　）意工夫
5 事実無（　　）
6 七（　　）八苦
7 縦横無（　　）
8 臨機（　　）変
9 大（　　）名分
10 （　　）論百出

応・義・議・件・根・尽・専・創・断・難

3 次の――線のカタカナを漢字一字と送りがな（ひらがな）に直せ。

〈例〉問題にコタエル。（答える）

1 本当のことかウタガワシイ話だ。（　　）
2 指に針がササル。（　　）
3 事故のクワシイ原因を調べる。（　　）
4 恐ろしくてひざがフルエル。（　　）
5 絵本を読んで子どもをネカセた。（　　）
6 足取りもカロヤカニやってくる。（　　）
7 歩き続けて体力がツキル。（　　）
8 タガイに助け合って活動する。（　　）
9 展示物にサワラないでください。（　　）
10 ニンジンをコマカク切る。（　　）

4 次の——線のカタカナを漢字に直せ。

1 話の種が**ツ**きることはなかった。（　　）
2 **ジシン**に備えて家具を固定した。（　　）
3 試合の前に**エンジン**を組む。（　　）
4 **ネ**る間もおしんで働いている。（　　）
5 **スイソウ**楽が大好きな兄弟だ。（　　）
6 水資源は**ムジンゾウ**ではない。（　　）
7 **ツツシ**み深い態度を心がける。（　　）
8 証人が検事の**ジンモン**に答える。（　　）
9 **シンショク**を忘れて勉強する。（　　）
10 **タキギ**を燃やして暖をとった。（　　）
11 寒くてぶるぶる**フル**えている。（　　）
12 その言葉の由来を**タズ**ねる。（　　）
13 口笛を**フ**いて犬を呼ぶ。（　　）
14 人込みで知人の**スガタ**を見失う。（　　）
15 このミカンは**サンミ**が強い。（　　）
16 皆の前でほめられて**テ**れている。（　　）
17 祖父は**スジガネ**入りの職人だ。（　　）
18 海でおぼれている人を**スク**った。（　　）
19 記名投票で問題の**サンピ**を問う。（　　）
20 姉がピアノの**ドクソウ**をする。（　　）
21 早くも**ドクソウ**態勢に入った。（　　）
22 実に**ドクソウ**的なデザインだ。（　　）
23 我が家ではインコを**カ**っている。（　　）
24 上司の歓心を**カ**うような行動だ。（　　）

使い分けよう！　**たずねる【訪・尋】**
訪ねる…例　友人を訪ねる　名所を訪ねる　（おとずれる）
尋ねる…例　道を尋ねる　行方を尋ねる　（質問する）

ステップ 20

漢字	読み	画数	部首	部首名	漢字の意味	用例	筆順
是	音 ゼ 訓 ―	9	日	ひ	ただしい・よいとみとめる・方針・これ	是正《ぜせい》・是認《ぜにん》・是非《ぜひ》・是非曲直《ぜひきょくちょく》・色即是空《しきそくぜくう》	是 是 是 是 是 是 是 是 是
姓	音 セイ ショウ 訓 ―	8	女	おんなへん	みょうじ・家系	姓名《せいめい》・改姓《かいせい》・旧姓《きゅうせい》・同姓《どうせい》・同姓同名《どうせいどうめい》・素姓《すじょう》・百姓《ひゃくしょう》	姓 姓 姓 姓 姓 姓 姓 姓
征	音 セイ 訓 ―	8	彳	ぎょうにんべん	たたかいにいく・旅に出る	征圧《せいあつ》・征途《せいと》・征討《せいとう》・征伐《せいばつ》・征服《せいふく》・遠征《えんせい》・出征《しゅっせい》	征 征 征 征 征 征 征 征
跡	音 セキ 訓 あと	13	𧾷	あしへん	あしあと・何かがおこなわれたあと	遺跡《いせき》・奇跡《きせき》・形跡《けいせき》・追跡《ついせき》・名所旧跡《めいしょきゅうせき》・跡形《あとかた》・傷跡《きずあと》	跡 3 跡 跡 跡 跡 跡 9 跡 跡 跡 跡
占	音 セン 訓 し(める) うらな(う)	5	ト	と うらない	うらなう・自分のものにする	占有《せんゆう》・占領《せんりょう》・寡占《かせん》・独占《どくせん》・買《か》い占《し》め・手相占《てそううらな》い	占 占 占 占 占
扇	音 セン 訓 おうぎ	10	戸	とだれ とかんむり	おうぎ・とびら・あおりたてる	扇状地《せんじょうち》・扇子《せんす》・扇風機《せんぷうき》・夏炉冬扇《かろとうせん》・扇形《おうぎがた》・舞扇《まいおうぎ》	扇 扇 扇 扇 扇 扇 扇 扇 扇 扇
鮮	音 セン 訓 あざ(やか)	17	魚	うおへん	あざやか・あたらしい・すくない	鮮魚《せんぎょ》・鮮血《せんけつ》・鮮度《せんど》・鮮明《せんめい》・鮮烈《せんれつ》・新鮮《しんせん》・生鮮《せいせん》	鮮 鮮 鮮 鮮 鮮 鮮 7 鮮 11 鮮 13 鮮 16 鮮

ステップ 20

練習問題

1	/24
2	/10
3	/10
4	/24

月　日

1 次の――線の漢字の読みをひらがなで記せ。

1 部屋に新鮮な空気を入れる。（　）
2 その申し出は是認できない。（　）
3 山頂から扇状地が見渡《みわた》せる。（　）
4 道路の不法占拠を取りしまる。（　）
5 故郷の村には同姓が多い。（　）
6 鮮やかな包丁さばきを見せた。（　）
7 家元の跡継ぎとして責任を負う。（　）
8 誤った箇所を是正して提出する。（　）
9 扇をかざして優雅に舞《ま》う。（　）
10 厳冬のアルプスを征服した。（　）
11 若者の人気を独り占めにする。（　）
12 スーパーで生鮮食品を買う。（　）
13 素姓を隠すために名前を変える。（　）
14 扇風機で暑さをしのいだ。（　）
15 だれかが侵入した形跡がある。（　）
16 おみくじで今年の運勢を占う。（　）
17 友人の旅の土産話が楽しみだ。（　）
18 兄を言い負かして一矢《いっし》報いた。（　）
19 モモの出荷が最盛期を迎えた。（　）
20 極秘の文書が社外に流出した。（　）
21 古都の史跡を訪ねて歩く。（　）
22 まだかすかに傷跡が残っている。（　）
23 株主になると優待が受けられる。（　）
24 馬の優しい目が印象に残った。（　）

2 次の漢字の目的語・補語となる漢字を、後の□の中から選んで（　）に入れ、熟語を作れ。□の中の漢字は一度だけ使うこと。

1 屈（　）
2 出（　）
3 更（　）
4 追（　）
5 禁（　）
6 失（　）
7 越（　）
8 仰（　）
9 握（　）
10 起（　）

衣・煙・脚・境・指・手・床・陣・跡・天

3 次の――線のカタカナ「シュウ」をそれぞれ異なる漢字に直せ。

1 受けた恩は**シュウ**生忘れない。（　）
2 大臣の去**シュウ**が注目される。（　）
3 関東**シュウ**辺の温泉地を調べる。（　）
4 料理本の監**シュウ**をする。（　）
5 我が校には優**シュウ**な生徒が多い。（　）
6 動画の配信で**シュウ**益を上げる。（　）
7 勝利への**シュウ**念が実を結んだ。（　）
8 **シュウ**慣で毎朝コーヒーを飲む。（　）
9 **シュウ**休二日制が採用された。（　）
10 夜に敵の**シュウ**撃を受ける。（　）

4 次の——線のカタカナを漢字に直せ。

1 日本勢がメダルを**ドクセン**する。
2 暑いので**センス**を持っていく。
3 記憶が**センメイ**によみがえった。
4 彼女《かのじょ》の**キュウセイ**は山本だ。
5 **アトカタ**もなく姿を消した。
6 海外**エンセイ**チームを結成する。
7 投票では賛成が過半数を**シ**めた。
8 厚紙を**オウギガタ**に切る。
9 **アザ**やかな色彩にあふれた絵だ。
10 昔は**ヒャクショウ**一揆《いっき》があった。
11 書家の**ヒッセキ**をまねて書く。
12 **ウラナ**い師に呼び止められた。

13 **ゼヒ**とも会合にご参加ください。
14 **テンジョウ**裏にネズミがいる。
15 昨日から**ズツウ**が続いている。
16 長年の夢がかない**ホンモウ**だ。
17 不用意な一言で**ボケツ**を掘った。
18 重い荷物を**セオ**って山道を歩く。
19 社員の**キンロウ**意欲を上げる。
20 新事業で多大な**ソンシツ**が出た。
21 コーチとして選手を**シドウ**する。
22 新しい計画を**シドウ**させる。
23 部屋に**コウ**をたいてくつろいだ。
24 地道な取り組みが**コウ**を奏する。

是非曲直（ぜひきょくちょく）
「是非」は「道理にかなうことと外れていること」、「曲直」は「曲がったこととまっすぐなこと」で、「物事の善悪や正不正」の意味を表します。似た意味の四字熟語として「理非曲直」などがあります。

漢字	読み	画数	部首	部首名	漢字の意味	用例	筆順
訴	音 ソ 訓 うった(える)	12	言	ごんべん	裁判をもとめる・不満をうったえる	訴訟《そしょう》・訴状《そじょう》・起訴《きそ》・控訴《こうそ》・告訴《こくそ》・直訴《じきそ》・勝訴《しょうそ》・提訴《ていそ》	訴 訴 訴4 訴6 訴 訴 訴 訴 訴 訴
僧	音 ソウ 訓 —	13	亻	にんべん	坊《ぼう》さん	僧院《そういん》・僧職《そうしょく》・僧坊《そうぼう》・僧侶《そうりょ》・高僧《こうそう》・禅僧《ぜんそう》・尼僧《にそう》・老僧《ろうそう》	僧2 僧4 僧 僧 僧 僧 僧 僧11 僧 僧
燥	音 ソウ 訓 —	17	火	ひへん	かわく・いらだつ	乾燥《かんそう》・高燥《こうそう》・枯燥《こそう》・焦燥《しょうそう》・焦燥感《しょうそうかん》・無味乾燥《むみかんそう》	燥 燥 燥 燥 燥7 燥10 燥13 燥15 燥 燥
騒	音 ソウ 訓 さわ(ぐ)	18	馬	うまへん	さわがしい・みだれる	騒音《そうおん》・騒然《そうぜん》・騒動《そうどう》・騒乱《そうらん》・狂騒《きょうそう》・物情騒然《ぶつじょうそうぜん》・物騒《ぶっそう》	騒 騒 騒 騒5 騒 騒10 騒 騒15 騒 騒18
贈	音 ゾウ ソウ 訓 おく(る)	18	貝	かいへん	人にお金や物をおくる・おくりもの	贈賞《ぞうしょう》・贈呈《ぞうてい》・贈答《ぞうとう》・贈与《ぞうよ》・贈賄《ぞうわい》・寄贈《きぞう》・恵贈《けいぞう》・贈り物《おくりもの》	贈5 贈7 贈9 贈 贈 贈 贈14 贈 贈 贈18
即	音 ソク 訓 —	7	卩	わりふ ふしづくり	つく・すぐ・すなわち・ただちに	即応《そくおう》・即席《そくせき》・即答《そくとう》・即興《そっきょう》・即決《そっけつ》・即刻《そっこく》・一触即発《いっしょくそくはつ》	即 即 即 即 即 即 即
俗	音 ゾク 訓 —	9	亻	にんべん	ならわし・ありふれた・上品でない	俗悪《ぞくあく》・俗事《ぞくじ》・俗説《ぞくせつ》・俗物《ぞくぶつ》・雅俗《がぞく》・低俗《ていぞく》・風俗《ふうぞく》・民俗《みんぞく》	俗 俗 俗 俗 俗 俗 俗 俗 俗
耐	音 タイ 訓 た(える)	9	而	しかして しこうして	もちこたえる・がまんする	耐火《たいか》・耐寒《たいかん》・耐久《たいきゅう》・耐震《たいしん》・耐性《たいせい》・耐乏《たいぼう》・耐用《たいよう》・忍耐《にんたい》	耐 耐 耐 耐 耐 耐 耐 耐 耐

ステップ 21

練習問題

1	/24
2	/10
3	/5
4	/24

月　日

1 次の――線の漢字の読みをひらがなで記せ。

1 会議場は一時騒然となった。（　）
2 厳しい試練に耐えて成長する。（　）
3 世間の俗事をさけて山にこもる。（　）
4 贈賞式がホテルで開かれた。（　）
5 市民の訴えが行政を動かした。（　）
6 時代の流れに即応した経営だ。（　）
7 名高い高僧の講話を聞いた。（　）
8 大学で民俗学の研究をする。（　）
9 耐用年数の過ぎた旧式の機械だ。（　）
10 高燥の地に合った作物を植える。（　）

11 卒業生に花束と記念品を贈る。（　）
12 裁判所に提訴する予定だ。（　）
13 要望に応じて即興で詩を作る。（　）
14 お客様がスープを召し上がる。（　）
15 現状に見合わない机上の空論だ。（　）
16 若人が世界へと主張を発信する。（　）
17 思いがけない騒動が持ち上がる。（　）
18 近ごろ周囲がひどく騒がしい。（　）
19 機能より耐久性を優先して選ぶ。（　）
20 長年の風雪に耐えてきた。（　）
21 裁判は原告側が勝訴した。（　）
22 完走後、足首の痛みを訴えた。（　）
23 弟の毒舌にはもう慣れっこだ。（　）
24 二枚舌を使うので信用できない。（　）

2 次の各組の熟語が対義語・類義語の関係になるように、（　）に入る漢字を後の［　］の中から選べ。［　］の中の漢字は一度だけ使うこと。

対義語

1 軽率―（　）重
2 反抗―服（　）
3 高雅―低（　）
4 凶作―（　）作
5 簡略―（　）細

類義語

6 早速―（　）刻
7 専有―独（　）
8 対照―比（　）
9 可否―（　）非
10 追憶―回（　）

［較・従・詳・慎・是・占・想・即・俗・豊］

3 次の各文にまちがって使われている同じ読みの漢字が一字ある。上に誤字を、下に正しい漢字を記せ。

（誤）（正）

1 空気が干燥する季節はウイルスに感染しやすいので、帰宅後は必ず手洗いうがいをする。（　）（　）
2 古い看板は今にも壊れそうで落下が心配なので、修理と保強を業者にお願いした。（　）（　）
3 肉筆の日記やスケッチなど、作家の遺品が遺族から資料館に寄蔵された。（　）（　）
4 動物園では生きものたちの健康管理のために、定期的な体重即定が行われる。（　）（　）
5 野菜や洗魚などの価格は天候や気候による出荷量に極めて左右されやすい。（　）（　）

4 次の――線のカタカナを漢字に直せ。

1 犯人は**サワ**ぎに乗じてにげた。
2 **ゾウトウ**品にのし紙をかける。
3 高温にも**タ**える構造の商品だ。
4 二十代で出家して**ソウ**となった。
5 住民の良識に**ウッタ**えたい。
6 **ソクセキ**でスピーチをした。
7 冬場は空気が**カンソウ**する。
8 入賞者に賞状が**オク**られた。
9 風評や**ゾクセツ**に惑《まど》わされるな。
10 **ブッソウ**な時代になったものだ。
11 **タイカン**訓練として雪原を歩く。
12 証拠不十分で不**キソ**処分となる。
13 事件は**メイキュウ**入りとなった。
14 **ムナモト**でリボンがゆれている。
15 **オゴソ**かなたたずまいの建物だ。
16 **ダンペン**的にしか思い出せない。
17 財界で**ハブ**りをきかせている。
18 初めて大きな仕事を**マカ**された。
19 台風が日本を**ジュウダン**する。
20 堂々と自分の意見を**ノ**べた。
21 転校生を全員に**ショウカイ**する。
22 在庫の有無を**ショウカイ**する。
23 母はいつも弟の**カタ**を持つ。
24 **カタ**にはまったつまらない絵だ。

使い分けよう！ おくる【送・贈】

送る…例 宅配便で荷物を送る 駅まで送る 日々を送る
(届ける・見おくる・過ごす)

贈る…例 プレゼントを贈る 感謝状を贈る
(気持ちを込めて金品などをあたえる)

ステップ22

漢字	読み	画数	部首	部首名	漢字の意味	用例	筆順
替	音 タイ 訓 か(える) か(わる)	12	曰	ひらび いわく	入れかわる・おとろえる	交替《こうたい》・代替《だいたい》・振替《ふりかえ》・両替《りょうがえ》・日替《ひが》わり・為替《かわせ》	替2 替 替 替6 替 替 替 替 替 替
沢	音 タク 訓 さわ	7	氵	さんずい	さわ・ゆたか・つや	沢山《たくさん》・恩沢《おんたく》・光沢《こうたく》・潤沢《じゅんたく》・沼沢《しょうたく》・沢登《さわのぼ》り	沢 沢 沢 沢 沢 沢 沢
拓	音 タク 訓 ――	8	扌	てへん	ひらく・ものの形を墨《すみ》で紙に写しとること	拓殖《たくしょく》・拓本《たくほん》・開拓《かいたく》・干拓《かんたく》・魚拓《ぎょたく》	拓 拓 拓 拓 拓 拓 拓 拓
濁	音 ダク 訓 にご(る) にご(す)	16	氵	さんずい	にごる・けがれ・みだれる	濁音《だくおん》・濁水《だくすい》・濁流《だくりゅう》・汚濁《おだく》・混濁《こんだく》・清濁《せいだく》・白濁《はくだく》	濁3 濁5 濁7 濁 濁 濁 濁13 濁 濁 濁
脱	音 ダツ 訓 ぬ(ぐ) ぬ(げる)	11	月	にくづき	ぬぐ・のがれる・とりのぞく・はずれる	脱出《だっしゅつ》・脱線《だっせん》・脱走《だっそう》・脱退《だったい》・脱皮《だっぴ》・脱落《だつらく》・着脱《ちゃくだつ》・離脱《りだつ》	脱 脱 脱4 脱 脱 脱 脱 脱 脱 脱
丹	音 タン 訓 ――	4	丶	てん	赤・心をこめる・ねった丸薬	丹精《たんせい》・丹誠《たんせい》・丹頂《たんちょう》・丹念《たんねん》	丹 丹 丹 丹
淡	音 タン 訓 あわ(い)	11	氵	さんずい	色がうすい・あっさりしている・塩分がない	淡紅《たんこう》・淡水《たんすい》・淡淡《たんたん》・淡泊《たんぱく》・枯淡《こたん》・濃淡《のうたん》・冷淡《れいたん》・淡雪《あわゆき》	淡2 淡 淡 淡 淡 淡 淡 淡 淡 淡
嘆	音 タン 訓 なげ(く) なげ(かわしい)	13	口	くちへん	なげく・ほめたたえる・ためいき	嘆願《たんがん》・嘆声《たんせい》・嘆息《たんそく》・感嘆《かんたん》・驚嘆《きょうたん》・悲嘆《ひたん》・世《よ》を嘆《なげ》く	嘆3 嘆 嘆6 嘆 嘆 嘆 嘆 嘆 嘆 嘆

練習問題

1	/24
2	/16
3	/10
4	/24

月　日

1 次の――線の漢字の読みをひらがなで記せ。

1 どうにか危機を脱却した。（　　）
2 一万円札を千円札十枚と替える。（　　）
3 名人の技に感嘆の声を上げた。（　　）
4 厳冬期には沢の水がこおる。（　　）
5 コイやフナは淡水にすむ魚だ。（　　）
6 立つ鳥跡を濁さず。（　　）
7 湖の干拓事業は中止となった。（　　）
8 祖母が丹精して育てた花々だ。（　　）
9 昼食は日替わり定食にしよう。（　　）
10 階段の半ばでスリッパが脱げた。（　　）
11 からぶきして床板に光沢を出す。（　　）
12 近年のモラル低下が嘆かわしい。（　　）
13 河川の水質汚濁が問題となる。（　　）
14 やわらかい綿毛のような淡雪だ。（　　）
15 明日の当番を交替してもらった。（　　）
16 久しぶりに息子が帰省する。（　　）
17 敵の包囲から無事に脱出した。（　　）
18 暖かいのでコートを脱いだ。（　　）
19 人知れず嘆息をもらす。（　　）
20 若き友を失った嘆きは尽きない。（　　）
21 理由は皆目見当がつかない。（　　）
22 どれも皆非常によくできている。（　　）
23 表現に作家の素質が感じられる。（　　）
24 俳優の意外な素顔を知った。（　　）

2 次の（　）にそれぞれ異なる「シン」と音読みする適切な漢字を書き入れて熟語を作れ。

1 （　）略
2 執（　）
3 音（　）
4 （　）経質
5 就（　）
6 （　）葉樹
7 （　）炭林
8 推（　）
9 化（　）
10 更（　）
11 （　）類
12 （　）透《とう》
13 耐（　）
14 （　）林浴
15 写（　）
16 （　）呼吸

3 熟語の構成のしかたには次のようなものがある。

ア 同じような意味の漢字を重ねたもの（岩石）
イ 反対または対応の意味を表す字を重ねたもの（高低）
ウ 上の字が下の字を修飾しているもの（洋画）
エ 下の字が上の字の目的語・補語になっているもの（着席）
オ 上の字が下の字の意味を打ち消しているもの（非常）

次の熟語は右のア～オのどれにあたるか、一つ選び、記号で記せ。

1 騒音（　）
2 執刀（　）
3 清濁（　）
4 鬼才（　）
5 即決（　）
6 不問（　）
7 乾燥（　）
8 脱皮（　）
9 未詳（　）
10 雅俗（　）

4 次の——線のカタカナを漢字に直せ。

1 人々を**キョウタン**させる発明だ。

2 言葉を**ニゴ**して即答をさけた。

3 **アワ**い期待を持ち続けている。

4 祖母にお菓子を**タクサン**もらう。

5 修理中は**ダイタイ**機を使用した。

6 下級生の熱意にかぶとを**ヌ**いだ。

7 ほころびを**タンネン**につくろう。

8 成果が上がらず**ナゲ**いている。

9 大雨で川は**ダクリュウ**と化した。

10 係員の態度は**レイタン**だった。

11 水草の茂《しげ》る**サワ**伝いに下った。

12 今も**カイタク**者精神を忘れない。

13 優勝争いから**ダツラク**する。

14 店で**リョウガエ**をお願いする。

15 一年前から友の便りが**タ**えた。

16 健康を**タモ**つよう心がけている。

17 カップにコーヒーを**ソソ**ぐ。

18 **ジュクレン**の職人の技を見る。

19 雨具に名前の**カシラ**文字を書く。

20 **コワイロ**を変えて電話に出た。

21 むだな経費を**セツヤク**する。

22 そろそろ春一番が**フ**くころだ。

23 肩が**フ**れ合うほどの混雑だった。

24 速度計の針が**フ**り切れる。

使い分けよう!　かえる【変・代・替】

変える…例　形を変える　態度を変える　（異なる状態にする）

代える…例　投手を代える　（別のものに役割をさせる）

替える…例　畳を替える　クラス替え　（新しく別のものにする）

漢字表

ステップ 23

漢字	読み	画数	部首	部首名	漢字の意味	用例	筆順
端	音 タン 訓 はし・は 高・はた	14	立	たつへん	きちんとしている・物事の始まり・ことがら	端正《たんせい》・端麗《たんれい》・極端《きょくたん》・先端《せんたん》・末端《まったん》・片端《かたはし》・半端《はんぱ》・道端《みちばた》	端2 端4 端 端 端 端 端10 端 端 端14
弾	音 ダン 訓 ひ(く)・はず(む)・たま	12	弓	ゆみへん	たま・はじく・非難する・弦《げん》楽器をひく	弾圧《だんあつ》・弾劾《だんがい》・弾力《だんりょく》・糾弾《きゅうだん》・銃弾《じゅうだん》・爆弾《ばくだん》・連弾《れんだん》・爪弾《つまび》く	弾 弾 弾 弾 弾 弾 弾8 弾10 弾 弾
恥	音 チ 訓 は(じる)・はじ・は(じらう)・は(ずかしい)	10	心	こころ	きまりがわるい・はずかしい	恥辱《ちじょく》・恥部《ちぶ》・厚顔無恥《こうがんむち》・羞恥心《しゅうちしん》・破廉恥《はれんち》・赤恥《あかはじ》	恥 恥 恥 恥 恥 恥 恥 恥 恥 恥
致	音 チ 訓 いた(す)	10	至	いたる	来させる・行き着かせる・ぴったり合う	致命傷《ちめいしょう》・一致《いっち》・合致《がっち》・極致《きょくち》・招致《しょうち》・筆致《ひっち》・風致《ふうち》	致 致 致 致 致 致 致 致 致 致
遅	音 チ 訓 おく(れる)・おく(らす)・おそ(い)	12	辶	しんにょう しんにゅう	時間がかかる・間に合わない	遅延《ちえん》・遅刻《ちこく》・遅速《ちそく》・遅滞《ちたい》・遅配《ちはい》・巧遅《こうち》・遅咲《おそざ》き	遅 遅 遅 遅5 遅 遅8 遅 遅 遅 遅
蓄	音 チク 訓 たくわ(える)	13	艹	くさかんむり	たくわえる・やしなう	蓄財《ちくざい》・蓄積《ちくせき》・含蓄《がんちく》・貯蓄《ちょちく》・備蓄《びちく》・力《ちから》を蓄《たくわ》える	蓄 蓄3 蓄5 蓄 蓄 蓄 蓄 蓄 蓄 蓄13
跳	音 チョウ 訓 は(ねる)・と(ぶ)	13	𧾷	あしへん	地面をけってとびはねる	跳馬《ちょうば》・跳躍《ちょうやく》・三段跳《さんだんと》び・高跳《たかと》び・縄跳《なわと》び・飛《と》び跳《は》ねる	跳3 跳 跳 跳 跳 跳 跳10 跳 跳 跳

ステップ23

練習問題

1	/24
2	/5
3	/10
4	/24

月　日

1 次の――線の漢字の読みをひらがなで記せ。

1 久しぶりの再会に話が弾んだ。（　）
2 会議の開始時間を遅らせた。（　）
3 計画に弾力性を持たせて考える。（　）
4 人前で恥ずかしい思いをする。（　）
5 三段跳びで見事優勝する。（　）
6 巣穴に木の実を蓄えて越冬する。（　）
7 道端にかわいい花が咲いていた。（　）
8 本年もよろしくお願い致します。（　）
9 遅かれ早かれ出会うことになる。（　）
10 狩りの流れ弾が大木をかすめた。（　）

11 社会の恥部をさらけ出している。（　）
12 資金不足で工事が遅延する。（　）
13 カエルが跳ねて池に飛び込んだ。（　）
14 世界大会の招致合戦が始まった。（　）
15 ピアノの弾き語りをする。（　）
16 手で用紙の片端を押さえる。（　）
17 将来に備えて貯蓄しておく。（　）
18 恥も外聞もなく居座り続ける。（　）
19 社の森を風致林として保存する。（　）
20 体操競技の跳馬に出場する。（　）
21 先端がとがっていて危ない。（　）
22 美しい衣をまとった天女を描《えが》く。（　）
23 疲《つか》れが蓄積して元気が出ない。（　）
24 手元にはいくらか蓄えがある。（　）

2 1〜5の三つの□に共通する漢字を入れて熟語を作れ。漢字はア〜コから一つ選び、記号で記せ。

1 極□・末□・□正 （　）
2 合□・極□・□命傷 （　）
3 多□・□色・水□ （　）
4 □破・目□・反□ （　）
5 □線・□走・□却 （　）

ア 即　イ 端　ウ 彩　エ 耐　オ 撃
カ 脱　キ 吹　ク 丹　ケ 斜　コ 致

3 後の□内のひらがなを漢字に直して（　）に入れ、対義語・類義語を作れ。□内のひらがなは一度だけ使い、漢字一字を記せ。

対義語

1 相違—一（　）
2 清流—（　）流
3 起床—就（　）
4 陰性—（　）性
5 歓喜—悲（　）

類義語

6 結束—（　）結
7 弁解—（　）明
8 恒久—（　）遠
9 容認—（　）可
10 備蓄—貯（　）

えい・きょ・しゃく・しん・ぞう・だく・たん・だん・ち・よう

4 次の――線のカタカナを漢字に直せ。

1 ピストルのタマを抜《ぬ》いて捨てる。
2 大勢の前でアカハジをかいた。
3 母は井戸バタ会議が苦手だ。
4 兄が公園でギターをヒいている。
5 歌手としてはオソザきだ。
6 立派なひげをタクワえている。
7 この国の将来に思いをイタした。
8 部下の厚顔ムチな態度を戒める。
9 息をハズませて駆け込んできた。
10 言葉のハシに自信が感じとれる。
11 油がハねてコンロが汚れた。
12 両者の見解は完全にガッチした。
13 良心にハじない行動をとれ。
14 ガンチクに富んだ話だ。
15 言論のダンアツに抗議する。
16 寝過ごして会議にチコクした。
17 点数にキョクタンな差が出る。
18 校庭で走り高トびの練習をする。
19 キンベンに働いて生きていく。
20 あらぬウタガいをかけられる。
21 地震で道路がスンダンされる。
22 労働時間のタンシュクを進める。
23 敵の陣地をいっせいにセめる。
24 周囲から失言をセめられた。

使い分けよう！ とぶ【飛・跳】

飛ぶ…例 飛行機が飛ぶ　花粉が飛ぶ　（空中を移動する）
跳ぶ…例 ウサギがぴょんぴょん跳ぶ　縄跳びをする　（地面をけってはね上がる）

漢字	読み	画数	部首	部首名	漢字の意味	用例	筆順
徴	音 チョウ / 訓 ――	14	彳	ぎょうにんべん	何かがおこるきざし・とりたてる・しるし	徴候《ちょうこう》・徴収《ちょうしゅう》・徴発《ちょうはつ》・徴兵《ちょうへい》・象徴《しょうちょう》・追徴《ついちょう》・特徴《とくちょう》	徴[4] 徴 徴 徴 徴 徴[10] 徴 徴 徴 徴
澄	音 チョウ 高 / 訓 す(む) す(ます)	15	氵	さんずい	にごりがない・すんでいる	澄明《ちょうめい》・清澄《せいちょう》・上澄《うわず》み・澄《す》まし顔《がお》・耳《みみ》を澄《す》ます	澄[3] 澄 澄 澄 澄 澄 澄 澄[12] 澄[14] 澄
沈	音 チン / 訓 しず(む) しず(める)	7	氵	さんずい	水の底にしずむ・元気がない	沈下《ちんか》・沈思黙考《ちんしもっこう》・沈着《ちんちゃく》・沈黙《ちんもく》・意気消沈《いきしょうちん》・浮沈《ふちん》	沈 沈 沈 沈 沈 沈 沈
珍	音 チン / 訓 めずら(しい)	9	王	おうへん たまへん	めったにない・かわっていておもしろい	珍奇《ちんき》・珍客《ちんきゃく》・珍事《ちんじ》・珍獣《ちんじゅう》・珍重《ちんちょう》・珍品《ちんぴん》・珍味《ちんみ》・珍妙《ちんみょう》	珍 珍 珍 珍 珍 珍 珍 珍 珍
抵	音 テイ / 訓 ――	8	扌	てへん	さからう・かわりになる・だいたい	抵抗《ていこう》・抵触《ていしょく》・抵当《ていとう》・大抵《たいてい》	抵 抵 抵 抵 抵 抵 抵 抵
堤	音 テイ / 訓 つつみ	12	土	つちへん	どて・つつみ	堤防《ていぼう》・長堤《ちょうてい》・突堤《とってい》・防潮堤《ぼうちょうてい》・防波堤《ぼうはてい》	堤 堤 堤 堤[5] 堤[7] 堤 堤 堤 堤 堤
摘	音 テキ / 訓 つ(む)	14	扌	てへん	つまみとる・えらびだす・とりだして示す	摘出《てきしゅつ》・摘発《てきはつ》・摘要《てきよう》・指摘《してき》・茶摘《ちゃつ》み・若菜《わかな》摘《つ》み	摘 摘 摘 摘[5] 摘[7] 摘 摘 摘 摘 摘[14]
滴	音 テキ / 訓 しずく したた(る) 高	14	氵	さんずい	したたる・しずく	滴下《てきか》・一滴《いってき》・雨滴《うてき》・水滴《すいてき》・点滴《てんてき》・余滴《よてき》・涙《なみだ》の滴《しずく》	滴[3] 滴 滴 滴 滴 滴 滴 滴 滴 滴[14]

ステップ 24

練習問題

月　日

1	/24
2	/10
3	/9
4	/24

1 次の――線の漢字の読みをひらがなで記せ。

1 幼いころ庭で花を摘んで遊んだ。（　）
2 地盤《じばん》沈下で建物が傾く。（　）
3 額から汗の滴がしたたり落ちる。（　）
4 耳を澄まして小鳥の声をきく。（　）
5 山海の珍味で客をもてなす。（　）
6 梅雨に備えて堤を補強する。（　）
7 参加者から会費を徴収する。（　）
8 ソファーに深々と身を沈めた。（　）
9 市の条例に抵触する建築物だ。（　）
10 手術で臓器の一部を摘出した。（　）
11 湖は底が見えるほど澄んでいる。（　）
12 窓ガラスに水滴が付着している。（　）
13 昨日、出先で珍しい人に会った。（　）
14 防波堤の上をカモメが飛びかう。（　）
15 その兄弟は声に特徴がある。（　）
16 戦で使われた武具が展示された。（　）
17 親の期待に背いて芸術を志した。（　）
18 世界一の記録だと認定される。（　）
19 ブームは沈静化に向かった。（　）
20 赤い夕日が西の山に沈んでいく。（　）
21 ジャングルは珍獣の宝庫という。（　）
22 弟には珍しくとても真剣だ。（　）
23 そんな理不尽な要求は断る。（　）
24 まだ十分に力を尽くしていない。（　）

2 次の（　）内に入る漢字を、後の［　］の中から選び、四字熟語を完成せよ。［　］の中の漢字は一度だけ使うこと。

1 （　）非善悪（　）
2 名所旧（　）（　）
3 老成円（　）（　）
4 一触（　）（　）発
5 二束三（　）（　）
6 行（　）（　）流水
7 七転八（　）（　）
8 言行一（　）（　）
9 （　）（　）生大事
10 意気消（　）（　）

雲・起・後・熟・是・跡・即・致・沈・文

3 次の――線のカタカナにあてはまる漢字をそれぞれのア～オから一つ選び、記号で記せ。

1 良家の子**テイ**が多く通う学校だ。（　）
2 その考え方には**テイ**抗を感じる。（　）
3 高波に備えて**テイ**防を高くする。（　）
（ア 提　イ 堤　ウ 弟　エ 底　オ 抵）

4 **セイ**大な祝賀会が行われた。（　）
5 学校に同**セイ**同名の人がいる。（　）
6 他国に**セイ**服された時代があった。（　）
（ア 精　イ 征　ウ 製　エ 姓　オ 盛）

7 洗った上着をよく乾**ソウ**させる。（　）
8 老**ソウ**が村々を回って説法をする。（　）
9 予想外の事態に場が**ソウ**然となる。（　）
（ア 燥　イ 層　ウ 僧　エ 騒　オ 装）

4 次の——線のカタカナを漢字に直せ。

1 花びらに雨の**シズク**が落ちる。（　　）
2 その集落はダムの底に**シズ**んだ。（　　）
3 父祖伝来の書を**チンチョウ**する。（　　）
4 才能の芽を**ツ**むべきではない。（　　）
5 友人と**ツツミ**を散歩する。（　　）
6 自宅の土地を**テイトウ**に入れる。（　　）
7 上司は常に冷静**チンチャク**だ。（　　）
8 病院で**テンテキ**を受ける。（　　）
9 外国の**メズラ**しい切手を集める。（　　）
10 大雨で**テイボウ**が決壊した。（　　）
11 **ス**ました顔で横を通り過ぎた。（　　）
12 経済改革の問題点を**シテキ**する。（　　）

13 ハトは平和の**ショウチョウ**だ。（　　）
14 近ごろよく**マサユメ**を見る。（　　）
15 **カクダン**に性能が向上した。（　　）
16 妹は広い館内で**マイゴ**になった。（　　）
17 習った料理を**サッソク**作った。（　　）
18 **シンゾウ**のレントゲンをとる。（　　）
19 炭を**タワラ**に詰めて運ぶ。（　　）
20 問題の早期解決に**ツト**める。（　　）
21 市内の旅行会社に**ツト**める。（　　）
22 執行部会の委員を**ツト**める。（　　）
23 住居**シンニュウ**の疑いがある。（　　）
24 大型車の**シンニュウ**禁止区域だ。（　　）

使い分けよう！ **つとめる【努・勤・務】**
努める…例 完成に努める　努めてきれいにする　（努力する）
勤める…例 工場に勤める　勤め先　（職場で働く）
務める…例 議長を務める　主役を務める　（役目を受け持つ）

力だめし

第4回

総得点 ／100

評価

A
80点 B
75点 C
70点 D
60点 E

月　日

1 次の――線の漢字の読みをひらがなで記せ。

1×10 ／10

1 為替相場の変動が激しい。（　　）
2 試験紙に液体を一滴垂らす。（　　）
3 耐震に優れた工法で家を建てる。（　　）
4 夏山で沢登りにいどんだ。（　　）
5 扇子に美しい絵が描《えが》かれている。（　　）
6 身内をなくして悲嘆にくれる。（　　）
7 天候不順で遅配の可能性がある。（　　）
8 桜吹雪の中をゆっくり散歩する。（　　）
9 空気抵抗の少ない形をしている。（　　）
10 ヨーロッパ遠征から帰国する。（　　）

2 次の漢字の部首と部首名を（　）に記せ。部首名が二つ以上あるものは、そのいずれか一つを記せばよい。

2×10 ／20

	漢字	部首	部首名
1	震	（　）	（　）
2	鎖	（　）	（　）
3	狩	（　）	（　）
4	井	（　）	（　）
5	恵	（　）	（　）
6	層	（　）	（　）
7	遅	（　）	（　）
8	即	（　）	（　）
9	薪	（　）	（　）
10	珍	（　）	（　）

3 1〜5の三つの□に共通する漢字を入れて熟語を作れ。漢字はア〜コから一つ選び、記号で記せ。

2×5 /10

1 □音・□流・清□ （ ）
2 遺□・奇□・追□ （ ）
3 □品・□重・□味 （ ）
4 □力・連□・□圧 （ ）
5 物□・□音・□動 （ ）

ア 騒　イ 弾　ウ 滴　エ 半　オ 濁
カ 名　キ 上　ク 珍　ケ 跡　コ 情

4 熟語の構成のしかたには次のようなものがある。

1×10 /10

ア 同じような意味の漢字を重ねたもの（岩石）
イ 反対または対応の意味を表す字を重ねたもの（高低）
ウ 上の字が下の字を修飾しているもの（洋画）
エ 下の字が上の字の目的語・補語になっているもの（着席）
オ 上の字が下の字の意味を打ち消しているもの（非常）

次の熟語は右のア〜オのどれにあたるか、一つ選び、記号で記せ。

1 寝台 （ ）
2 違反 （ ）
3 退陣 （ ）
4 無恥 （ ）
5 巡回 （ ）
6 前傾 （ ）
7 経緯 （ ）
8 遅速 （ ）
9 尽力 （ ）
10 不沈 （ ）

5 次の各文にまちがって使われている同じ読みの漢字が一字ある。上に誤字を、下に正しい漢字を記せ。

2×5 /10

誤 正

1 恒星や太陽径のわく星について学び、それらを詳しく観測したくて天体望遠鏡を買った。（ ）（ ）

2 来週から上映される映画の宣伝として、店頭に特設コーナーが設致された。（ ）（ ）

3 豊かな自然監境や生物多様性を守るため、公園の一角にビオトープが作られた。（ ）（ ）

4 四十年ぶりの中学同窓会会場では、最初に受付で会費を調収し各人に名札をわたした。（ ）（ ）

5 大型台風の就来に備え、地域住民が協力して河川と田畑の見回りを行う。（ ）（ ）

6 後の［ ］内のひらがなを漢字に直して（ ）に入れ、対義語・類義語を作れ。［ ］内のひらがなは一度だけ使い、漢字一字を記せ。

1×10 /10

対義語

1 早熟―（ ）成

2 損失―利（ ）

3 加盟―（ ）退

4 兼業―（ ）業

5 消費―貯（ ）

類義語

6 縁者―（ ）類

7 身長―背（ ）

8 苦労―難（ ）

9 根拠―（ ）由

10 堤防―（ ）手

えき・ぎ・しん・せん・たけ・だっ・ちく・ど・ばん・り

7 文中の四字熟語の――線のカタカナを漢字に直し、一字で記せ。

2×10 ／20

1 一日千シュウの思いで待つ。（　　）
2 物事のゼ非曲直をわきまえる。（　　）
3 外国から門戸カイ放を迫《せま》られる。（　　）
4 多事多タンな一年だった。（　　）
5 二人はイ心伝心の仲だ。（　　）
6 会長の独断セン行をいさめる。（　　）
7 報告を聞いて即断即ケツする。（　　）
8 適ザイ適所を心得た人事だ。（　　）
9 無味乾ソウな長話に閉口した。（　　）
10 さわやかで品行ホウ正な青年だ。（　　）

8 次の――線のカタカナを漢字に直せ。

1×10 ／10

1 センギョ売り場でサケを買った。（　　）
2 相手の喜ぶオクり物を考える。（　　）
3 不正薬物の密輸をテキハツする。（　　）
4 地面でボールがハね返る。（　　）
5 時代とともにフウゾクも変わる。（　　）
6 暴飲暴食をツツシんでいる。（　　）
7 英語タントウの先生が変わった。（　　）
8 カラスは優れたズノウを持つ。（　　）
9 ソウリツ記念の式典に参列する。（　　）
10 デマカせを言って後でくやんだ。（　　）

漢字表

ステップ 25

漢字	読み	画数	部首	部首名	漢字の意味	用例	筆順
添	音 テン 訓 そ(える) そ(う)	11	氵	さんずい	つけ加える・そえもの	添《てん》加《か》・添《てん》削《さく》・添《てん》乗《じょう》・添《てん》付《ぷ》・錦《きん》上《じょう》添《てん》花《か》・寄《よ》り添《そ》う	添2 添 添 添 添 添 添 添 添 添
殿	音 デン テン 訓 との どの	13	殳	るまた ほこづくり	大きい建物・人をうやまってよぶことば	殿《でん》下《か》・殿《でん》堂《どう》・宮《きゅう》殿《でん》・神《しん》殿《でん》・沈《ちん》殿《でん》・御《ご》殿《てん》・殿《との》方《がた》・殿《との》様《さま》	殿2 殿 殿 殿6 殿 殿9 殿 殿 殿 殿
吐	音 ト 訓 は(く)	6	口	くちへん	口からはく・出す	吐《と》息《いき》・吐《と》血《けつ》・吐《と》露《ろ》・青《あお》息《いき》吐《と》息《いき》・弱《よわ》音《ね》を吐《は》く	吐 吐 吐 吐 吐 吐
途	音 ト 訓 ―	10	辶	しんにょう しんにゅう	行き来するみち・方法	途《と》切《ぎ》れる・途《と》上《じょう》・途《と》中《ちゅう》・帰《き》途《と》・前《ぜん》途《と》・別《べっ》途《と》・用《よう》途《と》	途 途 途 途 途 途 途 途 途 途
渡	音 ト 訓 わた(る) わた(す)	12	氵	さんずい	わたる・人手にわたす・移る	渡《と》航《こう》・渡《と》世《せい》・過《か》渡《と》期《き》・橋《はし》渡《わた》し・見《み》渡《わた》す・世《よ》渡《わた》り	渡3 渡 渡 渡 渡 渡 渡 渡 渡 渡
奴	音 ド 訓 ―	5	女	おんなへん	自由のない使用人・人をののしることば	奴《ど》隷《れい》・守《しゅ》銭《せん》奴《ど》・農《のう》奴《ど》	奴 奴 奴 奴 奴
怒	音 ド 訓 いか(る) おこ(る)	9	心	こころ	腹を立てる・はげしい	怒《ど》気《き》・怒《ど》号《ごう》・喜《き》怒《ど》・激《げき》怒《ど》・怒《いか》り心《しん》頭《とう》に発《はっ》する	怒 怒 怒 怒 怒 怒 怒 怒 怒
到	音 トウ 訓 ―	8	刂	りっとう	いたる・ぎりぎりのところまで・いき届く	到《とう》達《たつ》・到《とう》着《ちゃく》・到《とう》底《てい》・到《とう》来《らい》・殺《さっ》到《とう》・周《しゅう》到《とう》・未《み》到《とう》	到 到 到 到 到 到 到 到

ステップ 25

練習問題

1	/24
2	/10
3	/5
4	/24

月　日

1 次の――線の漢字の読みをひらがなで記せ。

1 近所に御殿のような家が建った。（　）
2 多額の使途不明金が見つかった。（　）
3 不正行為に怒りの声を上げる。（　）
4 子どもから大人への過渡期だ。（　）
5 店に注文の電話が殺到した。（　）
6 見渡す限りのラベンダー畑だ。（　）
7 弱音を吐くようではだめだ。（　）
8 海外からの通信が途切れた。（　）
9 委任状のはじめに会長殿と書く。（　）
10 旅行会社の添乗員になった。（　）

11 守銭奴と言われたくない。（　）
12 ハンバーグに野菜を添える。（　）
13 少女は深い吐息をもらした。（　）
14 場内から怒号が飛びかった。（　）
15 通学途中に試験勉強をする。（　）
16 古代に日本へ渡ってきた一族だ。（　）
17 名人の域には到達できない。（　）
18 水資源の豊富な国に暮らす。（　）
19 卒業論文に参考資料を添付する。（　）
20 入学式には親が付き添った。（　）
21 今度の不始末は汗顔の至りだ。（　）
22 熱が出て寝汗をたくさんかいた。（　）
23 招かれて友人宅を訪問する。（　）
24 暖かな風に春の訪れを感じる。（　）

2 後の[ ]内のひらがなを漢字に直して（ ）に入れ、対義語・類義語を作れ。[ ]内のひらがなは一度だけ使い、漢字一字を記せ。

対義語

1 執着―断（ ）
2 服従―（ ）抗
3 防御―攻（ ）
4 中断―継（ ）
5 先祖―子（ ）

類義語

6 憶測―（ ）量
7 周到―綿（ ）
8 風刺―皮（ ）
9 変更―（ ）定
10 将来―前（ ）

かい・げき・すい・ぞく・そん・と・にく・ねん・はん・みつ

3 1～5の三つの□に共通する漢字を入れて熟語を作れ。漢字はア～コから一つ選び、記号で記せ。

1 用□・□上・帰□（ ）
2 □細・不□・□報（ ）
3 □興・□答・□刻（ ）
4 接□・感□・□手（ ）
5 □様・神□・□下（ ）

ア 柔　イ 詳　ウ 称　エ 侵　オ 途
カ 即　キ 飾　ク 殿　ケ 到　コ 触

4 次の——線のカタカナを漢字に直せ。

1 妹は服を汚されたとオコった。（　　　）
2 米国へのトコウ手続きを終えた。（　　　）
3 重い病気にかかってトケツした。（　　　）
4 優美で装飾的なキュウデンだ。（　　　）
5 母親が赤ちゃんにソい寝する。（　　　）
6 この品物はベット配送します。（　　　）
7 イカり心頭に発する。（　　　）
8 中世のノウド制について調べる。（　　　）
9 家主の要求で家を明けワタした。（　　　）
10 無責任な報道にゲキドする。（　　　）
11 トノサマ商売で店をつぶした。（　　　）
12 食べ過ぎてハき気がする。（　　　）

13 定刻にトウチャクする予定だ。（　　　）
14 テンカ物の少ない食品を選ぶ。（　　　）
15 コガネ色に輝く麦畑が見える。（　　　）
16 相手のミスで勝ちをヒロった。（　　　）
17 冷たい水を一気に飲みホした。（　　　）
18 彼《かれ》の曲はニカヨったものが多い。（　　　）
19 互いに腹のサグり合いが続いた。（　　　）
20 新しいメガネをあつらえた。（　　　）
21 雲間から月がアラワれる。（　　　）
22 喜びが顔色にアラワれている。（　　　）
23 そんなことは百もショウチだ。（　　　）
24 町に海外の歌手をショウチする。（　　　）

使い分けよう！ **あらわれる【表・現】**

表れる…例 文面に気持ちが表れる　態度に表れる
（感情などがおもてに出る）

現れる…例 太陽が現れる　天才が現れる
（隠れていた姿や形が見えるようになる）

漢字	読み	画数	部首	部首名	漢字の意味	用例	筆順
逃	音 トウ / 訓 に(げる)・に(がす)・のが(す)・のが(れる)	9	⻌	しんにょう しんにゅう	にげる・さける・まぬかれる	逃走《とうそう》・逃避《とうひ》・逃亡《とうぼう》・逃《に》げ腰《ごし》・見逃《みのが》し・一時逃《いちじのが》れ	逃 逃 逃 逃 逃 逃 逃 逃 逃
倒	音 トウ / 訓 たお(れる)・たお(す)	10	亻	にんべん	さかさまになる・たおれる・一方にかたむく	倒壊《とうかい》・倒産《とうさん》・倒置《とうち》・傾倒《けいとう》・打倒《だとう》・転倒《てんとう》・七転八倒《しちてんばっとう》	倒 倒 倒 倒 倒 倒 倒 倒 倒 倒
唐	音 トウ / 訓 から	10	口	くち	とつぜん・中国・でたらめ	唐突《とうとつ》・唐本《とうほん》・遣唐使《けんとうし》・荒唐無稽《こうとうむけい》・唐紙《からかみ》・唐草《からくさ》	唐 唐 唐 唐 唐 唐 唐 唐 唐 唐
桃	音 トウ / 訓 もも	10	木	きへん	果物のもも	桃源郷《とうげんきょう》・白桃《はくとう》・桃色《ももいろ》・桃《もも》の節句《せっく》	桃 桃 桃 桃 桃 桃 桃 桃 桃 桃
透	音 トウ / 訓 す(く)・す(かす)・す(ける)	10	⻌	しんにょう しんにゅう	すきとおる・とおりぬける	透過《とうか》・透視《とうし》・透析《とうせき》・透明《とうめい》・浸透《しんとう》・透《す》き通《とお》る・見透《みす》かす	透 透 透 透 透 透 透 透 透 透
盗	音 トウ / 訓 ぬす(む)	11	皿	さら	ぬすむ	盗掘《とうくつ》・盗作《とうさく》・盗難《とうなん》・盗品《とうひん》・盗用《とうよう》・盗塁《とうるい》・怪盗《かいとう》・窃盗《せっとう》	盗[2] 盗 盗 盗 盗 盗 盗 盗 盗 盗
塔	音 トウ / 訓 ―	12	土	つちへん	仏骨などを安置する建物・高く細長い建物	管制塔《かんせいとう》・金字塔《きんじとう》・斜塔《しゃとう》・石塔《せきとう》・鉄塔《てっとう》・仏塔《ぶっとう》	塔 塔 塔 塔 塔[6] 塔 塔 塔 塔[11] 塔
稲	音 トウ / 訓 いね・いな	14	禾	のぎへん	いね	水稲《すいとう》・晩稲《ばんとう》・陸稲《りくとう》・稲刈《いねか》り・稲作《いなさく》・稲妻《いなずま》・稲穂《いなほ》	稲[2] 稲 稲[5] 稲 稲[8] 稲 稲 稲 稲 稲[14]

ステップ 26

練習問題

1	/24
2	/10
3	/10
4	/24

月　日

1 次の――線の漢字の読みをひらがなで記せ。

1 遣唐使は大陸文化をもたらした。（　　）
2 透き通るような白いはだだ。（　　）
3 田んぼの稲刈りを手伝った。（　　）
4 管制塔からの指示を受ける。（　　）
5 犯人は素早く逃走した。（　　）
6 和室の唐紙障子を静かに開ける。（　　）
7 雪の重みで家屋が倒壊する。（　　）
8 ひな祭りに桃の花を飾った。（　　）
9 駅前で自転車の盗難にあった。（　　）
10 この辺りが水稲耕作の北限だ。（　　）

11 逃げるが勝ち。（　　）
12 透視する能力で話題の人物だ。（　　）
13 輝かしい金字塔をうち立てる。（　　）
14 手がすべって花びんを倒した。（　　）
15 桃源郷に遊ぶような心地だ。（　　）
16 うっかりドラマを見逃した。（　　）
17 人目を盗んでつまみ食いをする。（　　）
18 弟が稲作農家の跡を継ぐ。（　　）
19 会社の倒産が相次いでいる。（　　）
20 マラソンで選手の一人が倒れた。（　　）
21 経営方針を社内に浸透させる。（　　）
22 母は私の心を見透かしていた。（　　）
23 他人のデザインを盗用する。（　　）
24 横目でちらっと盗み見をする。（　　）

2 次の――線のカタカナを漢字一字と送りがな（ひらがな）に直せ。

〈例〉問題にコタエル。（ 答える ）

1 過失を認めて心からアヤマッた。（　　）
2 スケルほど薄《うす》いカーテンだ。（　　）
3 月光が明るく庭をテラシている。（　　）
4 父親と同じ職業をココロザス。（　　）
5 議員は記者の追及をノガレた。（　　）
6 連絡《れんらく》を受けてタダチニ出発した。（　　）
7 優勝の行方をウラナウ試合だ。（　　）
8 しっかり休んで力をタクワエル。（　　）
9 くつが大きすぎてすぐヌゲル。（　　）
10 駅からの行き方をタズネル。（　　）

3 熟語の構成のしかたには次のようなものがある。

ア 同じような意味の漢字を重ねたもの（岩石）
イ 反対または対応の意味を表す字を重ねたもの（高低）
ウ 上の字が下の字を修飾しているもの（洋画）
エ 下の字が上の字の目的語・補語になっているもの（着席）
オ 上の字が下の字の意味を打ち消しているもの（非常）

次の熟語は右のア～オのどれにあたるか、一つ選び、記号で記せ。

1 耐火（　　）
2 未到（　　）
3 末端（　　）
4 不振（　　）
5 詳細（　　）
6 弾力（　　）
7 是非（　　）
8 鉄塔（　　）
9 遅刻（　　）
10 珍事（　　）

4 次の――線のカタカナを漢字に直せ。

1 絶好のチャンスをニがした。
2 トウメイな音色にききほれた。
3 暇をヌスんでは練習していた。
4 冬の夜空にイナズマが走る。
5 モモから生まれた男の子の話だ。
6 独裁政権をダトウしようと動く。
7 騒音をノガれ静かな田舎に住む。
8 送電用の高いテットウが見える。
9 カラクサ模様のふろしきで包む。
10 松林をスかして沖の波が見える。
11 畑で作るイネをリクトウという。
12 王の墓はトウクツをまぬかれた。
13 容疑者は国外にトウボウした。
14 心労が重なり、ついにタオれた。
15 季節のハクトウでゼリーを作る。
16 そんなに意地をハることはない。
17 マトを射た一言に重みがある。
18 コショウしたテレビを修理する。
19 生徒をヒキいて写生に行く。
20 ハゲしい曲調の音楽が好きだ。
21 決戦を前に全員がフルい立つ。
22 注文した品物が家にトドく。
23 本番まで舞台《ぶたい》裏でタイキする。
24 タイキの状態が不安定だ。

使い分けよう！ **とうよう【当用・登用・盗用】**

当用…例 当用漢字 当用買い（さしあたって使う）
登用…例 若手社員の登用（人を、地位を引き上げて使う）
盗用…例 他人のアイディアを盗用する（ぬすんで使う）

ステップ 27

漢字	踏	闘	胴	峠	突	鈍	曇	弐
読み	音 トウ 訓 ふ(む) ふ(まえる)	音 トウ 訓 たたか(う)	音 ドウ 訓 ――	音 ―― 訓 とうげ	音 トツ 訓 つ(く)	音 ドン 訓 にぶ(い) にぶ(る)	音 ドン 訓 くも(る)	音 ニ 訓 ――
画数	15	18	10	9	8	12	16	6
部首	⻊	門	月	山	穴	金	日	弋
部首名	あしへん	もんがまえ	にくづき	やまへん	あなかんむり	かねへん	ひ	しきがまえ
漢字の意味	足でふむ・歩く・うけつぐ	あらそう・たたかう	頭と手足を除いた体の部分・物の中央の部分	上りと下りの境目・勢いのさかんなとき	ぶつかる・つき出る・とびこむ	にぶい・よく切れない・九十度より大きい角	くもる・雲が空にひろがる	「二」にかわる字
用例	踏査《とうさ》・踏襲《とうしゅう》・踏破《とうは》・雑踏《ざっとう》・未踏《みとう》・踏切《ふみきり》・足踏《あしぶ》み	闘志《とうし》・闘争《とうそう》・悪戦苦闘《あくせんくとう》・格闘《かくとう》・健闘《けんとう》・熱闘《ねっとう》・奮闘《ふんとう》	胴上《どうあ》げ・胴衣《どうい》・胴囲《どうい》・胴体《どうたい》・胴回《どうまわ》り・双胴船《そうどうせん》	峠越《とうげご》え・峠道《とうげみち》・峠《とうげ》の茶屋《ちゃや》	突起《とっき》・突然《とつぜん》・突堤《とってい》・突破《とっぱ》・煙突《えんとつ》・激突《げきとつ》・追突《ついとつ》・唐突《とうとつ》	鈍化《どんか》・鈍角《どんかく》・鈍感《どんかん》・鈍器《どんき》・鈍才《どんさい》・鈍重《どんじゅう》・鈍痛《どんつう》・愚鈍《ぐどん》	曇天《どんてん》・曇《くも》り空《ぞら》・薄曇《うすぐも》り・花曇《はなぐも》り	弐万円《にまんえん》・金弐千円《きんにせんえん》
筆順	踏4 踏 踏 踏8 踏 踏 踏 踏 踏 踏15	闘 闘 闘4 闘 闘 闘8 闘12 闘15 闘 闘18	胴 胴 胴 胴 胴 胴 胴 胴 胴 胴	峠 峠 峠 峠 峠 峠 峠 峠 峠	突 突 突 突 突 突 突 突	鈍2 鈍4 鈍 鈍 鈍 鈍 鈍 鈍 鈍 鈍	曇4 曇 曇7 曇 曇10 曇12 曇 曇 曇 曇	弐 弐 弐 弐 弐 弐

ステップ27

練習問題

月　日

1	/24
2	/10
3	/9
4	/24

1 次の――線の漢字の読みをひらがなで記せ。

1 難題を前に二の足を踏む。（　　）
2 調査員が発火原因を突き止めた。（　　）
3 病と闘いながら多くの歌を残す。（　　）
4 登山隊は未踏の頂にいどんだ。（　　）
5 少年は悲しげに顔を曇らせた。（　　）
6 昨夜からの高熱も峠を越した。（　　）
7 鈍重そうに見えて動作は素早い。（　　）
8 優勝を祝して主将を胴上げする。（　　）
9 調査結果を踏まえて対策を練る。（　　）
10 突堤に座ってつり糸を垂れる。（　　）
11 領収書には金弐万円とある。（　　）
12 今日は雨のせいで客足が鈍い。（　　）
13 新人選手は最後まで健闘した。（　　）
14 曇天が続けば作物に影響がある。（　　）
15 都会の雑踏をさけて山里に行く。（　　）
16 商品の見せ方に工夫をこらす。（　　）
17 不慣れな機械と格闘している。（　　）
18 多くの困難と闘ってきた。（　　）
19 話があまりにも唐突で驚いた。（　　）
20 アンモニアのにおいが鼻を突く。（　　）
21 胸の辺りに鈍痛を感じる。（　　）
22 話を聞くうちに決心が鈍った。（　　）
23 肉体を極限まできたえあげる。（　　）
24 今回の結果を極めて残念に思う。（　　）

2 後の□内のひらがなを漢字に直して（　）に入れ、対義語・類義語を作れ。□内のひらがなは一度だけ使い、漢字一字を記せ。

対義語

1 納入―（　）収
2 是認―（　）認
3 濁流―（　）流
4 逃走―追（　）
5 親切―冷（　）

類義語

6 不意―（　）然
7 釈明―（　）解
8 注意―警（　）
9 入手―（　）得
10 雑踏―（　）雑

かい・かく・こん・せい・せき・たん・ちょう・とつ・ひ・べん

3 次の――線のカタカナにあてはまる漢字をそれぞれのア～オから一つ選び、記号で記せ。

1 **タン**精してバラを育てている。（　）
2 友を病で失い悲**タン**にくれる。（　）
3 青年は**タン**整な顔立ちをしている。（　）
（ア 端　イ 担　ウ 探　エ 丹　オ 嘆）

4 これまでのルールを**トウ**襲する。（　）
5 高校球児たちの熱**トウ**を観戦した。（　）
6 圧**トウ**的な賛成多数で可決した。（　）
（ア 倒　イ 踏　ウ 闘　エ 到　オ 統）

7 人前ではいつも取り**ス**ましている。（　）
8 もう一仕事**ス**ましてから帰ろう。（　）
9 **ス**ける布地で作られたシャツだ。（　）
（ア 吸　イ 透　ウ 済　エ 捨　オ 澄）

4 次の——線のカタカナを漢字に直せ。

1 つえを**ツ**きながら山を登る。
2 包丁の切れ味が**ニブ**っている。
3 対戦相手に**トウシ**を燃やした。
4 **トウゲ**の茶屋で一息入れた。
5 近ごろ景気は**アシブ**み状態だ。
6 明日は午後から**クモ**るそうだ。
7 人形の頭と**ドウタイ**を別に作る。
8 **エントツ**が林立する工業地帯だ。
9 証書には二でなく**ニ**の字を使う。
10 先例を**トウシュウ**した形で行う。
11 季節の移ろいに**ドンカン**になる。
12 完成は来月**ジョウジュン**だ。
13 職人の**ヒタイ**に汗がにじむ。
14 **マズ**しくて食べる物にも事欠く。
15 両力士が**ドヒョウ**でにらみあう。
16 卒業後に母校を**オトズ**れた。
17 美の**ケシン**とされる女神である。
18 親の恩になんとか**ムク**いたい。
19 見事な**テンジ**品ばかりだ。
20 ホースの**クダ**を蛇口《じゃぐち》につける。
21 ほめられたので**トクイ**になる。
22 この事件には**トクイ**な点が多い。
23 友にはなむけの言葉を**オク**った。
24 空港まで弟を**オク**っていった。

人跡未踏（じんせきみとう）
「人跡」は「人の足跡」の意味なので、「人跡未踏」は「人がそこを通った跡がない」、つまり「だれもまだ足をふみ入れてないこと」を意味します。「未踏」を「未到」と書き誤らないようにしましょう。
例 人跡未踏の秘境

ステップ28

漢字	読み	画数	部首	部首名	漢字の意味	用例	筆順
悩	音 ノウ 訓 なや(む) なや(ます)	10	忄	りっしんべん	思いなやむ・なやます	悩殺《のうさつ》・苦悩《くのう》・煩悩《ぼんのう》・悩《なや》みの種《たね》	悩 悩 悩 悩 悩 悩 悩 悩 悩 悩
濃	音 ノウ 訓 こ(い)	16	氵	さんずい	味・色などがこい・密度が高い	濃厚《のうこう》・濃紺《のうこん》・濃縮《のうしゅく》・濃淡《のうたん》・濃度《のうど》・濃密《のうみつ》・濃霧《のうむ》	濃4 濃 濃7 濃9 濃 濃 濃13 濃 濃 濃
杯	音 ハイ 訓 さかずき	8	木	きへん	さかずき・器に入ったものを数えることば	一杯《いっぱい》・乾杯《かんぱい》・苦杯《くはい》・献杯《けんぱい》・賜杯《しはい》・祝杯《しゅくはい》・精一杯《せいいっぱい》・満杯《まんぱい》	杯 杯 杯 杯 杯 杯 杯 杯
輩	音 ハイ 訓 ―	15	車	くるま	なかま・つぎつぎとならぶ	輩出《はいしゅつ》・後輩《こうはい》・先輩《せんぱい》・同輩《どうはい》・年輩《ねんぱい》	輩 輩4 輩 輩8 輩 輩 輩 輩13 輩 輩
拍	音 ハク ヒョウ 訓 ―	8	扌	てへん	うつ・たたく・音楽的な調子	拍車《はくしゃ》・拍手《はくしゅ》・拍手喝采《はくしゅかっさい》・脈拍《みゃくはく》・拍子《ひょうし》・突拍子《とっぴょうし》	拍 拍 拍 拍 拍 拍 拍 拍
泊	音 ハク 訓 と(まる) と(める)	8	氵	さんずい	舟をとめる・やどり・さっぱりしている	外泊《がいはく》・仮泊《かはく》・宿泊《しゅくはく》・淡泊《たんぱく》・停泊《ていはく》・漂泊《ひょうはく》・素泊《すど》まり	泊 泊 泊 泊 泊 泊 泊 泊
迫	音 ハク 訓 せま(る)	8	辶	しんにょう しんにゅう	強くせまる・せっぱつまる・くるしめる	迫害《はくがい》・迫真《はくしん》・迫力《はくりょく》・圧迫《あっぱく》・気迫《きはく》・脅迫《きょうはく》・緊迫《きんぱく》・切迫《せっぱく》	迫 迫 迫 迫 迫 迫 迫 迫
薄	音 ハク 訓 うす(い) うす(める) うす(まる) うす(らぐ) うす(れる)	16	艹	くさかんむり	うすい・わずか・あさはか・ちかづく	薄弱《はくじゃく》・薄情《はくじょう》・薄氷《はくひょう》・希薄《きはく》・軽薄《けいはく》・薄味《うすあじ》・薄着《うすぎ》	薄3 薄6 薄 薄9 薄11 薄 薄 薄 薄 薄

ステップ 28

練習問題

1	/24
2	/10
3	/5
4	/24

月　日

1 次の――線の漢字の読みをひらがなで記せ。

1 時間がたって香りが薄まった。（　）
2 先輩が勤務する会社を訪問した。（　）
3 工事完成の祝杯をあげる。（　）
4 港に大きな客船が停泊している。（　）
5 必要に迫られてスーツを買った。（　）
6 有害物質が高濃度で検出された。（　）
7 軽薄な言動で信用を失う。（　）
8 世界情勢が円高に拍車をかける。（　）
9 ステージから迫力ある声が響く。（　）
10 短いながらも濃密な時間だった。（　）

11 週末はずっと雨に悩まされた。（　）
12 優秀な人材を輩出する名門校だ。（　）
13 寒い冬でも薄着で通している。（　）
14 声を出して精一杯応援した。（　）
15 友人の家に泊めてもらった。（　）
16 転んだ拍子にくつが脱げた。（　）
17 今日は色の濃い服を着よう。（　）
18 両国の関係は切迫してきた。（　）
19 父が苦悩に満ちた顔をしている。（　）
20 日中友好の橋渡し役を務める。（　）
21 友人を見捨てるとは薄情だ。（　）
22 印刷の字が薄くてよく読めない。（　）
23 地位や名誉《めいよ》に淡泊な人だ。（　）
24 泊まりがけの旅行は久しぶりだ。（　）

2 熟語の構成のしかたには次のようなものがある。

ア 同じような意味の漢字を重ねたもの（岩石）
イ 反対または対応の意味を表す字を重ねたもの（高低）
ウ 上の字が下の字を修飾しているもの（洋画）
エ 下の字が上の字の目的語・補語になっているもの（着席）
オ 上の字が下の字の意味を打ち消しているもの（非常）

次の熟語は右のア～オのどれにあたるか、一つ選び、記号で記せ。

1 後輩（　）
2 無尽（　）
3 激突（　）
4 闘争（　）
5 着脱（　）
6 曇天（　）
7 需給（　）
8 拍手（　）
9 不意（　）
10 乾杯（　）

3 次の各文にまちがって使われている同じ読みの漢字が一字ある。上に誤字を、下に正しい漢字を記せ。

	誤	正
1 地理的感覚が鈍いのか、方向識別の能力が極単に低いので、今日も道に迷ってしまった。	（　）	（　）
2 会社の新人検修では、敬語の使い方や電話の応対などの基本を重点的に特訓した。	（　）	（　）
3 寒さに強い稲を品種改良によって作り出し、冷害への抵向性を高めた。	（　）	（　）
4 女優が迫進の演技を見せた本日の公演は素晴らしく、観客の賞賛を浴びた。	（　）	（　）
5 大好きな桜が咲き、私が誕生日を迎える季節でもある春の当来を待ちわびている。	（　）	（　）

4 次の——線のカタカナを漢字に直せ。

1 祖母はウスアジの料理を好む。
2 父がサカズキに酒を注ぐ。
3 入院先からガイハク許可が出る。
4 論文の提出期限がセマる。
5 ノウタンの対比が美しい絵画だ。
6 手首でミャクハクを測る。
7 台風上陸の可能性はウスらいだ。
8 高校のコウハイが入社してきた。
9 下着で胴がアッパクされる。
10 毎朝コいコーヒーを飲む。
11 山奥の小さな宿に一晩トまる。
12 家の冷蔵庫はいつもマンパイだ。
13 妹はナヤみ多き年ごろになった。
14 ハクヒョウを踏む思いで過ごす。
15 トッピョウシもない発言に驚く。
16 ノウゼイは国民の義務の一つだ。
17 かかったヒヨウを計算する。
18 時間をかけて議案をネった。
19 古い約束をまだハたしていない。
20 条約は議会でショウニンされた。
21 会長への就任を強くノゾまれた。
22 新説をトナえる学者が現れた。
23 必ず勝つというキハクを感じる。
24 人間関係がキハクな時代だ。

使い分けよう！ **とめる【止・留・泊】**

止める…例 息を止める　通行止め　（動きを停止させる）
留める…例 ボタンを留める　目に留める　（固定する・感覚に残る）
泊める…例 客人を家に泊める　（宿泊させる）

ステップ 29

漢字	読み	画数	部首	部首名	漢字の意味	用例	筆順
爆	音 バク 訓 ―	19	火	ひへん	破裂《はれつ》する・「爆弾」の略・はじける	爆音《ばくおん》・爆撃《ばくげき》・爆笑《ばくしょう》・爆弾《ばくだん》・爆破《ばくは》・爆発《ばくはつ》・原爆《げんばく》・被爆《ひばく》	2 4 8 11 14 17 19
髪	音 ハツ 訓 かみ	14	髟	かみがしら	かみ	危機一髪《ききいっぱつ》・散髪《さんぱつ》・調髪《ちょうはつ》・頭髪《とうはつ》・毛髪《もうはつ》・髪飾《かみかざ》り・白髪《しらが》	4 7 10
抜	音 バツ 訓 ぬ(く) ぬ(ける) ぬ(かす) ぬ(かる)	7	扌	てへん	ぬく・えらびだす・とびぬけている	抜群《ばつぐん》・抜歯《ばっし》・海抜《かいばつ》・奇抜《きばつ》・選抜《せんばつ》・筒抜《つつぬ》け・手抜《てぬ》かり	
罰	音 バツ バチ 訓 ―	14	罒	あみがしら あみめ よこめ	こらしめ	罰金《ばっきん》・罰則《ばっそく》・一罰百戒《いちばつひゃっかい》・賞罰《しょうばつ》・処罰《しょばつ》・信賞必罰《しんしょうひつばつ》	4 7 9 12
般	音 ハン 訓 ―	10	舟	ふねへん	おなじような物事・(この)たび・(さき)ごろ	一般《いっぱん》・今般《こんぱん》・諸般《しょはん》・先般《せんぱん》・全般《ぜんぱん》・百般《ひゃっぱん》	
販	音 ハン 訓 ―	11	貝	かいへん	品物を売る	販売《はんばい》・販路《はんろ》・市販《しはん》・直販《ちょくはん》	4
搬	音 ハン 訓 ―	13	扌	てへん	荷物をはこぶ・のぞく	搬出《はんしゅつ》・搬送《はんそう》・搬入《はんにゅう》・運搬《うんぱん》	5 8 13
範	音 ハン 訓 ―	15	⺮	たけかんむり	てほん・きまり・一定のくぎり	範囲《はんい》・範例《はんれい》・規範《きはん》・広範《こうはん》・師範《しはん》・率先垂範《そっせんすいはん》・模範《もはん》	2 6 9 11

ステップ 29

練習問題

1	/24
2	/10
3	/9
4	/24

月　日

1 次の――線の漢字の読みをひらがなで記せ。

1 厳正な処罰を求める声が上がる。（　）
2 抜群の歌唱力は今も健在だ。（　）
3 かわいい髪飾りをつけている。（　）
4 トラックで荷物を運搬する。（　）
5 全世界に原爆の禁止を訴える。（　）
6 まだ市販されていない商品だ。（　）
7 今度の試験範囲は前よりも広い。（　）
8 交通違反をして罰金をはらう。（　）
9 姉は家事全般を器用にこなす。（　）
10 防犯対策に手抜かりがあった。（　）

11 母の頭髪には白いものが目立つ。（　）
12 けが人を急いで病院に搬送する。（　）
13 罰当たりなことだと怒られた。（　）
14 戦時中の不発爆弾が発見された。（　）
15 母は書道の師範をしている。（　）
16 飛び抜けた能力の持ち主である。（　）
17 海外にまで販路を広げる予定だ。（　）
18 幼児に寄り添って手をつなぐ。（　）
19 チームの成績は低迷している。（　）
20 逆境をはね返す力が欲しい。（　）
21 優秀な学生を各地から選抜する。（　）
22 突然の結婚報告に腰《こし》を抜かした。（　）
23 毎月一回は理容店で散髪をする。（　）
24 鏡の前で髪の毛をとかした。（　）

2 文中の四字熟語の――線のカタカナを漢字に直し、一字で記せ。

1 困難に耐えて時節トウ来を待つ。（　　）
2 危機一パツのところで助かった。（　　）
3 根本を見失う本末転トウの話だ。（　　）
4 行雲リュウ水のごとく生きたい。（　　）
5 悪戦苦トウの末、完成した。（　　）
6 人事は信賞必バツをむねとする。（　　）
7 社員が一チ団結して仕事をした。（　　）
8 人跡未トウの密林に分け入る。（　　）
9 リン機応変な対応が求められる。（　　）
10 組織では率先垂ハンが大切だ。（　　）

3 次の――線のカタカナにあてはまる漢字をそれぞれのア～オから一つ選び、記号で記せ。

1 諸ハンの事情で延期となった。（　　）
2 社会規ハンに照らして考える。（　　）
3 足の痛みの原因がハン明する。（　　）
（ア 判　イ 版　ウ 範　エ 販　オ 般）

4 観客はハク真の演技に息をのんだ。（　　）
5 道徳観念が希ハクだと言われた。（　　）
6 沖合に貨物船が停ハクしている。（　　）
（ア 泊　イ 薄　ウ 博　エ 拍　オ 迫）

7 血は水よりもコいという。（　　）
8 今度、長野にコすことになった。（　　）
9 力をコめてボールを遠くに投げる。（　　）
（ア 肥　イ 黄　ウ 込　エ 濃　オ 越）

4 次の——線のカタカナを漢字に直せ。

1 秘仏が**イッパン**公開される。（　　）
2 親不孝を続けた**バチ**が当たった。（　　）
3 **キバツ**な着想で人を引きつける。（　　）
4 新商品を展示場で**ハンバイ**する。（　　）
5 自ら**モハン**を示すことが大切だ。（　　）
6 頭に**シラガ**を一本見つけた。（　　）
7 美術品を会場に**ハンニュウ**した。（　　）
8 ガス**バクハツ**の原因を調べる。（　　）
9 **バッソク**を設けて取りしまる。（　　）
10 **モウハツ**から血液型を判定する。（　　）
11 肩の力を**ヌ**いて打席に立った。（　　）
12 **ハイイロ**の空が広がっている。（　　）
13 **マゴ**のお宮参りに行く。（　　）
14 父は一家を**ササ**える大黒柱だ。（　　）
15 エビに**コロモ**をつけて揚《あ》げる。（　　）
16 豪雨で**カセン**が急激に増水した。（　　）
17 **ジビカ**で検査を受けた。（　　）
18 体を**セイケツ**に保つよう努める。（　　）
19 パソコンの画面を**チュウシ**する。（　　）
20 集合時には必ず**テンコ**をとる。（　　）
21 今後の活動の**ホウシン**を決める。（　　）
22 **ホウシン**状態で立ち尽くした。（　　）
23 老いた祖母に寄り**ソ**って歩いた。（　　）
24 参道に**ソ**って土産物屋が並ぶ。（　　）

率先垂範（そっせんすいはん）
「人の先頭に立って手本を見せること」という意味です。「率先」は人に先立つこと、「垂範」は、もはんを示すこと。「率先垂範」と書き誤らないように注意しましょう。

力だめし 第5回

総得点 /100

評価
A
80点 B
75点 C
70点 D
60点 E

月 日

1 次の――線の漢字の読みをひらがなで記せ。

1×10 /10

1 工場の騒音に悩まされている。（ ）
2 くたびれ果てて帰途についた。（ ）
3 一人では到底こなせない仕事だ。（ ）
4 服の胴回りのサイズを確認する。（ ）
5 試験勉強は今週が峠だ。（ ）
6 意表を突く演出が客を驚かせた。（ ）
7 鈍感で人の気持ちがわからない。（ ）
8 どんよりした曇り空が広がる。（ ）
9 多くの奴隷《れい》が綿花農場で働いた。（ ）
10 議長から諸般の報告があった。（ ）

2 次に示した部首とは異なる部首を持つ漢字をア～オから一つ選び、記号で記せ。

2×5 /10

1 尸〔かばね・しかばね〕（ア 層 イ 殿 ウ 属 エ 尽 オ 尺）（ ）
2 刂〔りっとう〕（ア 罰 イ 前 ウ 劇 エ 到 オ 列）（ ）
3 欠〔あくび・かける〕（ア 欲 イ 次 ウ 歓 エ 吹 オ 歌）（ ）
4 二〔に〕（ア 再 イ 二 ウ 五 エ 井 オ 互）（ ）
5 羊〔ひつじ〕（ア 美 イ 群 ウ 鮮 エ 義 オ 着）（ ）

3 次の――線のカタカナにあてはまる漢字をそれぞれのア～オから一つ選び、記号で記せ。

1×10 ／10

1 青系トウの色で部屋をまとめる。（　）
2 管制トウから着陸許可が出る。（　）
3 チームの連勝は順トウな結果だ。（　）
（ア 塔　イ 島　ウ 等　エ 当　オ 統）

4 勝利の祝ハイをあげる。（　）
5 驚かそうとハイ後から近づいた。（　）
6 彼《かれ》は後ハイにしたわれている。（　）
（ア 拝　イ 肺　ウ 輩　エ 杯　オ 背）

7 つき合いが悪くハク情と言われた。（　）
8 気ハクのこもった演説だった。（　）
9 その歌手に盛大なハク手を送った。（　）
10 本の余ハクに感想をメモした。（　）
（ア 泊　イ 白　ウ 拍　エ 迫　オ 薄）

4 1～5の三つの□に共通する漢字を入れて熟語を作れ。漢字はア～コから一つ選び、記号で記せ。

2×5 ／10

1 □難・□作・□品（　）
2 独□・□拠・□領（　）
3 選□・□群・海□（　）
4 □売・□路・市□（　）
5 □起・□破・追□（　）

ア 煙　イ 皆　ウ 突　エ 占　オ 為
カ 盗　キ 販　ク 違　ケ 困　コ 抜

5 熟語の構成のしかたには次のようなものがある。

1×10 ／10

ア 同じような意味の漢字を重ねたもの（岩石）
イ 反対または対応の意味を表す字を重ねたもの（高低）
ウ 上の字が下の字を修飾しているもの（洋画）
エ 下の字が上の字の目的語・補語になっているもの（着席）
オ 上の字が下の字の意味を打ち消しているもの（非常）

次の熟語は右のア〜オのどれにあたるか、一つ選び、記号で記せ。

1 増殖（　）
2 減量（　）
3 激怒（　）
4 濁流（　）
5 珍奇（　）
6 未踏（　）
7 濃淡（　）
8 調髪（　）
9 不便（　）
10 興亡（　）

6 後の□内のひらがなを漢字に直して（　）に入れ、対義語・類義語を作れ。□内のひらがなは一度だけ使い、漢字一字を記せ。

1×10 ／10

対義語

1 人造—天（　）
2 追跡—（　）亡
3 却下—（　）理
4 複雑—単（　）
5 閉鎖—開（　）

類義語

6 輸送—運（　）
7 手本—模（　）
8 冷静—（　）着
9 即刻—（　）速
10 処罰—制（　）

さい・さっ・じゅ・じゅん・ちん・とう・ねん・はん・ぱん・ほう

7 文中の四字熟語の――線のカタカナを漢字に直し、一字で記せ。

2×10 /20

1 **力戦奮トウ**したが敗れた。（　）
2 投手の**一キョ一動**を注視する。（　）
3 **三寒四オン**の日々が続く。（　）
4 **弱ニク強食**の世界を生き抜く。（　）
5 **前途有ボウ**な新人が現れた。（　）
6 父の教えを**キン科玉条**とする。（　）
7 教授は**ハク覧強記**で知られた。（　）
8 あまりの痛さに**七転八トウ**した。（　）
9 旧友が集まり**談ロン風発**した。（　）
10 客足が落ちて**青息ト息**だ。（　）

8 次の――線のカタカナを漢字に直せ。

2×10 /20

1 兄は**ヨワタ**り上手だ。（　）
2 チーズは**ニュウセイヒン**だ。（　）
3 赤と白を混ぜて**モモイロ**を作る。（　）
4 気に入った詩を**ロウドク**する。（　）
5 **ワレサキ**にとえさに魚が集まる。（　）
6 実力を**ハッキ**して大勝した。（　）
7 紫外線の**トウカ**性を調べる。（　）
8 地域の**ハッテン**に力を尽くす。（　）
9 **モット**も便利な交通手段を探す。（　）
10 登山では油断は**キンモツ**だ。（　）

ステップ30

漢字	読み	画数	部首	部首名	漢字の意味	用例	筆順
繁	音 ハン 訓 —	16	糸	いと	しげる・ふえる・さかん・わずらわしい	繁栄《はんえい》・繁華街《はんかがい》・繁雑《はんざつ》・繁殖《はんしょく》・繁忙《はんぼう》・繁茂《はんも》・頻繁《ひんぱん》	繁 2 … 繁 16
盤	音 バン 訓 —	15	皿	さら	大皿・大きな岩石・土台となるもの	盤石《ばんじゃく》・円盤《えんばん》・基盤《きばん》・吸盤《きゅうばん》・地盤《じばん》・終盤《しゅうばん》・序盤《じょばん》・羅針盤《らしんばん》	盤 3, 5, 8 … 盤 14
彼	音 ヒ 訓 かれ かの	8	彳	ぎょうにんべん	あの人・あの・向こうの	彼我《ひが》・彼岸《ひがん》・誰彼《だれかれ》・彼女《かのじょ》	彼
疲	音 ヒ 訓 つか(れる)	10	疒	やまいだれ	くたびれる・おとろえる	疲弊《ひへい》・疲労《ひろう》・疲《つか》れた顔《かお》	疲
被	音 ヒ 訓 こうむ(る)	10	衤	ころもへん	こうむる・される・かぶせる・着るもの	被害《ひがい》・被災《ひさい》・被写体《ひしゃたい》・被服《ひふく》・法被《はっぴ》・損害《そんがい》を被《こうむ》る	被
避	音 ヒ 訓 さ(ける)	16	辶	しんにょう しんにゅう	よける・さける・にげかくれする	避暑《ひしょ》・避難《ひなん》・避雷針《ひらいしん》・回避《かいひ》・忌避《きひ》・退避《たいひ》・逃避《とうひ》・不可避《ふかひ》	避 6, 8, 10, 12, 15 … 避
尾	音 ビ 訓 お	7	尸	かばね しかばね	しっぽ・うしろ・おわり	尾行《びこう》・尾翼《びよく》・語尾《ごび》・首尾《しゅび》・末尾《まつび》・尾頭《おかしら》・尾根《おね》	尾
微	音 ビ 訓 —	13	彳	ぎょうにんべん	わずか・ひそかに・おとろえる	微細《びさい》・微生物《びせいぶつ》・微熱《びねつ》・微妙《びみょう》・微量《びりょう》・微力《びりょく》・機微《きび》	微 3, 11 … 微

ステップ 30

練習問題

1	/24
2	/10
3	/10
4	/24

月　日

1 次の――線の漢字の読みをひらがなで記せ。

1 物語の終盤の展開に感動した。（　　）
2 微力ながらお手伝いします。（　　）
3 弟は首尾よく志望校に合格した。（　　）
4 大通りを避けて回り道をする。（　　）
5 眠《ねむ》っても前日の疲労が抜けない。（　　）
6 決勝戦は序盤から大荒れだった。（　　）
7 商売の利益は微々たるものだ。（　　）
8 暑さ寒さも彼岸まで。（　　）
9 最初に繁雑な事務を片付けた。（　　）
10 投資に失敗して損害を被る。（　　）

11 夏休みは避暑地で過ごした。（　　）
12 円盤状の不思議な雲が出ていた。（　　）
13 旅の疲れも見せず会見に応じた。（　　）
14 仲間は尾根伝いに歩いている。（　　）
15 ゾウリムシは微生物の一種だ。（　　）
16 遠くに旅立つ彼を駅頭で見送る。（　　）
17 ビルの倒壊で付近に被害が及ぶ。（　　）
18 渡り鳥が繁殖地から飛び立った。（　　）
19 被写体にカメラを構える。（　　）
20 自然の恩恵を被って生きている。（　　）
21 逃避せずに現実と向き合う。（　　）
22 塩からい食べ物を避ける。（　　）
23 原料に植物性油脂を使っている。（　　）
24 脂っこい食事はひかえている。（　　）

2 次の漢字の部首をア〜エから一つ選び、記号で記せ。

1 盤（ア 舟　イ 殳　ウ 又　エ 皿）（　　）
2 尾（ア 尸　イ 厂　ウ ノ　エ 毛）（　　）
3 扇（ア 一　イ 戸　ウ 尸　エ 羽）（　　）
4 塔（ア 土　イ 艹　ウ 八　エ 口）（　　）
5 繁（ア ノ　イ 毋　ウ 攵　エ 糸）（　　）
6 殿（ア 尸　イ 八　ウ 殳　エ 又）（　　）
7 瞬（ア 爫　イ 目　ウ 冖　エ 舛）（　　）
8 疲（ア 疒　イ 广　ウ 冫　エ 皮）（　　）
9 倒（ア 土　イ 至　ウ 亻　エ 刂）（　　）
10 搬（ア 扌　イ 舟　ウ 殳　エ 又）（　　）

3 後の［　］内のひらがなを漢字に直して（　）に入れ、対義語・類義語を作れ。［　］内のひらがなは一度だけ使い、漢字一字を記せ。

対義語

1 回避―直（　　）
2 被告―（　　）告
3 航行―停（　　）
4 希薄―（　　）密
5 加熱―冷（　　）

類義語

6 根底―基（　　）
7 本気―（　　）剣
8 周到―入（　　）
9 前途―（　　）来
10 団結―結（　　）

きゃく・げん・しょう・しん・そく・ねん・のう・はく・ばん・めん

4 次の——線のカタカナを漢字に直せ。

1 不具合により損害を**コウム**った。
2 野鳥園に**オ**の長い鳥がいた。
3 優しい**カノジョ**の横顔を見る。
4 人生には**サ**けて通れぬ道もある。
5 **ヒサイ**地で救援活動を行う。
6 どうやら**ビネツ**があるようだ。
7 待ち時間が長くて**ツカ**れた。
8 民主主義の**キバン**を育てよう。
9 犯人をひそかに**ビコウ**した。
10 **カレ**からの電話を心待ちにする。
11 通信障害の**カイヒ**策を公開する。
12 国際都市として**ハンエイ**した。

13 **ウミベ**の町で暮らしている。
14 **ネフダ**より五百円安く買った。
15 不用意な言動を強く**ヒハン**する。
16 見る**タビ**になつかしく思い出す。
17 非科学的な**メイシン**に過ぎない。
18 外国人が**キョジュウ**する地区だ。
19 国宝の仏像を**ハイカン**した。
20 旅は道連れ、世は**ナサ**け。
21 プレゼント用に**ホウソウ**する。
22 関西で**ホウソウ**している番組だ。
23 たくさん動いておなかが**ヘ**った。
24 十年の歳月を**ヘ**て再会した。

部首をまちがえやすい漢字

Q…次の漢字の部首は?　①盤　②扇　③豪

A…①皿(さら)　②戸(とだれ・とかんむり)　③豕(ぶた・いのこ)

「盤」は「舟(ふねへん)」、「扇」は「羽(はね)」、「豪」は「亠(なべぶた・けいさんかんむり)」とまちがえないようにしましょう。

漢字	匹	描	浜	敏	怖	浮	普	腐
読み	音 ヒツ 訓 ひき	音 ビョウ 訓 えが(く) か(く)	音 ヒン 訓 はま	音 ビン 訓 —	音 フ 訓 こわ(い)	音 フ 訓 う(く) う(かれる) う(かぶ) う(かべる)	音 フ 訓 —	音 フ 訓 くさ(る) くさ(れる) くさ(らす)
画数	4	11	10	10	8	10	12	14
部首	匚	扌	氵	攵	忄	氵	日	肉
部首名	かくしがまえ	てへん	さんずい	のぶん ぼくづくり	りっしんべん	さんずい	ひ	にく
漢字の意味	対等なこと・いやしい・ひき	えがく・うつす	はま・きし・はて	すばやい・さとい・つとめる	おびえる・こわがる・おどす	うく・うかぶ・よりどころがない・さまよう	ゆきわたる・なみの・つね	ものがくさる・古くさい・苦心する
用例	匹敵《ひってき》・匹夫《ひっぷ》・一匹《いっぴき》・数匹《すうひき》・馬匹《ばひつ》	描写《びょうしゃ》・描線《びょうせん》・寸描《すんびょう》・素描《そびょう》・点描《てんびょう》・絵描《えか》き	海浜《かいひん》・浜風《はまかぜ》・浜千鳥《はまちどり》・浜辺《はまべ》・砂浜《すなはま》	敏活《びんかつ》・敏感《びんかん》・敏速《びんそく》・敏腕《びんわん》・鋭敏《えいびん》・過敏《かびん》・機敏《きびん》・俊敏《しゅんびん》	畏怖《いふ》・恐怖《きょうふ》・怖《こわ》いもの知《し》らず	浮上《ふじょう》・浮沈《ふちん》・浮遊《ふゆう》・浮力《ふりょく》・浮《う》き輪《わ》・浮《うわ》つく	普及《ふきゅう》・普請《ふしん》・普段《ふだん》・普通《ふつう》・普遍《ふへん》・普遍妥当《ふへんだとう》	腐臭《ふしゅう》・腐食《ふしょく》・腐敗《ふはい》・陳腐《ちんぷ》・豆腐《とうふ》・防腐剤《ぼうふざい》・ふて腐《くさ》れる
筆順	匹	描 11	浜	敏	怖	浮	普 2 12	腐 2 5 10 14

練習問題

1	/24
2	/10
3	/10
4	/24

月　日

1 次の――線の漢字の読みをひらがなで記せ。

1 情勢を鋭敏によむ才能がある。（　）
2 彼女の顔は恐怖で青ざめていた。（　）
3 会社の浮沈をかけた大事業だ。（　）
4 おだやかな春の浜辺を散策する。（　）
5 彼の行為はまさに匹夫の勇だ。（　）
6 長雨で野菜が腐ってしまった。（　）
7 水道は全国的に普及している。（　）
8 流行に敏感に反応する。（　）
9 怖いもの見たさで谷底をのぞく。（　）
10 有名画家の素描集が出版された。（　）

11 腐敗した政治と決別する機会だ。（　）
12 ふとした拍子に名案が浮かんだ。（　）
13 海浜の宿に泊まることに決めた。（　）
14 木に数匹のセミがとまっている。（　）
15 彼は絵描きになる夢を果たした。（　）
16 洗面器に入った水に手を浸す。（　）
17 浮動票を取り込んで当選した。（　）
18 お祭りで町中が浮かれている。（　）
19 鉄骨の腐食が進んでいる。（　）
20 ふて腐れた態度で返事もしない。（　）
21 姉妹でピアノの連弾をする。（　）
22 初めての海外旅行に胸が弾んだ。（　）
23 複雑で迷宮のような作りの建物だ。（　）
24 迷子になった飼い犬を探す。（　）

2 次のAとBの漢字を一字ずつ組み合わせて二字の熟語を作れ。Bの漢字は必ず一度だけ使う。また、AとBどちらの漢字が上でもよい。

A

1 用　2 豆　3 盤　4 敏　5 怒
6 浮　7 筆　8 徴　9 量　10 然

B

致　腐　候　喜　微
終　機　遊　突　途

1（　） 2（　） 3（　） 4（　） 5（　）
6（　） 7（　） 8（　） 9（　） 10（　）

3 次の――線のカタカナ「トウ」をそれぞれ異なる漢字に直せ。

1 **トウ**置の技法を使って文を書いた。（　）
2 **トウ**視したかのように言い当てる。（　）
3 まるで**トウ**源郷のような風景だ。（　）
4 他の作品からの**トウ**作と判明した。（　）
5 会議での**トウ**突な質問にとまどう。（　）
6 山の中に鉄**トウ**が立つのが見える。（　）
7 国を追われて**トウ**亡生活を送る。（　）
8 大通りの雑**トウ**にまぎれて歩く。（　）
9 大会成功のため周**トウ**に準備した。（　）
10 相手が強いほどより**トウ**志がわく。（　）

4 次の——線のカタカナを漢字に直せ。

1 故郷の風景を思い**エガ**く。（　）
2 一気に首位に**フジョウ**した。（　）
3 プロに**ヒッテキ**する実力がある。（　）
4 気を**クサ**らしても仕方がない。（　）
5 **スナハマ**は子どもでいっぱいだ。（　）
6 チケットは**フツウ**郵便で届いた。（　）
7 彼は**コワ**いもの知らずの新人だ。（　）
8 大自然を**ビョウシャ**した絵だ。（　）
9 刺激に対して**カビン**に反応する。（　）
10 相手チームは**ウ**き足立っていた。（　）
11 **トウフ**をさいの目に切った。（　）
12 妹が子犬を**イッピキ**拾ってきた。（　）
13 **ヒミツ**にしてだれにも教えない。（　）
14 費用は会社が**フタン**する。（　）
15 一生の思い出として心に**キザ**む。（　）
16 お祝いの**ハナタバ**が届けられた。（　）
17 事情が**フクザツ**にからみ合う。（　）
18 失礼のない**フクソウ**を心がける。（　）
19 **ハリ**ほどのことを棒ほどに言う。（　）
20 目上の人に正しい**ケイゴ**で話す。（　）
21 社員は男性が大半を**シ**めている。（　）
22 暗くなったらカーテンを**シ**める。（　）
23 歌いながら足で**ヒョウシ**を取る。（　）
24 俳優が月刊誌の**ヒョウシ**を飾る。（　）

使い分けよう！ **しめる【閉・占】**
閉める…例 とびらを閉める　店を閉める
（開いているものをとじる）
占める…例 座席を占める　過半数を占める
（あるものがその位置などをふさぐ）

漢字表

ステップ 32

漢字	読み	画数	部首	部首名	漢字の意味	用例	筆順
敷	音 フ 高 / 訓 し(く)	15	攵	のぶん ぼくづくり	しきならべる・ひろげていく	敷設《ふせつ》・敷布《しきふ》・敷物《しきもの》・河川敷《かせんじき》・座敷《ざしき》・屋敷《やしき》・桟敷《さじき》	敷 敷3 敷5 敷 敷 敷9 敷 敷 敷13 敷15
膚	音 フ / 訓 —	15	肉	にく	はだ・ものの表面・あさい	完膚《かんぷ》・皮膚《ひふ》	膚 膚 膚 膚 膚6 膚8 膚 膚11 膚13 膚15
賦	音 フ / 訓 —	15	貝	かいへん	とりたてる・わけあたえる・うまれつき	賦課《ふか》・賦与《ふよ》・月賦《げっぷ》・天賦《てんぷ》	賦5 賦7 賦 賦 賦 賦 賦 賦 賦 賦
舞	音 ブ / 訓 ま(う) まい	15	舛	まいあし	まい・おどる・はげます	舞台《ぶたい》・舞踊《ぶよう》・歌舞伎《かぶき》・鼓舞《こぶ》・乱舞《らんぶ》・見舞《みま》う・舞扇《まいおうぎ》	舞2 舞 舞7 舞 舞 舞 舞 舞13 舞 舞
幅	音 フク / 訓 はば	12	巾	はばへん きんべん	はば・へり・ふち・掛《か》け軸《じく》	幅員《ふくいん》・拡幅《かくふく》・振幅《しんぷく》・全幅《ぜんぷく》・増幅《ぞうふく》・大幅《おおはば》・肩幅《かたはば》・歩幅《ほはば》	幅 幅 幅 幅 幅7 幅 幅 幅 幅 幅
払	音 フツ 高 / 訓 はら(う)	5	扌	てへん	すっかりなくなる・夜があける	払暁《ふつぎょう》・払拭《ふっしょく》・払底《ふってい》・支払《しはら》い・出払《ではら》う・前払《まえばら》い	払 払 払 払 払
噴	音 フン / 訓 ふ(く)	15	口	くちへん	ふきだす・強い勢いで内から外に出る	噴煙《ふんえん》・噴火《ふんか》・噴射《ふんしゃ》・噴出《ふんしゅつ》・噴水《ふんすい》・噴霧器《ふんむき》・火《ひ》を噴《ふ》き出《だ》す	噴3 噴 噴 噴 噴 噴 噴 噴 噴13 噴15
柄	音 ヘイ 高 / 訓 がら え	9	木	きへん	取っ手・いきおい・もよう・材料	横柄《おうへい》・絵柄《えがら》・手柄《てがら》・人柄《ひとがら》・身柄《みがら》・銘柄《めいがら》・金づちの柄《え》	柄 柄 柄 柄 柄 柄 柄 柄 柄

ステップ 32

練習問題

1	/24
2	/10
3	/10
4	/24

月　日

1 次の——線の漢字の読みをひらがなで記せ。

1 桜の図案の美しい舞扇を買った。（　　）
2 温泉が勢いよく噴き上がる。（　　）
3 従業員は全員、出払っている。（　　）
4 税は国民に賦課されている。（　　）
5 ひしゃくの柄をつけ替えた。（　　）
6 テレビの報道で不安が増幅する。（　　）
7 陣頭に立って士気を鼓舞する。（　　）
8 板の間に座ぶとんを敷いた。（　　）
9 完膚なきまでに論破された。（　　）
10 日ごろの不平不満が噴出した。（　　）
11 先人たちの偉業に敬意を払う。（　　）
12 彼には画家として天賦の才がある。（　　）
13 何度も手柄話を聞かされた。（　　）
14 幅の狭い道で車が立ち往生した。（　　）
15 正直な人柄で好かれている。（　　）
16 屋敷には老夫妻が住んでいる。（　　）
17 美しい山の景色を写真に収めた。（　　）
18 安全なところに避難する。（　　）
19 街灯の下で羽虫が乱舞する。（　　）
20 落ち葉が舞い散る公園を走る。（　　）
21 火山から噴煙が上がっている。（　　）
22 山頂から火が噴き出した。（　　）
23 主将に全幅の信頼《しんらい》を置く。（　　）
24 多分野にわたり幅広く活動する。（　　）

2 次の——線のカタカナを漢字一字と送りがな（ひらがな）に直せ。

〈例〉問題に**コタエル**。（答える）

1 冬が**オトズレル**ころに会おう。（　）
2 **ナヤマシイ**青春の日々を送る。（　）
3 ラッパの音が**ヒビイ**てくる。（　）
4 助け合いの精神を**ヤシナウ**。（　）
5 自分のアイディアを**ヌスマ**れた。（　）
6 鳥たちが**サワガシク**鳴いている。（　）
7 記憶が**アザヤカニ**よみがえる。（　）
8 相手の攻撃を軽く**シリゾケ**た。（　）
9 一行**ヌカシ**て読んでしまった。（　）
10 いささか常識に**カケル**言動だ。（　）

3 後の［　］内のひらがなを漢字に直して（　）に入れ、対義語・類義語を作れ。［　］内のひらがなは一度だけ使い、漢字一字を記せ。

対義語

1 悲嘆―歓（　）
2 客席―舞（　）
3 巨大―（　）細
4 沈殿―（　）遊
5 終盤―（　）盤

類義語

6 手柄―功（　）
7 運搬―運（　）
8 匹敵―対（　）
9 屈指―（　）群
10 冷淡―薄（　）

き・じょ・じょう・せき・たい・とう・ばつ・び・ふ・ゆ

4 次の――線のカタカナを漢字に直せ。

1 正月にしし**マイ**が行われる。
2 島の火山は百年前に火を**フ**いた。
3 **オオハバ**な改革を期待している。
4 警察が犯人の**ミガラ**を確保する。
5 服についたほこりを**ハラ**う。
6 今日は妹の晴れ**ブタイ**だ。
7 借金を**ゲップ**で返済している。
8 参道に砂利を**シ**き詰めた。
9 感情の**シンプク**が大きい人だ。
10 兄は**ヒフ**科に通院している。
11 突風でかさの**エ**が折れる。
12 **フンスイ**の前で待ち合わせる。
13 入院中の知人を**ミマ**った。
14 合格して**ウチョウテン**になる。
15 料理と**ウツワ**を同時に楽しむ。
16 ツバメのひなが**スダ**っていく。
17 観光ホテルに**シュクハク**した。
18 姉の語学力に皆が舌を**マ**いた。
19 文学界に異彩を**ハナ**っている。
20 **ヒガン**達成に向けて努力する。
21 今日はお**ヒガン**の中日だ。
22 鉄砲《てっぽう》の**タマ**が的に当たる。
23 目の**タマ**が飛び出そうな値段だ。
24 投手は切れのある**タマ**を投げた。

狂喜乱舞（きょうきらんぶ）
「非常に喜ぶ様子」を表す四字熟語で、「狂喜」は「異常なくらい喜ぶこと」、「乱舞」は「入り乱れて踊《おど》ること」という意味です。「狂喜」は、喜ぶことを表すので、「喜」の字を書きます。「狂気」としないように注意しましょう。

ステップ 33

漢字	読み	画数	部首	部首名	漢字の意味	用例	筆順
壁	音 ヘキ 訓 かべ	16	土	つち	かべ・がけ・とりで	壁画《へきが》・壁面《へきめん》・岸壁《がんぺき》・絶壁《ぜっぺき》・鉄壁《てっぺき》・壁紙《かべがみ》・白壁《しらかべ》	壁 壁2 壁 壁6 壁 壁8 壁 壁11 壁 壁
捕	音 ホ 訓 と(らえる) と(らわれる) と(る) つか(まえる) つか(まる)	10	扌	てへん	しっかりとつかまえる・めしとる	捕獲《ほかく》・捕球《ほきゅう》・捕鯨《ほげい》・捕手《ほしゅ》・逮捕《たいほ》・獲物《えもの》を捕《と》らえる	捕 捕 捕 捕 捕 捕 捕 捕 捕 捕
舗	音 ホ 訓 —	15	舌	した	しきつめる・みせ	舗装《ほそう》・舗道《ほどう》・店舗《てんぽ》・本舗《ほんぽ》・老舗《しにせ》	舗3 舗 舗 舗 舗8 舗 舗 舗13 舗 舗
抱	音 ホウ 訓 だ(く) いだ(く) かか(える)	8	扌	てへん	だきかかえる・心にもつ	抱負《ほうふ》・抱腹絶倒《ほうふくぜっとう》・抱擁《ほうよう》・介抱《かいほう》・辛抱《しんぼう》・一抱《ひとかか》え	抱 抱 抱 抱 抱 抱 抱 抱
峰	音 ホウ 訓 みね	10	山	やまへん	みね・高い山・刀の背	高峰《こうほう》・最高峰《さいこうほう》・秀峰《しゅうほう》・主峰《しゅほう》・霊峰《れいほう》・連峰《れんぽう》・峰打《みねう》ち	峰 峰 峰 峰 峰 峰 峰 峰 峰 峰
砲	音 ホウ 訓 —	10	石	いしへん	弾丸を発射する兵器	砲煙《ほうえん》・砲丸《ほうがん》・砲撃《ほうげき》・砲弾《ほうだん》・号砲《ごうほう》・大砲《たいほう》・鉄砲《てっぽう》・発砲《はっぽう》	砲 砲 砲 砲 砲 砲 砲 砲 砲 砲
忙	音 ボウ 訓 いそが(しい)	6	忄	りっしんべん	いそがしい・心が落ちつかない	忙殺《ぼうさつ》・忙中《ぼうちゅう》・多忙《たぼう》・繁忙《はんぼう》・煩忙《はんぼう》・忙《いそが》しい毎日《まいにち》	忙 忙 忙 忙 忙 忙
坊	音 ボウ ボッ 訓 —	7	土	つちへん	僧の住む家・男の子	坊主《ぼうず》・坊門《ぼうもん》・宿坊《しゅくぼう》・僧坊《そうぼう》・寝坊《ねぼう》・風来坊《ふうらいぼう》・坊《ぼっ》ちゃん	坊 坊 坊 坊 坊 坊 坊

ステップ 33

練習問題

1	/24
2	/10
3	/10
4	/24

月　日

1 次の――線の漢字の読みをひらがなで記せ。

1 号砲を合図に出発した。（　）
2 雲がたなびく峰を目指して歩く。（　）
3 そそり立つ絶壁をよじ登る。（　）
4 砲丸投げの種目に出場した。（　）
5 坊ちゃん一緒《いっしょ》に遊びましょう。（　）
6 一年で今が一番多忙な時期だ。（　）
7 八千メートル級の高峰が連なる。（　）
8 弟が森でカブトムシを捕まえた。（　）
9 病人を手厚く介抱する。（　）
10 寺院の宿坊で一夜を明かす。（　）
11 彼女の研究は壁に突き当たった。（　）
12 舗装工事で通行止めになった。（　）
13 貴重な古代遺跡が砲撃される。（　）
14 仕事に追われて毎日忙しい。（　）
15 朝日を受けて白雪の連峰が輝く。（　）
16 住民が協力してサルを捕獲した。（　）
17 大きな荷物を抱えて帰ってきた。（　）
18 山寺の僧坊は静まっていた。（　）
19 船が港の岸壁に係留する。（　）
20 父が仁王立ちで待ち構えていた。（　）
21 野球部では捕手を務めている。（　）
22 わなをしかけて獲物を捕る。（　）
23 級友と新年の抱負を語り合う。（　）
24 わが子を強く抱きしめる。（　）

2 文中の四字熟語の――線のカタカナを漢字に直し、一字で記せ。

1 **ズ寒足熱**は体によいという。（　　）
2 **単トウ直入**に相手に質問した。（　　）
3 プレゼントに彼は**キ色満面**だ。（　　）
4 **用意周トウ**な計画を立てる。（　　）
5 そんなに**意志ハク弱**では困る。（　　）
6 **一バツ百戒**の意味で彼をしかる。（　　）
7 **議ロン百出**で収まりがつかない。（　　）
8 ここは**ジ盤沈下**の可能性がある。（　　）
9 **前ト洋々**たる若者をはげます。（　　）
10 **金城鉄ペキ**の守りを破った。（　　）

3 次の――線のカタカナ「**フ**」をそれぞれ異なる漢字に直せ。

1 パソコンは急速に**フ**及した。（　　）
2 今も愛唱される**フ**朽の名曲だ。（　　）
3 夏は食べ物が**フ**敗しやすい。（　　）
4 学校一の実力だと自**フ**している。（　　）
5 人気商品を豊**フ**にそろえた。（　　）
6 恐**フ**におののいて、体が震える。（　　）
7 町作りのための条例を公**フ**する。（　　）
8 カエルは皮**フ**でも呼吸している。（　　）
9 当初とは別の構想が**フ**上する。（　　）
10 デパートの**フ**人服売り場に行く。（　　）

4 次の――線のカタカナを漢字に直せ。

1 母親が赤ちゃんをダいている。（　　　）
2 里を荒らすイノシシをトらえた。（　　　）
3 天使の描かれたヘキガを見る。（　　　）
4 村は稲の刈り入れでイソガしい。（　　　）
5 この山は山脈のシュホウだ。（　　　）
6 入学を前に不安をイダいている。（　　　）
7 改装中は仮テンポで営業する。（　　　）
8 指名手配中の犯人がツカまった。（　　　）
9 射撃訓練でハッポウする。（　　　）
10 年越しの準備にボウサツされる。（　　　）
11 この道はミネ伝いに続いている。（　　　）
12 ネボウして朝食をとり損ねた。（　　　）
13 シラカベの続く古い町並みだ。（　　　）
14 難題をカカえ込んでしまった。（　　　）
15 シニセののれんを守ってきた。（　　　）
16 マンプクでもう食べられない。（　　　）
17 一軒一軒ホウモンして話を聞く。（　　　）
18 多くの人が態度をホリュウした。（　　　）
19 卒業という人生のフシメに立つ。（　　　）
20 まとめて買うとネビきされる。（　　　）
21 朝日の当たるマドベに座った。（　　　）
22 ギターの美しいネイロを楽しむ。（　　　）
23 突然のあらしが静寂をヤブった。（　　　）
24 延長戦の末、敵にヤブれた。（　　　）

使い分けよう！ とる【取・採・執・捕】

取る…例 手に取る　汚れを取る　（広く一般的に用いる）
採る…例 山菜を採る　決を採る　（つみとる・採用する）
執る…例 指揮を執る　事務を執る　（道具を持って作業する）
捕る…例 魚を捕る　飛球を捕る　（追いかけてつかまえる）

漢字	読み	画数	部首	部首名	漢字の意味	用例	筆順
肪	音 ボウ 訓 ―	8	月	にくづき	動物の体内にあるあぶら	脂肪《しぼう》	肪 肪 肪 肪 肪 肪 肪 肪
冒	音 ボウ 訓 おか(す)	9	曰	ひらび いわく	たちむかう・けがす・害される・はじめ	冒険《ぼうけん》・冒頭《ぼうとう》・感冒《かんぼう》・危険《きけん》を冒《おか》す	冒 冒 冒 冒 冒 冒 冒 冒 冒
傍	音 ボウ 訓 かたわ(ら) 高	12	亻	にんべん	わき・そば・(漢字の)つくり	傍観《ぼうかん》・傍若無人《ぼうじゃくぶじん》・傍受《ぼうじゅ》・傍線《ぼうせん》・傍聴《ぼうちょう》・近傍《きんぼう》・路傍《ろぼう》	傍2 傍 傍4 傍 傍 傍 傍 傍 傍 傍
帽	音 ボウ 訓 ―	12	巾	はばへん きんべん	ぼうし・物の頭にかぶるもの	帽子《ぼうし》・赤帽《あかぼう》・角帽《かくぼう》・学帽《がくぼう》・脱帽《だつぼう》	帽 帽 帽 帽5 帽 帽 帽 帽 帽11 帽
凡	音 ボン ハン 高 訓 ―	3	几	つくえ	すべて・およそ・ふつうの	凡才《ぼんさい》・凡人《ぼんじん》・凡俗《ぼんぞく》・凡庸《ぼんよう》・非凡《ひぼん》・平凡《へいぼん》・凡例《はんれい》	凡 凡 凡
盆	音 ボン 訓 ―	9	皿	さら	おぼん・盂蘭盆会《うらぼんえ》の略・浅くて底のひらたい鉢《はち》	盆踊《ぼんおど》り・盆景《ぼんけい》・盆栽《ぼんさい》・盆石《ぼんせき》・盆地《ぼんち》・旧盆《きゅうぼん》・初盆《はつぼん》	盆 盆 盆 盆 盆 盆 盆 盆 盆
慢	音 マン 訓 ―	14	忄	りっしんべん	なまける・ゆっくりである・いい気になる	慢心《まんしん》・慢性《まんせい》・我慢《がまん》・緩慢《かんまん》・高慢《こうまん》・傲慢《ごうまん》・自慢《じまん》・怠慢《たいまん》	慢 慢 慢 慢7 慢 慢 慢11 慢 慢 慢
漫	音 マン 訓 ―	14	氵	さんずい	水面が広々としている・とりとめのない・みだり	漫画《まんが》・漫言放語《まんげんほうご》・漫才《まんざい》・漫然《まんぜん》・漫談《まんだん》・散漫《さんまん》・冗漫《じょうまん》	漫3 漫 漫 漫7 漫 漫 漫11 漫 漫 漫

ステップ34 練習問題

1	/24
2	/6
3	/10
4	/24

月　日

1 次の――線の漢字の読みをひらがなで記せ。

1 慢心は敗北につながりかねない。（　　）
2 自作の盆景の世界に浸る。（　　）
3 疲れると注意が散漫になる。（　　）
4 君のがんばりには脱帽だ。（　　）
5 態度が高慢なのできらわれる。（　　）
6 平凡ながらも楽しい生活を送る。（　　）
7 休日の午後を漫然と過ごした。（　　）
8 危険を冒す必要はない。（　　）
9 通信が傍受されるおそれがある。（　　）
10 運動不足で皮下脂肪が増えた。（　　）

11 祖母の病気は慢性化している。（　　）
12 盆地にある町で生まれ育った。（　　）
13 まるで漫才のような会話だ。（　　）
14 音楽に非凡な才能を持っている。（　　）
15 大事な箇所に傍線を引く。（　　）
16 会議は冒頭から荒れ模様だった。（　　）
17 肩幅が広くてがっしりしている。（　　）
18 早速本題に入りたいと思う。（　　）
19 新商品の使い勝手を試す。（　　）
20 交通機関は停電で混乱を来した。（　　）
21 流行性の感冒に気をつけよう。（　　）
22 激しい風雨を冒して出発する。（　　）
23 鉄壁の守備で相手の得点を防ぐ。（　　）
24 レンガ模様の壁紙をはる。（　　）

2 次の〔　〕から類義語の関係になる組み合わせを一組選び、記号で記せ。

1 〔ア 精進　イ 精通　ウ 協力　エ 努力〕（　・　）

2 〔ア 互角　イ 対等　ウ 同感　エ 共有〕（　・　）

3 〔ア 単身　イ 簡単　ウ 容易　エ 断簡〕（　・　）

4 〔ア 中盤　イ 根気　ウ 基盤　エ 根底〕（　・　）

5 〔ア 抱負　イ 看護　ウ 看過　エ 介抱〕（　・　）

6 〔ア 路傍　イ 路上　ウ 道端　エ 道程〕（　・　）

3 熟語の構成のしかたには次のようなものがある。

ア 同じような意味の漢字を重ねたもの（岩石）
イ 反対または対応の意味を表す字を重ねたもの（高低）
ウ 上の字が下の字を修飾しているもの（洋画）
エ 下の字が上の字の目的語・補語になっているもの（着席）
オ 上の字が下の字の意味を打ち消しているもの（非常）

次の熟語は右のア～オのどれにあたるか、一つ選び、記号で記せ。

1 店舗（　）
2 傍観（　）
3 冒険（　）
4 抜群（　）
5 首尾（　）
6 噴火（　）
7 浮力（　）
8 賞罰（　）
9 運搬（　）
10 不屈（　）

4 次の——線のカタカナを漢字に直せ。

1 多少**ボウケン**だがやってみよう。
2 投手が何度も**ボウシ**に手をやる。
3 のど**ジマン**大会で見事優勝した。
4 **ボン**休みには毎年帰省している。
5 **ロボウ**に小さな花が咲いている。
6 **ボンジン**には彼が理解できない。
7 風波を**オカ**して救助に向かった。
8 前から**マンガ**をよく読んでいた。
9 ヒレ肉には**シボウ**が少ない。
10 ひなの**ウモウ**が生えそろった。
11 被害者の心中を**オ**し量る。
12 **オオヤケ**の場で白黒をつけよう。
13 不思議な能力を**サズ**かる話だ。
14 型紙に沿って布を**サイダン**する。
15 **ユウグ**れ時に虫の音が聞こえる。
16 流れに**サカ**らって川を上る。
17 病が全快して**フクショク**した。
18 兄は**フクショク**デザイナーだ。
19 春の新商品が**テントウ**に並んだ。
20 夜間照明は自動で**テントウ**する。
21 石につまずいて**テントウ**する。
22 メモを**ト**りながら話を聞く。
23 検査のために血を**ト**った。
24 父は会社で事務を**ト**っている。

使い分けよう! **おかす【犯・侵・冒】**
犯す…例 罪を犯す 法を犯す (法や人の道などに反する)
侵す…例 国境を侵す 表現の自由を侵す (侵害する)
冒す…例 危険を冒す (あえて行う)

力だめし

第6回

総得点　／100

評価　A　80点　B　75点　C　70点　D　60点　E

月　日

1 次の――線の漢字の読みをひらがなで記せ。

1×10　／10

1 繁忙を極める毎日を送っている。
2 トルコで織られた高価な敷物だ。
3 塔の壁面をツタがおおっている。
4 傍観せずに行動を起こしたい。
5 害虫駆除のスプレーを噴射した。
6 盆と正月が同時に来たようだ。
7 祝い事に尾頭つきのタイが出た。
8 夜ふかしのせいで寝坊した。
9 白い砂浜が続く美しい場所だ。
10 機敏な動きでタックルをかわす。

2 1～5の三つの□に共通する漢字を入れて熟語を作れ。漢字はア～コから一つ選び、記号で記せ。

2×5　／10

1 □装・店□・本□
2 高□・自□・□心
3 □細・機□・□生物
4 歩□・振□・□員
5 円□・地□・吸□

ア 幅　イ 周　ウ 舗　エ 屋　オ 盤
カ 価　キ 身　ク 慢　ケ 微　コ 知

3 次の――線のカタカナを漢字一字と送りがな（ひらがな）に直せ。

〈例〉問題にコタエル。（答える）

1×10　／10

1 ワスレないようにメモを取る。（　）
2 人目をサケルように暮らす。（　）
3 仏様に菓子をソナエル。（　）
4 髪型や服装をアラタメル。（　）
5 柱がクサッていて危険だ。（　）
6 忠告にシタガイ、禁煙する。（　）
7 スルドイ感覚の持ち主だ。（　）
8 やっとタクシーがツカマッた。（　）
9 横領の罪で社員をウッタエル。（　）
10 念願の女の子をサズカッた。（　）

4 次の――線のカタカナにあてはまる漢字をそれぞれのア～オから一つ選び、記号で記せ。

1×10　／10

1 おヒ岸には母がぼたもちを作る。（　）
2 行き過ぎた練習でヒ労骨折をする。（　）
3 議案は全会一致でヒ決された。（　）
（ア彼　イ疲　ウ批　エ比　オ否）

4 完プなきまでに打ちのめされる。（　）
5 幼くして天プの詩才が開花した。（　）
6 外来生物の分プを調べる。（　）
（ア膚　イ負　ウ布　エ賦　オ夫）

7 南米大陸の最高ホウにいどむ。（　）
8 ホウ丸投げで世界記録を出した。（　）
9 新社長がホウ負を述べる。（　）
10 彼は優しくてホウ容力がある。（　）
（ア法　イ抱　ウ包　エ砲　オ峰）

郵便はがき

お手数ですが
切手をおはり
ください。

605-0074

（受取人）
京都市東山区祇園町南側
551番地
（公財）日本漢字能力検定協会
書籍アンケート係 行

K2409

フリガナ
お名前

〒　　　　TEL
ご住所

◆Webからでもお答えいただけます◆
下記URL、または右の二次元コードからアクセスしてください。
https://www.kanken.or.jp/kanken/textbook/step.html

ご記入頂きました個人情報は、アンケートの集計及び粗品の送付、今後の（公財）日本漢字能力検定協会の事業に関するご案内以外の目的には使用しません。また、第三者への開示、弊協会外へ漏洩することもございません。（ただし、業務の一部を、業務提携会社に委託する場合があります。）

16歳未満の方は、保護者の同意の上ご記入ください。

個人情報のご記入は任意でありますが、必須事項をご記入頂けない場合は粗品の送付が出来ない場合がございますので、ご注意ください。

ご記入頂きました個人情報に関する開示、訂正等お問い合わせは、下記の窓口へお願いします。

（公財）日本漢字能力検定協会　個人情報保護責任者　事務局長
個人情報相談窓口　https://www.kanken.or.jp/privacy/

たいせつにしますプライバシー
20000098

今後の出版事業に役立てたいと思いますので、下記のアンケートにご協力ください。抽選で粗品をお送りします。

お買い上げいただいた本（級に○印をつけてください）

『漢検　漢字学習ステップ』

2級　準2級　3級　4級　5級　6級　7級　8級　9級　10級

●年齢＿＿＿＿＿歳　　　●性別　男・女

●この教材で学習したあと、漢字検定を受検しましたか？
その結果を教えてください。

a. 受検した（合格）　b. 受検した（不合格）　c. 受検した（結果はまだわからない）　d. 受検していない・受検する予定がない　e. これから受検する・受検するつもりがある

●この教材で学習したことで、語彙力《ごいりょく》がついたと思いますか？

a. 思う　b. 思わない　c. どちらともいえない

●この教材で学習したことで、漢字・日本語への興味はわきましたか？

a. わいた　b. わかなかった　c. どちらともいえない

●この教材で学習したことで、学習習慣は身につきましたか？

a. ついた　b. つかなかった　c. どちらともいえない

●この教材で学習したことで、漢字への自信はつきましたか？

a. ついた　b. つかなかった　c. どちらともいえない

●この教材に満足しましたか？

a. 非常に満足した　b. ある程度満足した　c. どちらともいえない
d. あまり満足しなかった　e. 全く満足しなかった

●この教材で満足したところを、具体的に教えてください。

（　　　　　　　　　　　　　　　　　　）

●この教材で不満だったところを、具体的に教えてください。

（　　　　　　　　　　　　　　　　　　）

●この教材と一緒に使った教材はありますか？
書籍名を教えてください。

（　　　　　　　　　　　　　　　　　　）

ご協力ありがとうございました。

5 次の各文にまちがって使われている同じ読みの漢字が一字ある。上に誤字を、下に正しい漢字を記せ。

2×5 ／10

誤　正

1 神社の本殿が半世紀ぶりに一般公開されると知り、往復はがきで拝観を申し込んだ。（　）（　）

2 その製品は発売当初から爆発的な人気で、今でも入手混難な状態になっている。（　）（　）

3 ここ数年の異常気象の影響で農作物は多大な疲害を受け、価格が上がっている。（　）（　）

4 新聞やテレビにおける占伝が功を奏し、展示会場には多くの観客が集まった。（　）（　）

5 好みのお菓子を見つけたが、これは特定の地域限定で搬売されているもののようだ。（　）（　）

6 後の□内のひらがなを漢字に直して（　）に入れ、対義語・類義語を作れ。□内のひらがなは一度だけ使い、漢字一字を記せ。

1×10 ／10

対義語

1 延長―短（　）
2 乱暴―温（　）
3 慎重―（　）率
4 繁雑―簡（　）
5 警戒―（　）断

類義語

6 最初―（　）頭
7 善戦―健（　）
8 同等―（　）敵
9 普通―（　）常
10 出席―（　）列

けい・さん・しゅく・じん・とう・ひっ・ぼう・ゆ・りゃく・わ

7 文中の四字熟語の――線のカタカナを漢字に直し、一字で記せ。

2×10 ／20

1 チームの初勝利に**狂喜乱ブ**した。（　　）
2 新作コントに**抱腹ゼッ倒**する。（　　）
3 **マン言放語**にはつき合えない。（　　）
4 彼は**シュウ人環視**の的となった。（　　）
5 **一ボウ千里**の大平原が広がる。（　　）
6 精神的に疲れて**疑心暗キ**になる。（　　）
7 彼は**大キ晩成**型の人物だ。（　　）
8 **ゼン人未到**の記録を達成する。（　　）
9 **ウ為転変**は世の習いだ。（　　）
10 **ハク利多売**で利益を上げた。（　　）

8 次の――線のカタカナを漢字に直せ。

2×10 ／20

1 習慣とは**コワ**いものだ。（　　）
2 社会**ホショウ**制度を見直す。（　　）
3 声までそっくりの**シマイ**だ。（　　）
4 花の**エガラ**の皿を使う。（　　）
5 軒先に**ボウハン**灯をつける。（　　）
6 **ヘイボン**な日常を描いた作品だ。（　　）
7 **ウ**き輪と水着を持って海へ行く。（　　）
8 兄は勉強より野球に**ムチュウ**だ。（　　）
9 落語家に**デシ**入りを志願する。（　　）
10 旅行用に**センメン**用具を買った。（　　）

漢字表

ステップ 35

漢字	読み	画数	部首	部首名	漢字の意味	用例	筆順
妙	音 ミョウ 訓 ―	7	女	おんなへん	すばらしい・ふしぎな・若い	妙案《みょうあん》・妙技《みょうぎ》・巧妙《こうみょう》・神妙《しんみょう》・絶妙《ぜつみょう》・当意即妙《とういそくみょう》・微妙《びみょう》	
眠	音 ミン 訓 ねむ(る) ねむ(い)	10	目	めへん	ねむる・やすむ	安眠《あんみん》・永眠《えいみん》・休眠《きゅうみん》・睡眠《すいみん》・冬眠《とうみん》・不眠《ふみん》・眠気《ねむけ》・居眠《いねむ》り	
矛	音 ム 訓 ほこ	5	矛	ほこ	ほこ・長い柄の先に両《りょう》刃《ば》の剣のついた武器	矛盾《むじゅん》・矛先《ほこさき》	
霧	音 ム 訓 きり	19	雨	あめかんむり	地上にたちこめるきり	霧笛《むてき》・霧氷《むひょう》・雲散霧消《うんさんむしょう》・濃霧《のうむ》・霧吹《きりふ》き・夜霧《よぎり》	
娘	音 ― 訓 むすめ	10	女	おんなへん	(自分の子どもの)女の子・未婚の若い女性	娘心《むすめごころ》・娘盛《むすめざか》り・看板娘《かんばんむすめ》・小娘《こむすめ》・箱入《はこい》り娘《むすめ》・一人娘《ひとりむすめ》	
茂	音 モ 訓 しげ(る)	8	艹	くさかんむり	草木がしげる・多い・よい	繁茂《はんも》・生《お》い茂《しげ》る・茂《しげ》みに隠《かく》れる	
猛	音 モウ 訓 ―	11	犭	けものへん	あらあらしい・はげしい	猛威《もうい》・猛火《もうか》・猛攻《もうこう》・猛獣《もうじゅう》・猛暑《もうしょ》・猛烈《もうれつ》・勇猛《ゆうもう》・猛者《もさ》	
網	音 モウ 訓 あみ	14	糸	いとへん	あみ・あみのようなもの・すべて	網羅《もうら》・一網打尽《いちもうだじん》・交通網《こうつうもう》・通信網《つうしんもう》・網戸《あみど》・金網《かなあみ》	

ステップ35

練習問題

1	/24
2	/10
3	/10
4	/24

月　日

1 次の――線の漢字の読みをひらがなで記せ。

1 なかなか妙案は浮かばなかった。

2 夏は網戸で虫の侵入を防ぐ。

3 彼の言うことは矛盾だらけだ。

4 温暖な気候で草木がよく茂る。

5 インフルエンザが猛威を振るう。

6 眠気覚ましにコーヒーを飲む。

7 濃霧で数メートル先も見えない。

8 全員が神妙に話を聞いていた。

9 世界各地に情報網を張り巡らす。

10 箱入り娘で大事にされてきた。

11 怒りの矛先がこちらに向いた。

12 夏草の繁茂する野原を駆ける。

13 休眠状態の会社が営業再開した。

14 霧が立ち込めて視界がきかない。

15 相手チームの猛攻に耐える。

16 絶妙のタイミングで技をかけた。

17 誠を尽くして相手に謝罪した。

18 県内の河川の水質調査を行う。

19 騒音に安眠をさまたげられる。

20 倉庫に眠る器材を活用しよう。

21 高原の冬は霧氷が美しい。

22 北国の街は夜霧に包まれた。

23 市は交通網の整備に取り組んだ。

24 ウサギ小屋の金網を張り替える。

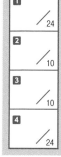

2 文中の四字熟語の——線のカタカナを漢字に直し、一字で記せ。

1 ユウ柔不断な性格を直したい。（　）
2 仲間内でミョウ計奇策を講じた。（　）
3 完全無ケツの人間などいない。（　）
4 彼は何でもシン小棒大に言う。（　）
5 犯罪組織は一モウ打尽にされた。（　）
6 忠告を馬ジ東風と聞き流す。（　）
7 作品の出来ばえを自ガ自賛する。（　）
8 和平への期待は雲散ム消した。（　）
9 大同小イの意見ばかりだった。（　）
10 モン外不出の仏像を公開する。（　）

3 次の漢字の目的語・補語となる漢字を、後の□の中から選んで（　）に入れ、熟語を作れ。□の中の漢字は一度だけ使うこと。

1 起（　）
2 捕（　）
3 違（　）
4 就（　）
5 抜（　）
6 渡（　）
7 拡（　）
8 耐（　）
9 脱（　）
10 迎（　）

球・稿・歯・春・寝・震・世・線・幅・約

4 次の——線のカタカナを漢字に直せ。

1 この曲をきくとネムくなる。（　）
2 船からアミを投げて魚を捕る。（　）
3 キリフきで布をしめらせる。（　）
4 一人ムスメをこよなく愛する。（　）
5 犬がシゲみから飛び出してきた。（　）
6 謝罪を受け入れ、ホコを収めた。（　）
7 モウショで電力不足が心配だ。（　）
8 カメがトウミンから覚めた。（　）
9 現代は通信モウが発達している。（　）
10 ミョウな話だと思いながら聞く。（　）
11 園芸用のフンム器を買った。（　）
12 係員にミチビかれて席に着く。（　）
13 水玉モヨウをあしらった夏服だ。（　）
14 ザイタクで働ける仕事を探す。（　）
15 兄のカドデにふさわしい晴天だ。（　）
16 始発駅からスワって通勤する。（　）
17 ガラスのハヘンを取り除いた。（　）
18 さそいを断れないショウブンだ。（　）
19 ホネミをおしまず働いた。（　）
20 課題についてケントウを重ねた。（　）
21 選手たちのケントウをたたえる。（　）
22 皆目ケントウもつかない。（　）
23 気がスむまで泣き続けた。（　）
24 スんだ青空が広がっている。（　）

針小棒大（しんしょうぼうだい）
「物事を大げさに言うこと」という意味の四字熟語です。「針小」は「針のように小さいこと」、「棒大」は「棒のように大きいこと」で、針のように小さなことを棒のように大きく誇張して言うことを表しています。

漢字表

ステップ 36

漢字	読み	画数	部首	部首名	漢字の意味	用例	筆順
黙	音 モク 訓 だま(る)	15	黒	くろ	だまって何も言わない・しずか	黙殺《もくさつ》・黙読《もくどく》・黙認《もくにん》・黙秘《もくひ》・暗黙《あんもく》・沈思黙考《ちんしもっこう》・沈黙《ちんもく》	黙 黙 黙4 黙 黙 黙 黙 黙10 黙 黙15
紋	音 モン 訓 —	10	糸	いとへん	もよう・家のしるしとして定まっている図柄	紋章《もんしょう》・紋服《もんぷく》・紋様《もんよう》・渦紋《かもん》・家紋《かもん》・指紋《しもん》・波紋《はもん》	紋 紋 紋 紋 紋 紋 紋 紋 紋 紋
躍	音 ヤク 訓 おど(る)	21	足	あしへん	勢いのいいこと	躍如《やくじょ》・躍進《やくしん》・躍動《やくどう》・躍起《やっき》・活躍《かつやく》・跳躍《ちょうやく》・飛躍《ひやく》・小躍《こおど》り	躍4 躍 躍7 躍10 躍13 躍15 躍 躍 躍 躍21
雄	音 ユウ 訓 お おす	12	隹	ふるとり	動植物のおす・男らしい・すぐれている人	雄姿《ゆうし》・雄大《ゆうだい》・雄図《ゆうと》・雄飛《ゆうひ》・雄弁《ゆうべん》・英雄《えいゆう》・雌雄《しゆう》・雄花《おばな》	雄 雄 雄 雄 雄 雄 雄 雄 雄 雄12
与	音 ヨ 訓 あた(える)	3	一	いち	あたえる・なかまとなる・関係する	与党《よとう》・関与《かんよ》・寄与《きよ》・授与《じゅよ》・譲与《じょうよ》・贈与《ぞうよ》・貸与《たいよ》・賦与《ふよ》	与 与 与
誉	音 ヨ 訓 ほま(れ)	13	言	げん	ほめる・ほまれ・よい評判	栄誉《えいよ》・毀誉《きよ》・称誉《しょうよ》・名誉《めいよ》・名作《めいさく》の誉《ほま》れが高《たか》い	誉 誉 誉 誉 誉 誉 誉 誉 誉10 誉13
溶	音 ヨウ 訓 と(ける) と(かす) と(く)	13	氵	さんずい	水にとける・熱でとけて液体になる	溶液《ようえき》・溶解《ようかい》・溶岩《ようがん》・溶剤《ようざい》・溶接《ようせつ》	溶3 溶 溶 溶 溶8 溶 溶 溶 溶 溶
腰	音 ヨウ 高 訓 こし	13	月	にくづき	胴の下のほうのこし・ねばり	腰痛《ようつう》・足腰《あしこし》・中腰《ちゅうごし》・本腰《ほんごし》・物腰《ものごし》・弱腰《よわごし》	腰4 腰 腰 腰 腰 腰 腰 腰 腰 腰

ステップ36 練習問題

1	/24
2	/5
3	/10
4	/24

月　日

1 次の――線の漢字の読みをひらがなで記せ。

1 社会に寄与する活動をしたい。（　）
2 勝利に躍り上がって喜んだ。（　）
3 何を聞かれても押し黙っていた。（　）
4 羽織に家紋を入れる。（　）
5 事業が成功して躍進をとげる。（　）
6 計画を再検討する時間を与えた。（　）
7 試合前から弱腰ではだめだ。（　）
8 名作の誉れが高い長編小説だ。（　）
9 眼下の雄大な自然に息をのんだ。（　）
10 教科書を黙読して内容を覚える。（　）

11 海外での活躍が報じられた。（　）
12 トラが雄々しい姿を見せる。（　）
13 不用意な発言が波紋を呼んだ。（　）
14 天から賦与された才能を生かす。（　）
15 コーヒーに砂糖を溶かす。（　）
16 二年連続入賞の栄誉をたたえる。（　）
17 暗黙のうちに理解し合っている。（　）
18 本腰を入れて事件を調査する。（　）
19 国際問題について弁舌を振るう。（　）
20 国家として食糧《しょくりょう》を備蓄しておく。（　）
21 大抵の金属を腐食させる溶液だ。（　）
22 卵を溶いてオムレツを作った。（　）
23 雄図を抱いて極地に向かう。（　）
24 雄の子犬を飼い始めた。（　）

2 次に示した部首とは異なる部首を持つ漢字をア～オから一つ選び、記号で記せ。

1 灬〔れんが・れっか〕
（ア為　イ熟　ウ無　エ蒸　オ煮）（　）

2 隹〔ふるとり〕
（ア難　イ集　ウ雑　エ雄　オ躍）（　）

3 車〔くるま〕
（ア輝　イ載　ウ陣　エ軍　オ輩）（　）

4 攵〔のぶん・ぼくづくり〕
（ア敵　イ数　ウ敬　エ微　オ敏）（　）

5 ⺍〔つかんむり〕
（ア巣　イ厳　ウ誉　エ営　オ単）（　）

3 次の――線のカタカナ「**ボウ**」をそれぞれ異なる漢字に直せ。

1 集会の**ボウ**頭であいさつする。（　）
2 両親は**ボウ**易商を営んでいる。（　）
3 事件には**ボウ**観者が多くいた。（　）
4 寝**ボウ**して待ち合わせに遅れた。（　）
5 待**ボウ**の新作が発売された。（　）
6 雑用に**ボウ**殺された一日だった。（　）
7 脂**ボウ**分の少ない牛乳を飲む。（　）
8 悪事の片**ボウ**をかつがされた。（　）
9 彼女の表現力には脱**ボウ**した。（　）
10 国の興**ボウ**に関わる大事件だ。（　）

4 次の——線のカタカナを漢字に直せ。

1 **アタ**えられた条件を満たす。
2 **オバナ**と雌花を観察する。
3 記事で**メイヨ**を傷つけられた。
4 彼の話は**ヒヤク**し過ぎている。
5 暑さでチョコレートが**ト**けた。
6 窓に犯人の**シモン**が残っていた。
7 トロフィーを**ジュヨ**される。
8 **ダマ**って話に耳を傾ける。
9 **エイユウ**として尊敬されている。
10 運動のやり過ぎで**コシ**を痛めた。
11 郷土の**ホマ**れとされる人物だ。
12 五年ぶりの再会に胸が**オド**った。
13 金属の**ヨウセツ**技術を習得する。
14 一匹の**オス**が群れを率いている。
15 気まずい**チンモク**に包まれた。
16 強風が吹いて髪の毛が**ミダ**れた。
17 **スグ**れた作品を数多く残した。
18 だれにでも**ドクゼツ**を吐く人だ。
19 薄**クレナイ**の花びらが舞った。
20 船で救援物資を**ユソウ**する。
21 **ヨウイ**に実現できる目標だ。
22 母の誕生日に花束を**ヨウイ**する。
23 次の二次方程式を**ト**きなさい。
24 仏の教えを**ト**いて聞かせる。

使い分けよう！ とける【解・溶】
解ける…例 ひもが解ける 問題が解ける （ゆるむ・わかる）
溶ける…例 鉄が溶ける 塩が水に溶ける （液状になる・液体にまざる）
※「雪」は「溶ける」とも「解ける」（「雪解け」など）とも書く。

漢字表

ステップ 37

漢字	読み	画数	部首	部首名	漢字の意味	用例	筆順
踊	音 ヨウ 訓 おど(る)・おど(り)	14	⻊	あしへん	おどる・はねまわる・とびあがる	踊躍《ようやく》・舞踊《ぶよう》・盆踊《ぼんおど》り	踊4 踊 踊 踊 踊 踊 踊 踊 踊13 踊
謡	音 ヨウ 訓 うたい[高]・うた(う)[高]	16	言	ごんべん	うたう・はやりうた・うたい・うわさ	謡曲《ようきょく》・歌謡《かよう》・童謡《どうよう》・民謡《みんよう》・素謡《すうたい》	謡7 謡 謡 謡 謡 謡 謡 謡 謡 謡
翼	音 ヨク 訓 つばさ	17	羽	はね	つばさ・左右に位置するもの・たすける	翼下《よっか》・一翼《いちよく》・主翼《しゅよく》・小心翼翼《しょうしんよくよく》・翼《つばさ》を広《ひろ》げる	翼 翼3 翼6 翼8 翼 翼11 翼 翼14 翼 翼17
雷	音 ライ 訓 かみなり	13	⻗	あめかんむり	かみなり・爆発するもの	雷雨《らいう》・雷雲《らいうん》・疾風迅雷《しっぷうじんらい》・地雷《じらい》・付和雷同《ふわらいどう》・落雷《らくらい》	雷 雷 雷 雷 雷6 雷8 雷 雷 雷 雷13
頼	音 ライ 訓 たの(む)・たの(もしい)・たよ(る)	16	頁	おおがい	たのむ・あてにする	依頼《いらい》・信頼《しんらい》・神頼《かみだの》み・頼《たの》もしい味方《みかた》・頼《たよ》りがい	頼 頼4 頼 頼7 頼 頼 頼 頼 頼14 頼16
絡	音 ラク 訓 から(む)[高]・から(まる)[高]・から(める)[高]	12	糸	いとへん	つながる・つなぐ・からむ	短絡的《たんらくてき》・脈絡《みゃくらく》・連絡網《れんらくもう》・籠絡《ろうらく》	絡 絡 絡 絡 絡6 絡 絡 絡 絡11 絡
欄	音 ラン 訓 ――	20	木	きへん	くぎり・りんかく・てすり	欄外《らんがい》・欄干《らんかん》・欄間《らんま》・空欄《くうらん》・投書欄《とうしょらん》	欄4 欄 欄 欄8 欄 欄 欄12 欄17 欄 欄20
離	音 リ 訓 はな(れる)・はな(す)	18	隹	ふるとり	はなれる・わかれる	離合集散《りごうしゅうさん》・離脱《りだつ》・距離《きょり》・別離《べつり》・離《はな》れ業《わざ》・乳離《ちばな》れ	離4 離 離 離8 離 離12 離 離 離 離18

練習問題

1	/24
2	/10
3	/10
4	/24

月　日

1 次の——線の漢字の読みをひらがなで記せ。

1 飛行機の主翼を点検する。
2 夕方から激しい雷雨となった。
3 老夫婦は優雅にワルツを踊った。
4 祖母は謡曲をならい始めた。
5 尾翼は機体の安定に必要だ。
6 見事な離れ業を演じてみせた。
7 日程の変更を連絡網で回す。
8 立派な欄干を備えた橋だ。
9 雷が鳴り、雨が降り始めた。
10 盆踊りにゆかたを新調した。
11 早々に離脱し別の党を結成する。
12 頼もしい味方が現れた。
13 空欄をうめればパズルの完成だ。
14 落雷のため停電している。
15 岩壁でコンドルが翼を休める。
16 ずっと脈絡のない話が続いた。
17 自宅で日本舞踊を教えている。
18 芸の道にひたすら精進する。
19 その情報は信頼できない。
20 だれからも頼りにされている。
21 安全のために車間距離を保つ。
22 危なくて一瞬も目を離せない。
23 優れた絵画を集めた美の殿堂だ。
24 彼の先祖は紀州の殿様だそうだ。

2 文中の四字熟語の――線のカタカナを漢字に直し、一字で記せ。

1 私利私ヨクにおぼれ信用を失う。（　　）
2 親友をだますなど言語ドウ断だ。（　　）
3 新事業は五里ム中の状態だ。（　　）
4 一進一タイの攻防が続いた。（　　）
5 多数派に付和ライ同して騒ぐ。（　　）
6 自己ム盾におちいっている。（　　）
7 家族は異ク同音に反対した。（　　）
8 おく病で小心ヨク々としている。（　　）
9 次の一手を前に沈思モッ考する。（　　）
10 電光セッ火の早業で完成させた。（　　）

3 熟語の構成のしかたには次のようなものがある。

ア 同じような意味の漢字を重ねたもの（岩石）
イ 反対または対応の意味を表す字を重ねたもの（高低）
ウ 上の字が下の字を修飾しているもの（洋画）
エ 下の字が上の字の目的語・補語になっているもの（着席）
オ 上の字が下の字の意味を打ち消しているもの（非常）

次の熟語は右のア〜オのどれにあたるか、一つ選び、記号で記せ。

1 雌雄（　　）
2 指紋（　　）
3 仰天（　　）
4 闘志（　　）
5 老僧（　　）
6 別離（　　）
7 未完（　　）
8 歌謡（　　）
9 脱帽（　　）
10 繁茂（　　）

4 次の——線のカタカナを漢字に直せ。

1 いつまでも親に**タヨ**るな。
2 大事業の**イチヨク**をになった。
3 近くの木に**カミナリ**が落ちた。
4 **タンラク**的な思考をする人だ。
5 弟は**チバナ**れの早い子だった。
6 **タノ**まれたら断れない性格だ。
7 問題の注釈は**ランガイ**にある。
8 **ライウン**が出て稲妻が光った。
9 階段の**オド**り場で話し込んだ。
10 各地の**ミンヨウ**を調査している。
11 母校の教授に執筆を**イライ**した。
12 **ツバサ**を広げて大空にはばたく。
13 彼との悲しい**ベツリ**を思い出す。
14 景気の先行きを**ヨソク**する。
15 ろうそくが静かに**モ**えている。
16 **ゴクヒ**の事業計画が進んでいる。
17 安さでは**タチ**打ちできない。
18 **テンケイ**的な文学青年だった。
19 高校生には**ヤサ**しい問題だ。
20 法律にのっとって犯罪を**サバ**く。
21 **チョッケイ**六センチの円を描く。
22 偉人の**チョッケイ**の子孫に会う。
23 彼らは**ニ**た者同士の夫婦だ。
24 **ニ**ても焼いても食えない人だ。

使い分けよう！ **おどる【躍・踊】**
躍る…例 水面に魚が躍る 心躍る（跳ね上がる・わくわくする）
踊る…例 バレリーナが踊る 宣伝に踊らされる（リズムなどに合わせて動く・操られる）

漢字	読み	画数	部首	部首名	漢字の意味	用例	筆順
粒	音 リュウ 訓 つぶ	11	米	こめへん	米つぶ・まるまって小さいもの	粒子《りゅうし》・粒粒辛苦《りゅうりゅうしんく》・微粒子《びりゅうし》・雨粒《あまつぶ》・大粒《おおつぶ》・米粒《こめつぶ》・豆粒《まめつぶ》	粒2 粒 粒 粒 粒 粒 粒 粒 粒 粒
慮	音 リョ 訓 —	15	心	こころ	よく考える・思いめぐらす	遠慮《えんりょ》・考慮《こうりょ》・熟慮断行《じゅくりょだんこう》・思慮《しりょ》・短慮《たんりょ》・配慮《はいりょ》・不慮《ふりょ》	慮 慮 慮 慮 慮 慮 慮8 慮 慮11 慮15
療	音 リョウ 訓 —	17	疒	やまいだれ	病気やけがをなおすこと	療法《りょうほう》・療養《りょうよう》・荒療治《あらりょうじ》・医療《いりょう》・加療《かりょう》・診療《しんりょう》・治療《ちりょう》	療2 療 療5 療 療8 療 療 療14 療 療17
隣	音 リン 訓 とな(る) となり	16	阝	こざとへん	となり・つれ	隣家《りんか》・隣国《りんごく》・隣室《りんしつ》・隣人《りんじん》・隣接《りんせつ》・近隣《きんりん》・隣近所《となりきんじょ》	隣2 隣5 隣 隣 隣9 隣12 隣 隣 隣 隣
涙	音 ルイ 訓 なみだ	10	氵	さんずい	なみだ	涙腺《るいせん》・感涙《かんるい》・血涙《けつるい》・声涙《せいるい》・落涙《らくるい》・涙雨《なみだあめ》・涙声《なみだごえ》・涙目《なみだめ》	涙 涙 涙 涙 涙 涙 涙 涙 涙 涙
隷	音 レイ 訓 —	16	隶	れいづくり	したがう・漢字の書体の一つ	隷書《れいしょ》・隷属《れいぞく》・奴隷《どれい》	隷3 隷5 隷 隷8 隷 隷 隷 隷 隷14 隷16
齢	音 レイ 訓 —	17	歯	はへん	とし・よわい	加齢《かれい》・高齢《こうれい》・弱齢《じゃくれい》・樹齢《じゅれい》・適齢《てきれい》・年齢《ねんれい》・妙齢《みょうれい》・老齢《ろうれい》	齢 齢 齢4 齢7 齢 齢10 齢 齢 齢15 齢17
麗	音 レイ 訓 うるわ(しい) 高	19	鹿	しか	うるわしい・美しい	麗人《れいじん》・麗筆《れいひつ》・華麗《かれい》・秀麗《しゅうれい》・端麗《たんれい》・美辞麗句《びじれいく》・美麗《びれい》	麗2 麗 麗 麗8 麗11 麗 麗14 麗 麗18 麗

ステップ38

練習問題

1	／24
2	／6
3	／10
4	／24

月　日

1　次の――線の漢字の読みをひらがなで記せ。

1 戦地で医療活動に従事していた。（　　）
2 目標を達成し感涙にむせぶ。（　　）
3 退部したのは短慮だった。（　　）
4 端麗な顔立ちで気立てもよい。（　　）
5 自宅に隣接して事務所がある。（　　）
6 大国への隷属から脱する。（　　）
7 神社に樹齢四百年の大木がある。（　　）
8 思慮に欠けると父に注意された。（　　）
9 今年の新入社員は粒ぞろいだ。（　　）
10 少女が落涙する場面が印象的だ。（　　）
11 隷書という漢字の書体がある。（　　）
12 古い友人が隣に引っ越してきた。（　　）
13 雲が切れ、秀麗な山々が現れた。（　　）
14 病気療養中の旧友を見舞う。（　　）
15 利益はすずめの涙ほどだった。（　　）
16 姉は静かで遠慮がちな人だ。（　　）
17 彼らは皆同じ年齢です。（　　）
18 才能だけでなく根性も不可欠だ。（　　）
19 花粉の微粒子を拡大して調べる。（　　）
20 植物のくきに米粒大の虫がつく。（　　）
21 隣国と友好的なつき合いをする。（　　）
22 座席はおばと隣り合わせだった。（　　）
23 絶滅《ぜつめつ》の危機にある動物を守る。（　　）
24 君子は危うきに近寄らず。（　　）

2 次の〔　〕から対義語の関係になる組み合わせを一組選び、記号で記せ。

1 〔ア 厳寒　イ 猛火　ウ 猛暑　エ 避暑〕（　・　）

2 〔ア 生前　イ 生誕　ウ 永眠　エ 永年〕（　・　）

3 〔ア 永遠　イ 遠方　ウ 接近　エ 近隣〕（　・　）

4 〔ア 脱線　イ 離脱　ウ 降参　エ 参加〕（　・　）

5 〔ア 在宅　イ 自宅　ウ 留学　エ 留守〕（　・　）

6 〔ア 念頭　イ 末代　ウ 末尾　エ 冒頭〕（　・　）

3 次の――線のカタカナ「ヨウ」をそれぞれ異なる漢字に直せ。

1 真珠《しんじゅ》の**ヨウ**殖が盛んな地域だ。（　）

2 少しの誤差は許**ヨウ**範囲とする。（　）

3 首相は条約に合意する模**ヨウ**だ。（　）

4 本日の会議の**ヨウ**旨をまとめる。（　）

5 舞**ヨウ**家として初公演を行った。（　）

6 噴火で大量の**ヨウ**岩が流れ出す。（　）

7 秋が深まり山の紅**ヨウ**が美しい。（　）

8 本来と違う**ヨウ**途で道具を使う。（　）

9 なつかしい童**ヨウ**を口ずさむ。（　）

10 うららかな春の**ヨウ**光が差した。（　）

4 次の——線のカタカナを漢字に直せ。

1 よき**リンジン**としてつき合う。（　　）
2 **ナミダゴエ**で事情を話した。（　　）
3 細かい**リュウシ**からなる物質だ。（　　）
4 **ドレイ**の解放が宣言された。（　　）
5 虫歯の**チリョウ**を受けている。（　　）
6 **ビレイ**な装飾が人目を引く。（　　）
7 国民感情に**ハイリョ**した発言だ。（　　）
8 職人の**コウレイ**化が進んだ。（　　）
9 **トナリ**近所の結びつきが強い。（　　）
10 突然の惨劇に**ケツルイ**をしぼる。（　　）
11 急に**オオツブ**の雨が降り出した。（　　）
12 気立ての**ヤサ**しい子に育つ。（　　）
13 景気の**テイメイ**から立ち直る。（　　）
14 エースの名に**ソム**かぬ活躍だ。（　　）
15 **チノ**み子を抱えて働いている。（　　）
16 ポプラ**ナミキ**の続く街道を歩く。（　　）
17 幼児がしきりに母親を**ヨ**ぶ。（　　）
18 厳格な祖父を**ソンケイ**している。（　　）
19 庭の**コウバイ**が咲き始めた。（　　）
20 取材に**ツウヤク**として同行した。（　　）
21 夏休みの**ホシュウ**授業を受ける。（　　）
22 壊れた壁面を**ホシュウ**した。（　　）
23 帰国後、ユーロを円に**カ**えた。（　　）
24 書面をもってあいさつに**カ**える。（　　）

美辞麗句（びじれいく）
「うわべだけを飾り立てた言葉や文句」のことを表す四字熟語です。「美辞」も「麗句」も美しい言葉のことです。「うわべだけで中身や心がない」という批判的な意味を含んで使われることも多いため、使い方には注意しましょう。

ステップ 39

漢字	読み	画数	部首	部首名	漢字の意味	用例
暦	音 レキ 訓 こよみ	14	日	ひ	こよみ・まわりあわせ・年代	暦年《れきねん》・暦法《れきほう》・還暦《かんれき》・旧暦《きゅうれき》・西暦《せいれき》・太陽暦《たいようれき》・花暦《はなごよみ》
劣	音 レツ 訓 おと(る)	6	力	ちから	おとっている・いやしい	劣悪《れつあく》・劣化《れっか》・劣勢《れっせい》・劣等《れっとう》・卑劣《ひれつ》・優勝劣敗《ゆうしょうれっぱい》・優劣《ゆうれつ》
烈	音 レツ 訓 ―	10	灬	れんが れっか	はげしい・きびしい・信念をつらぬきとおす	烈火《れっか》・烈日《れつじつ》・苛烈《かれつ》・強烈《きょうれつ》・鮮烈《せんれつ》・壮烈《そうれつ》・熱烈《ねつれつ》・猛烈《もうれつ》
恋	音 レン 訓 こ(う) こい こい(しい)	10	心	こころ	こいしたう・こい	恋愛《れんあい》・恋慕《れんぼ》・失恋《しつれん》・悲恋《ひれん》・恋心《こいごころ》・恋人《こいびと》・初恋《はつこい》
露	音 ロ ロウ 訓 つゆ	21	⻗	あめかんむり	つゆ・はかない・野外・あらわす	露顕《ろけん》・露骨《ろこつ》・露出《ろしゅつ》・露天《ろてん》・露店《ろてん》・吐露《とろ》・暴露《ばくろ》・披露《ひろう》・朝露《あさつゆ》
郎	音 ロウ 訓 ―	9	阝	おおざと	男・おっと・家来・男子の名につけることば	新郎《しんろう》・野郎《やろう》
惑	音 ワク 訓 まど(う)	12	心	こころ	まどう・まどわす・うたがう	惑星《わくせい》・惑溺《わくでき》・疑惑《ぎわく》・幻惑《げんわく》・困惑《こんわく》・当惑《とうわく》・迷惑《めいわく》・誘惑《ゆうわく》
腕	音 ワン 訓 うで	12	月	にくづき	うで・うでまえ	腕白《わんぱく》・腕力《わんりょく》・豪腕《ごうわん》・手腕《しゅわん》・敏腕《びんわん》・腕利《うでき》き・腕前《うでまえ》

筆順

練習問題

1	/24
2	/10
3	/5
4	/24

月　日

1 次の――線の漢字の読みをひらがなで記せ。

1 親友に苦しい心境を吐露する。（　　）
2 人心を惑わす言動は慎みたい。（　　）
3 退場者が出て劣勢に立たされる。（　　）
4 同級生にほのかな恋心を抱く。（　　）
5 彼の腕から速球が繰り出された。（　　）
6 使節団は熱烈な歓迎を受けた。（　　）
7 間違い電話に迷惑している。（　　）
8 兄が得意の芸を披《ひ》露した。（　　）
9 両者の力には優劣をつけにくい。（　　）
10 新郎の友人としてスピーチする。（　　）
11 遠くで暮らす母を恋いしたう。（　　）
12 記者として敏腕を振るった。（　　）
13 露骨な表現は避けるようにする。（　　）
14 暦を見て縁起のよい日を調べる。（　　）
15 強烈なパンチを受けて倒れた。（　　）
16 証言によって疑惑が晴れる。（　　）
17 大豆は肉に劣らぬ栄養価がある。（　　）
18 色の対比が鮮烈な印象を与える。（　　）
19 弟は腕白すぎてけがが絶えない。（　　）
20 テントを張って雨や露を防ぐ。（　　）
21 お月見は旧暦で行う年中行事だ。（　　）
22 孫は会う度に大きくなっている。（　　）
23 恋愛小説で文学賞を受賞した。（　　）
24 過ぎた昔が恋しく思い出される。（　　）

2 文中の四字熟語の――線のカタカナを漢字に直し、一字で記せ。

1 **天サイ地変**に備えて訓練をする。（　　）
2 **思リョ分別**に欠ける行為だった。（　　）
3 いつでも**冷静チン着**でいる。（　　）
4 問題は山積みで**前ト多難**だ。（　　）
5 **美辞レイ句**を並べたあいさつだ。（　　）
6 競争社会では**優勝レッ敗**が常だ。（　　）
7 **当意ソク妙**な答えが返ってきた。（　　）
8 実力を発揮する**好機トウ来**だ。（　　）
9 **不ミン不休**で看護にあたる。（　　）
10 人の世は**ショ行無常**といわれる。（　　）

3 次の各文にまちがって使われている同じ読みの漢字が一字ある。上に誤字を、下に正しい漢字を記せ。

	誤	正
1 縁日には寺の境内に路店が所狭しと立ち並び、大勢の人でにぎわった。	（　）	（　）
2 機械の調子が悪くさまざまな箇所を点検したら、ネジの列化が原因だとわかった。	（　）	（　）
3 五億年前に範栄し、生きた化石と呼ばれるウミユリの人工授精に成功した。	（　）	（　）
4 長い人生をできるだけ健康に過ごすために、病気は治料よりも予防が大切だ。	（　）	（　）
5 避暑の目的で訪れた観光地には、幕末に活約した偉人ゆかりの場所があった。	（　）	（　）

4 次の――線のカタカナを漢字に直せ。

1 男女のヒレンを描いた物語だ。（　　）
2 あいまいな指示にコンワクした。（　　）
3 山道の草がアサツユにぬれる。（　　）
4 コヨミの上では今日から秋だ。（　　）
5 姉はハツコイの人と結婚した。（　　）
6 彼のけん玉のウデマエに驚いた。（　　）
7 どちらも負けずオトらず熱心だ。（　　）
8 正面にシンロウ新婦の席がある。（　　）
9 父にレッカのごとく怒られた。（　　）
10 市民は煙の中を逃げマドった。（　　）
11 赤い山はだがロシュツしている。（　　）
12 セイレキで誕生日を記入する。（　　）

13 故郷をコう気持ちが強まる。（　　）
14 高い経営シュワンを発揮する。（　　）
15 レットウ感を持つ必要はない。（　　）
16 毎日の米が私の力のミナモトだ。（　　）
17 旬の果物のシュッカで忙しい。（　　）
18 生徒をインソツして遠足に行く。（　　）
19 木のミキにはしごを立てかける。（　　）
20 リョウドをめぐる争いが続く。（　　）
21 自分の非を認めてアヤマった。（　　）
22 アヤマった字を書いてしまった。（　　）
23 ユウリョウな会社と評価された。（　　）
24 美術館への入場はユウリョウだ。（　　）

使い分けよう！　**あやまる【謝・誤】**
謝る…例　無礼な物言いを謝る　手をついて謝る　（わびる）
誤る…例　道を誤る　人選を誤る　（まちがう）

力だめし

第7回

総得点 /100

評価 A 80点 B 75点 C 70点 D 60点 E

月 日

1 次の――線の漢字の読みをひらがなで記せ。

1×10 /10

1 意見に微妙な食い違いがある。（　）
2 古代の歌謡に心をひかれる。（　）
3 サーカスでは猛獣が芸をする。（　）
4 そろそろ毛布が恋しい季節だ。（　）
5 娘の手を引いて買い物に行く。（　）
6 網を張って犯人を待ち構える。（　）
7 祭りの露店で綿菓子を買った。（　）
8 躍起になってうわさを否定した。（　）
9 おだやかな物腰で応対する。（　）
10 演説会で候補者が雄弁を振るう。（　）

2 熟語の構成のしかたには次のようなものがある。

1×10 /10

ア 同じような意味の漢字を重ねたもの（岩石）
イ 反対または対応の意味を表す字を重ねたもの（高低）
ウ 上の字が下の字を修飾しているもの（洋画）
エ 下の字が上の字の目的語・補語になっているもの（着席）
オ 上の字が下の字の意味を打ち消しているもの（非常）

次の熟語は右のア～オのどれにあたるか、一つ選び、記号で記せ。

1 避暑（　）
2 平凡（　）
3 波紋（　）
4 優劣（　）
5 老齢（　）
6 舞踊（　）
7 越権（　）
8 不眠（　）
9 師弟（　）
10 妙技（　）

3 次の――線のカタカナを漢字一字と送りがな（ひらがな）に直せ。

〈例〉問題にコタエル。（答える）

1×10 ／10

1 最後は運を天にマカセルだけだ。（　）
2 庭に雑草がおいシゲッている。（　）
3 不利になるとダマッてしまった。（　）
4 親子でカタライの時間を持つ。（　）
5 優勝の喜びをアジワウ。（　）
6 若いのにタノモシイ青年だ。（　）
7 年末は何かとイソガシイ。（　）
8 自身の未熟さをハジル。（　）
9 メズラシイこともあるものだ。（　）
10 電柱がタオレて道は通行止めだ。（　）

4 次の――線のカタカナにあてはまる漢字をそれぞれのア～オから一つ選び、記号で記せ。

1×10 ／10

1 発言のム盾点を問いただす。（　）
2 山頂は濃ムに包まれている。（　）
3 専門知識は皆ムだがやる気はある。（　）
（ア務　イ夢　ウ霧　エ無　オ矛）

4 ロウ朽した橋を補強する。（　）
5 新ロウの幸せそうな顔が輝く。（　）
6 明ロウ快活なスタッフが集まった。（　）
（ア郎　イ朗　ウ露　エ労　オ老）

7 心をトざして全く口をきかない。（　）
8 高温で鉄をトかして接合する。（　）
9 仕事で会社にトまり込んだ。（　）
10 逃げたウサギをトらえてきた。（　）
（ア溶　イ閉　ウ執　エ泊　オ捕）

5 次の各文にまちがって使われている同じ読みの漢字が一字ある。上に誤字を、下に正しい漢字を記せ。 2×5 /10

誤　正

1 自宅から会社までかなり距理があるが、運動不足解消のため徒歩で通勤している。（　）（　）

2 地球温暖化が一因の異常気象は今後増加の恐れがあると指摘されている。（　）（　）

3 台風が原因とみられる信号機の故称で電車が遅延し、通勤・通学の足に大きな乱れが出た。（　）（　）

4 今日の医良では、病気の予防や早期発見のために検査技術の向上が図られている。（　）（　）

5 至宝といわれる名画が来日してその展覧会は盛興で、平日でも入り口に長い行列ができていた。（　）（　）

6 後の［　］内のひらがなを漢字に直して（　）に入れ、対義語・類義語を作れ。［　］内のひらがなは一度だけ使い、漢字一字を記せ。 1×10 /10

対義語

1 敏感―（　）感

2 野党―（　）党

3 浮上―（　）下

4 老齢―（　）年

5 冷静―熱（　）

類義語

6 技量―（　）前

7 筋道―脈（　）

8 閉口―困（　）

9 名誉―（　）光

10 隷属―服（　）

うで・えい・じゅう・ちん・どん・よ・よう・らく・れつ・わく

7 文中の四字熟語の――線のカタカナを漢字に直し、一字で記せ。

2×10 ／20

1 無理ナン題を押しつけられる。（　　）
2 絶タイ絶命のピンチにおちいる。（　　）
3 党はリ合集散を繰り返した。（　　）
4 けが人に応急ショ置をほどこす。（　　）
5 満場一チで議事は承認された。（　　）
6 春の夜は一コク千金に値する。（　　）
7 熟リョ断行で改革を進める。（　　）
8 主役は容姿タン麗な俳優だ。（　　）
9 是非キョク直をわきまえる。（　　）
10 思えば七テン八起の人生だった。（　　）

8 次の――線のカタカナを漢字に直せ。

2×10 ／20

1 病院でチュウシャを打った。（　　）
2 新聞のトウショランの常連だ。（　　）
3 会議での発言をロクオンする。（　　）
4 年をとってナミダもろくなった。（　　）
5 キンリン諸国と友好関係を保つ。（　　）
6 銀行ヨキンの残高を確認する。（　　）
7 夕日が空を赤くソめる。（　　）
8 会場までリンジのバスが出る。（　　）
9 ジライの使用は禁止されている。（　　）
10 車がマメツブほどに見えた。（　　）

今までの学習の成果を試してみましょう。

検定を受けるときの注意事項を記載しましたので、実際の検定のつもりで問題に臨んでください。

■検定時間　60分

【注意事項】

1 問題用紙と答えを記入する用紙は別になっています。答えは全て答案用紙に記入してください。

2 常用漢字の旧字体や表外漢字、常用漢字音訓表以外の読み方は正答とは認められません。

3 検定会場では問題についての説明はありませんので、問題をよく読み、設問の意図を理解して答えを記入してください。

4 答えはHB・B・2Bの鉛筆またはシャープペンシルで、枠内《わくない》に大きくはっきり書いてください。くずした字や乱雑な書き方は採点の対象になりませんので、ていねいに書くように心がけてください。

5 検定を受ける前に「日本漢字能力検定採点基準」「『漢検』受検の際の注意点」（本書巻頭カラーページに掲載《けいさい》）を読んでおいてください。

■マークシート記入について

4級ではマークシート方式の問題があります。次の事項に注意して解答欄をマークしてください。

① HB・B・2Bの鉛筆またはシャープペンシルを使用すること。

② マーク欄は［ ］の上から下までぬりつぶすこと。はみ出したり、ほかのマーク欄にかかったりしないように注意すること。正しくマークされていない場合は、採点できないことがあります。

③ 間違ってマークしたものは消しゴムできれいに消すこと。

④ 答えは一つだけマークすること（二つ以上マークすると無効）。

総得点

／200

評価

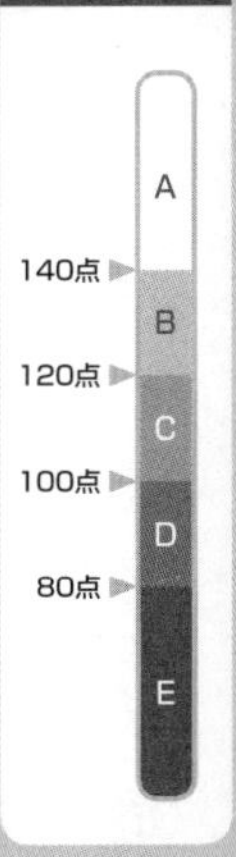

4級 総まとめ

㈠ 次の――線の**漢字の読み**を**ひらがな**で記せ。 (30) 1×30

1 兄は昔からバッハに傾倒している。
2 相手を威圧するような話し方だ。
3 豪快なロングシュートで先制した。
4 非常時には敏速な行動が必要だ。
5 事故現場から奇跡的に救助される。
6 サッカー選手が妙技を見せる。
7 私は私の流儀をつらぬきたい。
8 誤字や脱字がないか確かめる。
9 地下鉄の駅で発砲事件があった。
10 液体の濃縮洗剤で器を洗う。
11 不動産を売却して移住資金とする。
12 劇場から演劇の大道具を搬出した。
13 猛烈な勢力の台風が近づく。
14 外野手はボールを確実に捕球した。

㈡ 次の――線の**カタカナ**にあてはまる漢字をそれぞれの**ア～オ**から**一つ**選び、**記号にマーク**せよ。 (30) 2×15

1 魚**カイ**のスープを飲む。
2 生徒たちに訓**カイ**を与える。
3 史上初の**カイ**挙をなしとげる。
(ア 介　イ 皆　ウ 回　エ 戒　オ 快)

4 裁判所は和解を**カン**告した。
5 周囲に**カン**視の目を光らせる。
6 発**カン**作用のある薬を服用する。
(ア 監　イ 鑑　ウ 汗　エ 勧　オ 歓)

7 若くして**キョ**万の富と名声を得た。
8 チームの本**キョ**地は広島だ。
9 隠**キョ**して気ままな生活を送る。
(ア 居　イ 距　ウ 許　エ 拠　オ 巨)

10 自信がなく語**ビ**があいまいになる。
11 人の心の機**ビ**を描いた小説だ。
12 予**ビ**として同じものを二つ買う。
(ア 鼻　イ 尾　ウ 微　エ 美　オ 備)

㈣ **熟語の構成**のしかたには次のようなものがある。 (20) 2×10

ア 同じような意味の漢字を重ねたもの (**岩石**)
イ 反対または対応の意味を表す字を重ねたもの (**高低**)
ウ 上の字が下の字を修飾しているもの (**洋画**)
エ 下の字が上の字の目的語・補語になっているもの (**着席**)
オ 上の字が下の字の意味を打ち消しているもの (**非常**)

次の熟語は右の**ア～オ**のどれにあたるか、**一つ**選び、**記号にマーク**せよ。

1 到達
2 即答
3 栄枯

6 腕力
7 皮膚
8 求婚

15 害虫を撃退する方法を考える。
16 舗道の敷石に工夫がこらしてある。
17 新人画家の非凡な才能に驚嘆した。
18 間一髪電車に乗ることができた。
19 雑誌に書評を寄稿する。
20 原野を開拓して農地にした。
21 優柔不断で頼りがいのない人だ。
22 吹雪で山小屋に閉じ込められる。
23 枝々の間に青空が透けて見える。
24 祖母が作る煮物は格別だ。
25 飾り気のない言葉で思いを伝える。
26 まだ駆け出しなので失敗も多い。
27 雑誌の幾分かを処分する。
28 試験範囲が狭められた。
29 屋根でカラスが騒いでいる。
30 茶摘みの季節がやって来た。

13 同窓会で昔話に花がサいた。
14 水たまりをサけて歩く。
15 指にとげがサさって痛い。
（ア 避　イ 覚　ウ 指　エ 刺　オ 咲）

(三) 1～5の三つの□に**共通する漢字**を入れて熟語を作れ。漢字はア～コから**一つ**選び、**記号にマーク**せよ。 (10) 2×5

1 □礼・□業・□視
2 □起・額□・血□
3 □中・制□・□殿
4 豆□・□敗・防□剤
5 □笛・夜□・濃□

ア 御	イ 召	ウ 為	エ 巡	オ 吹
カ 腐	キ 荒	ク 彩	ケ 霧	コ 縁

4 執筆
5 攻防
9 不朽
10 援助

(五) 次の漢字の**部首**をア～エから**一つ**選び、**記号にマーク**せよ。 (10) 1×10

1 壁（ア 尸　イ 口　ウ 辛　エ 土）
2 監（ア 臣　イ ノ　ウ 二　エ 皿）
3 郎（ア 匕　イ 丶　ウ 阝　エ 丨）
4 劣（ア 力　イ 小　ウ ノ　エ 亅）
5 項（ア 工　イ 頁　ウ 貝　エ 八）
6 釈（ア 禾　イ 釆　ウ 人　エ 尸）
7 輩（ア 車　イ 日　ウ 一　エ 非）
8 腰（ア 月　イ 覀　ウ 罒　エ 女）
9 隷（ア 士　イ 示　ウ 隶　エ 氺）
10 慮（ア 虍　イ 厂　ウ 田　エ 心）

（六）後の□内のひらがなを漢字に直して□に入れ、**対義語・類義語**を作れ。□内のひらがなは一度だけ使い、**答案用紙に一字記入**せよ。(20) 2×10

対義語

1 決定―保□
2 故意―□失
3 強固―□弱
4 誕生―永□
5 供給―□要

類義語

6 周辺―近□
7 道端―路□
8 無視―□殺
9 離合―集□

（八）文中の**四字熟語**の――線の**カタカナを漢字**に直せ。**答案用紙に一字記入**せよ。(20) 2×10

1 昔から**悪事千リ**を走るという。
2 **博ラン強記**の作家として知られる。
3 **面ジュウ腹背**の部下ばかりだ。
4 二人は**一ショク即発**の状態にある。
5 両者は**トウ志満々**で向かい合った。
6 師の教えを**金カ玉条**と心得ている。
7 **旧態イ然**とした村を変えたい。
8 彼は**新進気エイ**の若手作家だ。
9 **花チョウ風月**を友とする生活だ。

（十）次の――線の**カタカナを漢字**に直せ。(40) 2×20

1 万一に備えて食料を**チョゾウ**する。
2 **ヨウガン**が山の木々を押し流した。
3 **シンチョウ**に検討をして決める。
4 友人の栄転を祝って**カンパイ**する。
5 **メンミツ**な計画を立てて実行に移す。
6 幼いころ覚えた**ドウヨウ**を口ずさむ。
7 **ジバン**を固める工事が行われる。
8 **ケントウシ**に関する歴史書を読む。
9 **タイシン**構造のマンションに住む。
10 助走をつけて高く**チョウヤク**する。

10 考慮――思□

あん・か・さん・じゅ・はく・ぼう・
みん・もく・りゅう・りん

(七) 次の――線のカタカナを漢字一字と送りがな（ひらがな）に直せ。 (10) 2×5

〈例〉問題にコタエル。 答える

1 一人前の大人としてアツカウ。
2 キタナクなった手を洗う。
3 甘い言葉にマドワサれた。
4 飼い犬がサカンニほえている。
5 趣味の話題で話がハズンだ。

10 昼夜ケン行で作業にあたった。

(九) 次の各文にまちがって使われている同じ読みの漢字が一字ある。上に誤字を、下に正しい漢字を記せ。 (10) 2×5

1 美しい自然に調和する都市景観を形成するため、市では屋外広告物を祈制する条例を設けた。
2 オリンピックで金メダルを獲得した水泳選手が帰国し、人々に迫手で迎えられた。
3 集中豪雨による増水で川の提防が決壊し、濁流が付近の田畑に流れ込んでいる。
4 小学生と保護者を対照にした夏休みの手話体験教室には多数の参加があった。
5 生態系に悪影恐を及ぼす特定外来生物について、生息状況などの調査結果が報告された。

11 帰るトチュウに買い物をした。
12 雪景色を見ながらロテンぶろに入る。
13 彼が欠席なのはキワめて残念だ。
14 太陽のメグみを受けて野菜が育つ。
15 ヨーグルトにはちみつをタらす。
16 この場所はコイビトと来たい。
17 汽車は黒い煙をハいて走っている。
18 少年はホコらしげに手を振った。
19 ヒマを見つけては映画館に通う。
20 山のイタダキにはホテルがある。

4級 総まとめ 答案用紙

※実際の検定での用紙の大きさとは異なります。

(一) 読み (30)

14	13	12	11	10	9	8	7	6	5	4	3	2	1

1×30

(二) 同音・同訓異字 (30)

10	9	8	7	6	5	4	3	2	1
[ア][イ][ウ][エ][オ]	[ア][イ][ウ][エ][オ]	[ア][イ][ウ][エ][オ]	[ア][イ][ウ][エ][オ]	[ア][イ][ウ][エ][オ]	[ア][イ][ウ][エ][オ]	[ア][イ][ウ][エ][オ]	[ア][イ][ウ][エ][オ]	[ア][イ][ウ][エ][オ]	[ア][イ][ウ][エ][オ]

2×15

(四) 熟語の構成 (20)

10	9	8	7	6	5	4	3	2	1
[ア][イ][ウ][エ][オ]	[ア][イ][ウ][エ][オ]	[ア][イ][ウ][エ][オ]	[ア][イ][ウ][エ][オ]	[ア][イ][ウ][エ][オ]	[ア][イ][ウ][エ][オ]	[ア][イ][ウ][エ][オ]	[ア][イ][ウ][エ][オ]	[ア][イ][ウ][エ][オ]	[ア][イ][ウ][エ][オ]

2×10

(六) 対義語・類義語 (20)

10	9	8	7	6	5	4	3	2	1

2×10

(八) 四字熟語 (20)

10	9	8	7	6	5	4	3	2	1

2×10

(十) 書き取り (40)

10	9	8	7	6	5	4	3	2	1

2×20

総得点
/200

30	29	28	27	26	25	24	23	22	21	20	19	18	17	16	15

(三) 漢字識別 (10)

5	4	3	2	1
[ア][イ][ウ][エ][オ] [カ][キ][ク][ケ][コ]	[ア][イ][ウ][エ][オ] [カ][キ][ク][ケ][コ]	[ア][イ][ウ][エ][オ] [カ][キ][ク][ケ][コ]	[ア][イ][ウ][エ][オ] [カ][キ][ク][ケ][コ]	[ア][イ][ウ][エ][オ] [カ][キ][ク][ケ][コ]

2×5

15	14	13	12	11
[ア][イ][ウ][エ][オ]	[ア][イ][ウ][エ][オ]	[ア][イ][ウ][エ][オ]	[ア][イ][ウ][エ][オ]	[ア][イ][ウ][エ][オ]

(五) 部首 (10)

10	9	8	7	6	5	4	3	2	1
[ア][イ][ウ][エ]	[ア][イ][ウ][エ]	[ア][イ][ウ][エ]	[ア][イ][ウ][エ]	[ア][イ][ウ][エ]	[ア][イ][ウ][エ]	[ア][イ][ウ][エ]	[ア][イ][ウ][エ]	[ア][イ][ウ][エ]	[ア][イ][ウ][エ]

1×10

(七) 漢字と送りがな (10)

5	4	3	2	1

2×5

(九) 誤字訂正 (10)

5	4	3	2	1	
					誤
					正

2×5

20	19	18	17	16	15	14	13	12	11

学年別漢字配当表

「小学校学習指導要領」（令和２年４月実施《じっし》）による。

	ア	イ	ウ	エ	オ	カ	キ	ク	ケ	コ	サ
第一学年 10級		一	右雨	円	王音	下火花貝学	気九休玉金	空	月犬見	五口校	左三山
第二学年 9級		引	羽雲	園遠		何科夏家歌画回会海絵外角楽活間丸岩顔	汽記帰弓牛魚京強教近		兄形計元言原	戸古午後語工公広交光考行高黄合谷国黒今	才細作算
第三学年 8級	悪安暗	医委意育員院飲	運	泳駅	央横屋温	化荷界開階寒感漢館岸	起期客究急級宮球去橋業曲局銀	区苦具君	係軽血決研県	庫湖向幸港号根	祭皿
第四学年 7級	愛案	以衣位茨印		英栄媛塩	岡億	加果貨課芽賀改械害街各覚潟完官管関観願	岐希季旗器機議求泣給挙漁共協鏡競極	熊訓軍郡群	径景芸欠結建健験	固功好香候康	佐差菜最埼材崎昨札刷察参産散残
第五学年 6級	圧	囲移因		永営衛易益液演	応往桜	可仮価河過快解格確額刊幹慣眼	紀基寄規喜技義逆久旧救居許境均禁	句	型経潔件険検限現減	故個護効厚耕航鉱構興講告混	査再災妻採際在財罪殺雑酸賛
第六学年 5級		胃異遺域	宇	映延沿	恩	我灰拡革閣割株干巻看簡	危机揮貴疑吸供胸郷勤筋		系敬警劇激穴券絹権憲源厳	己呼誤后孝皇紅降鋼刻穀骨困	砂座済裁策冊蚕

シ	ス	セ	ソ	タ	チ	ツ	テ	ト	ナ	ニ	ネ	ノ
子四糸字耳七車手十出女小上森人	水	正生青夕石赤千川先	早草足村	大男	竹中虫町		天田	土		二日入	年	
止市矢姉思紙寺自時室社弱首秋週春書少場色食心新親	図数	西声星晴切雪船線前	組走	多太体台	地池知茶昼長鳥朝直	通	弟店点電	刀冬当東答頭同道読	内南	肉		
仕死使始指歯詩次事持式実写者主守取酒受州拾終習集住重宿所暑助昭消商章勝乗植申身神真深進		世整昔全	相送想息速族	他打対待代第題炭短談	着注柱丁帳調	追	定庭笛鉄転	都度投豆島湯登等動童				農
氏司試児治滋辞鹿失借種周祝順初松笑唱焼照城縄臣信		井成省清静席積折節説浅戦選然	争倉巣束側続卒孫	帯隊達単	置仲沖兆		低底的典伝	徒努灯働特徳栃	奈梨		熱念	
士支史志枝師資飼示似識質舎謝授修述術準序招証象賞条状常情織職		制性政勢精製税責績接設絶	祖素総造像増則測属率損	貸態団断	築貯張		停提程適	統堂銅導得毒独		任	燃	能
至私姿視詞誌磁射捨尺若樹収宗就衆従縦縮熟純処署諸除承将傷障蒸針仁	垂推寸	盛聖誠舌宣専泉洗染銭善	奏窓創装層操蔵臓存尊	退宅担探誕段暖	値宙忠著庁頂腸潮賃	痛	敵展	討党糖届	難	乳認		納脳

学年	ハ	ヒ	フ	ヘ	ホ	マ	ミ	ム	メ	モ	ヤ	ユ	ヨ	ラ	リ	ル	レ	ロ	ワ	字数
第一学年 10級	白八	百	文		木本				名	目					立力林			六		学年字数 80字 累計《るいけい》字数 80字
第二学年 9級	馬売買麦半番		父風分聞	米	歩母方北	毎妹万			明鳴	毛門	夜野	友	用曜	来	里理				話	学年字数 160字 累計字数 240字
第三学年 8級	波配倍箱畑発 反坂板	皮悲美鼻筆氷 表秒病品	負部服福物	平返勉	放		味		命面	問	役薬	由油有遊	予羊洋葉陽様	落	流旅両緑		礼列練	路	和	学年字数 200字 累計字数 440字
第四学年 7級	敗梅博阪飯	飛必票標	不夫付府阜富 副	兵別辺変便	包法望牧	末満	未民	無			約	勇	要養浴		利陸良料量輪	類	令冷例連	老労録		学年字数 202字 累計字数 642字
第五学年 6級	破犯判版	比肥非費備評 貧	布婦武復複仏 粉	編弁	保墓報豊防貿 暴		脈	務夢	迷綿			輸	余容		略留領		歴			学年字数 193字 累計字数 835字
第六学年 5級	派拝背肺俳班 晩	否批秘俵	腹奮	並陛閉片	補暮宝訪亡忘 棒	枚幕	密		盟	模	訳	郵優	預幼欲翌	乱卵覧	裏律臨			朗論		学年字数 191字 累計字数 1026字

級別漢字表

小学校学年別配当漢字を除く一一一〇字。

	4級	3級	準2級	2級
ア	握扱	哀	亜	挨曖宛嵐
イ	依威為偉違維緯壱芋陰隠	慰	尉逸姻韻	畏萎椅彙咽淫
ウ			畝浦	唄鬱
エ	影鋭越援煙鉛縁	詠悦閲炎宴	疫謁猿	怨艶
オ	汚押奥憶	欧殴乙卸穏	凹翁虞	旺臆俺
カ	菓暇箇雅介戒皆壊較獲刈甘汗乾勧歓監環鑑含	佳架華嫁餓怪悔塊慨該概郭隔穫岳掛滑肝冠勘貫喚換敢緩	渦禍靴寡稼蚊拐懐劾涯垣核殻嚇括喝渇褐轄且缶陥患堪棺款閑寛憾還艦頑	苛牙瓦楷潰諧崖蓋骸柿顎葛釜鎌韓玩
キ	奇祈鬼幾輝儀戯詰却脚及丘朽巨拠距御凶叫狂況狭恐響驚仰	企忌軌既棋棄騎欺犠菊吉喫虐虚峡脅凝斤緊	飢宜偽擬糾窮拒享挟恭矯暁菌琴謹襟吟	伎亀毀畿臼嗅巾僅錦
ク	駆屈掘繰	愚偶遇	隅勲薫	惧串窟
ケ	恵傾継迎撃肩兼剣軒圏堅遣玄	刑契啓掲携憩鶏鯨倹賢幻	茎渓蛍慶傑嫌献謙繭顕懸弦	詣憬稽隙桁拳鍵舷
コ	枯誇鼓互抗攻更恒荒項稿豪込婚	孤弧雇顧娯悟孔巧甲坑拘郊控慌硬絞綱酵克獄恨紺魂墾	呉碁江肯侯洪貢溝衡購拷剛酷昆懇	股虎錮勾梗喉乞傲駒頃痕
サ	鎖彩歳載剤咲惨	債催削搾錯撮擦暫	唆詐砕宰栽斎索酢桟傘	沙挫采塞柵刹拶斬
シ	旨伺刺脂紫雌執芝斜煮釈寂朱狩 シ続く	祉施諮侍慈軸疾湿赦邪殊寿潤遵 シ続く	肢嗣賜璽漆遮蛇酌爵珠儒囚臭愁 シ続く	恣摯餌叱嫉腫呪袖羞蹴憧拭尻芯 シ続く

	シ続き	ス	セ	ソ	タ	チ	ツ	テ	ト	ナ	ニ	ネ	ノ	ハ
4級	趣需舟秀襲柔獣瞬旬巡盾召床沼称紹詳丈畳殖飾触侵振浸寝慎震薪尽陣尋	吹	是姓征跡占扇鮮	訴僧燥騒贈即俗	耐替沢拓濁脱丹淡嘆端弾	恥致遅蓄跳徴澄沈珍		抵堤摘滴添殿	吐途渡奴怒到逃倒唐桃透盗塔稲踏闘胴峠突鈍曇		弐		悩濃	杯輩拍泊迫薄爆髪抜罰般販搬範繁盤
3級	如徐匠昇掌晶焦衝鐘冗嬢錠譲嘱辱伸辛審	炊粋衰酔遂穂随髄	瀬牲婿請斥隻惜籍摂潜繕	阻措粗礎双桑掃葬遭憎促賊	怠胎袋逮滞滝択卓託諾奪胆鍛壇	稚畜窒抽鋳駐彫超聴陳鎮	墜	帝訂締哲	斗塗凍陶痘匿篤豚		尿	粘		婆排陪縛伐帆伴畔藩蛮
準2級	酬醜汁充渋銃叔淑粛塾俊准殉循庶緒叙升抄肖尚宵症祥渉訟硝粧詔奨彰償礁浄剰壌醸津唇娠紳診刃迅甚	帥睡枢崇据杉	斉逝誓析拙窃仙栓旋践遷薦繊禅漸	租疎塑壮荘捜挿曹喪槽霜藻	妥堕惰駄泰濯但棚	痴逐秩嫡衷弔挑眺釣懲勅朕	塚漬坪	呈廷邸亭貞逓偵艇泥迭徹撤	悼搭棟筒謄騰洞督凸屯	軟	尼妊忍	寧		把覇廃培媒賠伯舶漠肌鉢閥煩頒
2級	腎	須裾	凄醒脊戚煎羨腺詮箋膳	狙遡曽爽痩踪捉遜	汰唾堆戴誰旦綻	緻酎貼嘲捗	椎爪鶴	諦溺塡	妬賭藤瞳頓貪丼	那謎鍋	匂虹	捻		罵剝箸氾汎斑

	ヒ	フ	ヘ	ホ	マ	ミ	ム	メ	モ	ヤ	ユ	ヨ	ラ	リ	ル	レ	ロ	ワ
計313字 5級まで1026字 累計《るいけい》1339字	彼疲被避尾微匹描浜敏	怖浮普腐敷膚賦舞幅払噴	柄壁	捕舗抱峰砲忙坊肪冒傍帽凡盆	慢漫	妙眠	矛霧娘		茂猛網黙紋	躍	雄	与誉溶腰踊謡翼	雷頼絡欄	離粒慮療隣	涙	隷齢麗暦劣烈恋	露郎	惑腕
計284字 4級まで1339字 累計1623字	卑碑泌姫漂苗	赴符封伏覆紛墳	癖	募慕簿芳邦奉胞倣崩飽縫乏妨房某膨謀墨没翻	魔埋膜又	魅		滅免			幽誘憂	揚揺擁抑	裸濫	吏隆了猟陵糧厘		励零霊裂廉錬	炉浪廊楼漏	湾
計328字 3級まで1623字 累計1951字	妃披扉罷猫賓頻瓶	扶附譜侮沸雰憤	丙併塀幣弊偏遍	泡俸褒剖紡朴僕撲堀奔	麻摩磨抹	岬		銘	妄盲耗	厄	愉諭癒唯悠猶裕融	庸窯	羅酪	痢履柳竜硫虜涼僚寮倫	累塁	戻鈴		賄枠
計185字 準2級まで1951字 累計2136字	眉膝肘	訃	蔽餅璧蔑	哺蜂貌頬睦勃	昧枕	蜜		冥麺		冶弥闇	喩湧	妖瘍沃	拉辣藍	璃慄侶瞭	瑠		呂賂弄籠麓	脇

部首一覧表

表の上には部首を画数順に配列し、下には漢字の中で占める位置によって形が変化するものや特別な名称を持つものを示す。

偏《へん》…

旁《つくり》…

冠《かんむり》…

脚《あし》…

垂《たれ》…

繞《にょう》…

構《かまえ》…

	部首		位置	名称
一画				
1	【一】	一		いち
2	【丨】	丨		ぼう たてぼう
3	【丶】	丶		てん
4	【丿】	丿		の はらいぼう
5	【乙】	乙		おつ
		乚		おつ
6	【亅】	亅		はねぼう
二画				
7	【二】	二		に
8	【亠】	亠		なべぶた けいさんかんむり
9	【人】	人		ひと
		亻		にんべん
		𠆢		ひとやね
10	【入】	入		いる
11	【儿】	儿		ひとあし にんにょう
12	【八】	八		はち
		ハ		は
13	【冂】	冂		どうがまえ けいがまえ まきがまえ
14	【冖】	冖		わかんむり
15	【冫】	冫		にすい
16	【几】	几		つくえ
17	【凵】	凵		うけばこ
18	【刀】	刀		かたな
		刂		りっとう
19	【力】	力		ちから
20	【勹】	勹		つつみがまえ
21	【匕】	匕		ひ
22	【匚】	匚		はこがまえ
23	【匸】	匸		かくしがまえ
24	【十】	十		じゅう
25	【卜】	卜		と うらない
26	【卩】	卩		わりふ ふしづくり
		㔾		わりふ ふしづくり
27	【厂】	厂		がんだれ
28	【厶】	厶		む
29	【又】	又		また
三画				
30	【口】	口		くち
		口		くちへん
31	【囗】	囗		くにがまえ
32	【土】	土		つち
		土		つちへん
33	【士】	士		さむらい
34	【夂】	夂		すいにょう ふゆがしら
35	【夕】	夕		た ゆうべ
36	【大】	大		だい
37	【女】	女		おんな
		女		おんなへん
38	【子】	子		こ
		子		こへん
39	【宀】	宀		うかんむり
40	【寸】	寸		すん
41	【小】	小		しょう
		⺌		しょう

番号	部首	字形	名称
42	【尢】	尢	だいのまげあし
43	【尸】	尸	かばね しかばね
44	【屮】	屮	てつ
45	【山】	山	やま
		山	やまへん
46	【川】	川	かわ
		巛	かわ
47	【工】	工	え たくみ
		工	たくみへん
48	【己】	己	おのれ
49	【巾】	巾	はば
		巾	はばへん きんべん
50	【干】	干	かん いちじゅう
51	【幺】	幺	よう いとがしら
52	【广】	广	まだれ
53	【廴】	廴	えんにょう
54	【廾】	廾	こまぬき にじゅうあし
55	【弋】	弋	しきがまえ
56	【弓】	弓	ゆみ
		弓	ゆみへん
57	【彐】	彑	けいがしら
58	【彡】	彡	さんづくり
59	【彳】	彳	ぎょうにんべん
60	【⺍】	⺍	つかんむり

忄↓心　扌↓手　氵↓水　犭↓犬　艹↓艸　辶↓辵　阝(右)↓邑　阝(左)↓阜

四画

番号	部首	字形	名称
61	【心】	心	こころ
		忄	りっしんべん
		⺗	したごころ
62	【戈】	戈	ほこづくり ほこがまえ
63	【戸】	戸	と
		戸	とだれ とかんむり
64	【手】	手	て
		扌	てへん
65	【支】	支	し
66	【攴】	攵	のぶん ぼくづくり
67	【文】	文	ぶん
68	【斗】	斗	とます
69	【斤】	斤	きん
		斤	おのづくり
70	【方】	方	ほう
		方	ほうへん かたへん
71	【日】	日	ひ
		日	ひへん
72	【曰】	曰	ひらび いわく
73	【月】	月	つき
		月	つきへん
74	【木】	木	き
		木	きへん
75	【欠】	欠	あくび かける
76	【止】	止	とめる
77	【歹】	歹	かばねへん いちたへん がつへん
78	【殳】	殳	るまた ほこづくり
79	【毋】	毋	なかれ
80	【比】	比	ならびひ くらべる
81	【毛】	毛	け
82	【氏】	氏	うじ
83	【气】	气	きがまえ
84	【水】	水	みず

番号	部首	字形	名称
84	【水】	氵	さんずい
		氺	したみず
85	【火】	火	ひ
		火	ひへん
		灬	れんが・れっか
86	【爪】	爪	つめ
		爫	つめかんむり・つめがしら
87	【父】	父	ちち
88	【片】	片	かた
		片	かたへん
89	【牙】	牙	きば
90	【牛】	牛	うし
		牛	うしへん
91	【犬】	犬	いぬ
		犭	けものへん
		王・𤣩→玉　耂→老　礻→示　辶→辵	
五画			
92	【玄】	玄	げん
93	【玉】	玉	たま
		王	おう
		𤣩	おうへん・たまへん
94	【瓦】	瓦	かわら
95	【甘】	甘	かん・あまい
96	【生】	生	うまれる
97	【用】	用	もちいる
98	【田】	田	た
		田	たへん
99	【疋】	疋	ひき
		𤴔	ひきへん
100	【疒】	疒	やまいだれ
101	【癶】	癶	はつがしら
102	【白】	白	しろ
103	【皮】	皮	けがわ
104	【皿】	皿	さら
105	【目】	目	め
		目	めへん
106	【矛】	矛	ほこ
107	【矢】	矢	や
		矢	やへん
108	【无】	无	なし・ぶ・すでのつくり
109	【石】	石	いし
		石	いしへん
110	【示】	示	しめす
		礻	しめすへん
111	【禾】	禾	のぎ
111	【禾】	禾	のぎへん
112	【穴】	穴	あな
		穴	あなかんむり
113	【立】	立	たつ
		立	たつへん
		氺→水　衤→衣　罒→网	
六画			
114	【竹】	竹	たけ
		⺮	たけかんむり
115	【米】	米	こめ
		米	こめへん
116	【糸】	糸	いと
		糸	いとへん
117	【缶】	缶	ほとぎ
118	【网】	罒	あみがしら・あみめ・よこめ

131	130	129	128	127		126	125		124	123	122	121	120	119
【舟】	【舌】	【臼】	【至】	【自】		【肉】	【聿】		【耳】	【耒】	【而】	【老】	【羽】	【羊】
舟	舌	臼	至	自	月	肉	聿	耳	耳	耒	而	耂	羽	羊
ふね	した	うす	いたる	みずから	にくづき	にく	ふでづくり	みみへん	みみ	すきへん らいすき	しかして しこうして	おいかんむり おいがしら	はね	ひつじ

七画

	140		139		138	137		136	135	134	133	132	131
	【西】		【衣】		【行】	【血】		【虫】	【虍】	【艸】	【色】	【艮】	【舟】
襾	西	衤	衣	行	行	血	虫	虫	虍	艹	色	艮	舟
おおいかんむり	にし	ころもへん	ころも	ぎょうがまえ ゆきがまえ	ぎょう	ち	むしへん	むし	とらがしら とらかんむり	くさかんむり	いろ	ねづくり こんづくり	ふねへん

	151	150		149	148	147	146	145		144		143	142	141
	【走】	【赤】		【貝】	【豸】	【豕】	【豆】	【谷】		【言】		【角】	【臣】	【見】
走	走	赤	貝	貝	豸	豕	豆	谷	言	言	角	角	臣	見
そうにょう	はしる	あか	かいへん	かい こがい	むじなへん	ぶた いのこ	まめ	たに	ごんべん	げん	つのへん	かく つの	しん	みる

161		160		159	158		157	156	155		154	153		152
【里】		【釆】		【酉】	【邑】		【辵】	【辰】	【辛】		【車】	【身】		【足】
里	釆	釆	酉	酉	阝	辶	辶	辰	辛	車	車	身	足	足
さと	のごめへん	のごめ	とりへん	ひよみのとり	おおざと	しんにょう しんにゅう	しんにょう しんにゅう	しんのたつ	からい	くるまへん	くるま	み	あしへん	あし

※注「辶」については「遡・遜」のみに適用。

番号	部首	形	名称
161	【里】	里	さとへん
162	【舛】	舛	まいあし
163	【麦】	麦	むぎ
		麦	ばくにょう
八画			
164	【金】	金	かね
		釒	かねへん
165	【長】	長	ながい
166	【門】	門	もん
		門	もんがまえ
167	【阜】	阜	おか
		阝	こざとへん
168	【隶】	隶	れいづくり
169	【隹】	隹	ふるとり
170	【雨】	雨	あめ
170	【雨】	⻗	あめかんむり
171	【青】	青	あお
172	【非】	非	あらず ひ
173	【斉】	斉	せい
九画			
174	【面】	面	めん
175	【革】	革	かくのかわ つくりがわ
		革	かわへん
176	【音】	音	おと
177	【頁】	頁	おおがい
178	【風】	風	かぜ
179	【飛】	飛	とぶ
180	【食】	食	しょく
		飠	しょくへん
		𩙿	しょくへん
181	【首】	首	くび
182	【香】	香	か かおり
十画			
183	【馬】	馬	うま
		馬	うまへん
184	【骨】	骨	ほね
		骨	ほねへん
185	【高】	高	たかい
186	【髟】	髟	かみがしら
187	【鬯】	鬯	ちょう
188	【鬼】	鬼	おに
		鬼	きにょう
189	【韋】	韋	なめしがわ
190	【竜】	竜	りゅう
十一画			
191	【魚】	魚	うお
		魚	うおへん
192	【鳥】	鳥	とり
193	【鹿】	鹿	しか
194	【麻】	麻	あさ
195	【黄】	黄	き
196	【黒】	黒	くろ
197	【亀】	亀	かめ
十二画			
198	【歯】	歯	は
		歯	はへん
十三画			
199	【鼓】	鼓	つづみ
十四画			
200	【鼻】	鼻	はな

※注「𩙿」については「餌・餅」のみに適用。

中学校で学習する音訓一覧表

＊学習漢字のうち、中学校で習う読み方を学年・字音の五十音順に一覧表にした。

小学校1年	
音	イン
下	もと
字	あざ
耳	ジ
手	た
出	スイ
女	ニョ め
上	のぼ(せる) のぼ(す)
生	お(う) き
夕	セキ
石	コク
川	セン
早	サッ
文	ふみ
目	ボク
小学校2年	
羽	ウ
園	その
何	カ
夏	ゲ
外	ゲ
弓	キュウ
京	ケイ
強	ゴウ し(いる)
兄	ケイ
後	おく(れる)
公	おおやけ
交	か(う) か(わす)
黄	コウ こ
谷	コク
今	キン
姉	シ
室	むろ
図	はか(る)
声	こわ
星	ショウ
切	サイ
体	テイ
茶	サ
弟	テイ デ
頭	かしら
内	ダイ
麦	バク
歩	ブ
妹	マイ
万	バン
門	かど
来	きた(る) きた(す)
小学校3年	
化	ケ
荷	カ
客	カク
究	きわ(める)
宮	グウ
業	わざ
軽	かろ(やか)
研	と(ぐ)
幸	さち
次	シ
守	も(り)
州	す
拾	シュウ ジュウ
集	つど(う)
助	すけ
商	あきな(う)
勝	まさ(る)
申	シン
神	かん
昔	シャク
相	ショウ
速	すみ(やか)
対	ツイ
代	しろ
丁	テイ
調	ととの(う) ととの(える)
度	タク たび
童	わらべ
発	ホツ
反	タン
鼻	ビ
病	や(む)
命	ミョウ
面	おも おもて
役	エキ
有	ウ
和	やわ(らぐ) やわ(らげる) なご(む) なご(やか)
小学校4年	
衣	ころも
媛	エン
街	カイ
岐	キ
器	うつわ
機	はた
泣	キュウ
競	きそ(う)
極	ゴク きわ(める) きわ(まる) きわ(み)
結	ゆ(う) ゆ(わえる)
健	すこ(やか)
香	コウ
氏	うじ
試	ため(す)
児	ニ
滋	ジ
辞	や(める)
初	そ(める)
笑	ショウ え(む)
焼	ショウ
縄	ジョウ
井	ショウ
省	かえり(みる)
静	ジョウ
浅	セン
戦	いくさ
仲	チュウ
阪	ハン
夫	フウ
望	モウ

牧	まき
民	たみ
要	い(る)
小学校5年	
仮	ケ
眼	まなこ
基	もと
技	わざ
境	ケイ
経	キョウ
故	ゆえ
厚	コウ
災	わざわ(い)
財	サイ
示	シ
似	ジ
質	シチ
謝	あやま(る)
授	さず(ける) さず(かる)
修	シュ
性	ショウ
精	ショウ
素	ス
率	ソツ
損	そこ(なう) そこ(ねる)
貸	タイ
断	た(つ)
提	さ(げる)
程	ほど
得	う(る)
犯	おか(す)
費	つい(やす) つい(える)
貧	ヒン
報	むく(いる)
暴	バク
迷	メイ
小学校6年	
遺	ユイ
映	は(える)
我	ガ わ
灰	カイ
革	かわ
割	カツ さ(く)
干	ひ(る)
危	あや(うい) あや(ぶむ)
机	キ
貴	たっと(い) とうと(い) たっと(ぶ) とうと(ぶ)
胸	むな
郷	ゴウ
穴	ケツ
厳	おごそ(か)
己	キ おのれ
紅	ク くれない
鋼	はがね
砂	シャ
座	すわ(る)
裁	た(つ)
若	ジャク
宗	ソウ
就	つ(く) つ(ける)
熟	う(れる)
除	ジ
承	うけたまわ(る)
傷	いた(む) いた(める)
蒸	む(す) む(れる) む(らす)
仁	ニ
推	お(す)
盛	セイ さか(る) さか(ん)
誠	まこと
舌	ゼツ
専	もっぱ(ら)
染	セン
銭	ぜに
装	ショウ
操	あやつ(る)
蔵	くら
探	さぐ(る)
値	あたい
著	あらわ(す) いちじる(しい)
敵	かたき
討	う(つ)
乳	ち
認	ニン
納	ナッ トウ
背	そむ(く) そむ(ける)
秘	ひ(める)
並	ヘイ
閉	と(ざす)
片	ヘン
暮	ボ
訪	おとず(れる)
忘	ボウ
優	やさ(しい) すぐ(れる)
欲	ほ(しい)
卵	ラン
裏	リ
臨	のぞ(む)
朗	ほが(らか)

常用漢字表　付表（熟字訓・当て字など）

＊小・中・高：小学校・中学校・高等学校のどの時点で学習するかの割り振りを示した。
※以下に挙げられている語を構成要素の一部とする熟語に用いてもかまわない。
例「河岸（かし）」→「魚河岸（うおがし）」／「居士（こじ）」→「一言居士（いちげんこじ）」

付表1

語	読み	小	中	高
明日	あす	●		
小豆	あずき		●	
海女・海士	あま			●
硫黄	いおう		●	
意気地	いくじ		●	
田舎	いなか		●	
息吹	いぶき			●
海原	うなばら		●	
乳母	うば		●	
浮気	うわき			●
浮つく	うわつく		●	
笑顔	えがお		●	
叔父・伯父	おじ		●	
大人	おとな	●		
乙女	おとめ		●	
叔母・伯母	おば		●	
お巡りさん	おまわりさん		●	
お神酒	おみき			●
母屋・母家	おもや			●
母さん	かあさん	●		
神楽	かぐら			●
河岸	かし			●
鍛冶	かじ		●	
風邪	かぜ		●	
固唾	かたず		●	
仮名	かな		●	
蚊帳	かや			●
為替	かわせ		●	
河原・川原	かわら	●		
昨日	きのう	●		
今日	きょう	●		
果物	くだもの	●		
玄人	くろうと			●
今朝	けさ	●		
景色	けしき	●		
心地	ここち		●	

語	読み	小	中	高
居士	こじ			●
今年	ことし	●		
早乙女	さおとめ		●	
雑魚	ざこ			●
桟敷	さじき			●
差し支える	さしつかえる		●	
五月	さつき		●	
早苗	さなえ		●	
五月雨	さみだれ		●	
時雨	しぐれ		●	
尻尾	しっぽ		●	
竹刀	しない		●	
老舗	しにせ		●	
芝生	しばふ		●	
清水	しみず	●		
三味線	しゃみせん		●	
砂利	じゃり		●	

語	読み	小	中	高
数珠	じゅず			●
上手	じょうず	●		
白髪	しらが		●	
素人	しろうと			●
師走	しわす(しはす)			●
数寄屋・数奇屋	すきや			●
相撲	すもう		●	
草履	ぞうり		●	
山車	だし			●
太刀	たち		●	
立ち退く	たちのく		●	
七夕	たなばた	●		
足袋	たび		●	
稚児	ちご			●
一日	ついたち	●		
築山	つきやま			●
梅雨	つゆ		●	

語	読み	小	中	高
凸凹	でこぼこ		●	
手伝う	てつだう	●		
伝馬船	てんません			●
投網	とあみ			●
父さん	とうさん	●		
十重二十重	とえはたえ			●
読経	どきょう			●
時計	とけい	●		
友達	ともだち	●		
仲人	なこうど			●
名残	なごり		●	
雪崩	なだれ		●	
兄さん	にいさん	●		
姉さん	ねえさん	●		
野良	のら			●
祝詞	のりと			●
博士	はかせ	●		

語	読み	小	中	高
二十・二十歳	はたち		●	
二十日	はつか	●		
波止場	はとば		●	
一人	ひとり	●		
日和	ひより		●	
二人	ふたり	●		
二日	ふつか	●		
吹雪	ふぶき		●	
下手	へた	●		
部屋	へや	●		
迷子	まいご	●		
真面目	まじめ	●		
真っ赤	まっか	●		
真っ青	まっさお	●		
土産	みやげ		●	
息子	むすこ		●	
眼鏡	めがね	●		

語	読み	小	中	高
猛者	もさ			●
紅葉	もみじ		●	
木綿	もめん		●	
最寄り	もより		●	
八百長	やおちょう			●
八百屋	やおや	●		
大和	やまと		●	
弥生	やよい		●	
浴衣	ゆかた			●
行方	ゆくえ		●	
寄席	よせ			●
若人	わこうど		●	

付表2

語	読み	小	中	高
愛媛	えひめ	●		
茨城	いばらき	●		
岐阜	ぎふ	●		
鹿児島	かごしま	●		
滋賀	しが	●		
宮城	みやぎ	●		
神奈川	かながわ	●		
鳥取	とっとり	●		
大阪	おおさか	●		
富山	とやま	●		
大分	おおいた	●		
奈良	なら	●		

二とおりの読み

↓のようにも読める。

遺言	ユイゴン	↓	イゴン
奥義	オウギ	↓	おくギ
堪能	カンノウ	↓	タンノウ
吉日	キチジツ	↓	キツジツ
兄弟	キョウダイ	↓	ケイテイ
甲板	カンパン	↓	コウハン
合点	ガッテン	↓	ガテン
昆布	コンブ	↓	コブ
紺屋	コンや	↓	コウや
詩歌	シカ	↓	シイカ
七日	なのか	↓	なぬか
老若	ロウニャク	↓	ロウジャク
寂然	セキゼン	↓	ジャクネン
法主	ホッス	↓	ホウシュ ホッシュ
十	ジッ	↓	ジュッ
情緒	ジョウチョ	↓	ジョウショ
憧憬	ショウケイ	↓	ドウケイ
人数	ニンズ	↓	ニンズウ
寄贈	キソウ	↓	キゾウ
側	がわ	↓	かわ
唾	つば	↓	つばき
愛着	アイジャク	↓	アイチャク
執着	シュウジャク	↓	シュウチャク
貼付	チョウフ	↓	テンプ
難しい	むずかしい	↓	むつかしい
分泌	ブンピツ	↓	ブンピ
富貴	フウキ	↓	フッキ
文字	モンジ	↓	モジ
大望	タイモウ	↓	タイボウ
頬	ほお	↓	ほほ
末子	バッシ	↓	マッシ
末弟	バッテイ	↓	マッテイ
免れる	まぬかれる	↓	まぬがれる
妄言	ボウゲン	↓	モウゲン
面目	メンボク	↓	メンモク
問屋	とんや	↓	といや
礼拝	ライハイ	↓	レイハイ

「常用漢字表」（平成22年）本表備考欄による。

「常用漢字表」（平成22年）本表備考欄による。

三位一体	サンミイッタイ
従三位	ジュサンミ
一羽	イチわ
三羽	サンば
六羽	ロッぱ
春雨	はるさめ
小雨	こさめ
霧雨	きりさめ
因縁	インネン
親王	シンノウ
勤王	キンノウ
反応	ハンノウ
順応	ジュンノウ
観音	カンノン
安穏	アンノン
天皇	テンノウ
身上	シンショウ シンジョウ （読み方により意味が違う）
一把	イチワ
三把	サンバ
十把	ジッ（ジュッ）パ

漢検　4級 漢字学習ステップ 改訂四版

2024年9月30日　第1版第6刷　発行
編　者　公益財団法人 日本漢字能力検定協会
発行者　山崎　信夫
印刷所　大日本印刷株式会社

発行所　公益財団法人 日本漢字能力検定協会
〒605-0074　京都市東山区祇園町南側551番地
☎(075)757-8600
ホームページ https://www.kanken.or.jp/

Printed in Japan
ISBN978-4-89096-404-8 C0081

公益財団法人 日本漢字能力検定協会

漢検

改訂四版

漢検 漢字学習 ステップ

標準解答

別冊

4級

「標準解答」は、
別冊になっています。
とりはずして使って
ください。

※「標準解答」をとじているはり金でけがをしないよう、
気をつけてください。

漢検 公益財団法人 日本漢字能力検定協会

700404 (1-6)

ステップ1

P.8 **1**

1 えら
2 いしん
3 い
4 いじん
5 まちが
6 さくい
7 にぎ
8 いはん
9 あくりょく
10 いいよう
11 あつか
12 いりょく
13 じんい
14 いせい
15 ちが
16 いぎょう
17 おき
18 あやま
19 うか
20 おおやけ
21 いちあく
22 にぎ
23 そうい
24 すじちが

P.9 **2**

1 艹・くさかんむり
2 行・ぎょうがまえ・ゆきがまえ
3 扌・てへん
4 阝・おおざと
5 頁・おおがい
6 厂・がんだれ
7 刂・りっとう
8 貝・かい・こがい
9 疒・やまいだれ
10 女・おんな

3

1 行為
2 規模
3 威厳
4 維持
5 違憲
6 勤勉
7 絹糸
8 朗読
9 資源
10 増築

P.10 **4**

1 威張
2 行為
3 維持
4 扱
5 握手
6 偉大
7 握
8 違法
9 扱
10 偉
11 依然
12 違
13 異
14 設
15 沿道
16 営
17 花園
18 文月
19 地域
20 圧縮
21 過激
22 歌劇
23 映
24 移

ステップ2

P.12 **1**

1 せいえん
2 かげえ
3 ほくい
4 こ
5 かげ
6 しえん
7 いち
8 とうえい
9 かく
10 えいかく
11 いんき
12 ゆうえつ
13 いんきょ
14 するど
15 こかげ
16 さといも
17 うもう
18 うちょうてん
19 えっけん
20 こ
21 えいぞう
22 かげぼうし
23 いんぜん
24 かく

P.13 **2**

1 呼
2 受
3 陰
4 減
5 緯
6 断
7 就
8 満
9 害
10 因

3

1 依
2 移
3 意
4 易
5 遺
6 違
7 異
8 為
9 維
10 緯
11 以
12 囲
13 医
14 威
15 衣
16 胃

P.14 **4**

1 精鋭
2 芋
3 人影
4 援助
5 陰影
6 壱
7 越冬
8 日陰
9 鋭
10 光陰
11 隠
12 経緯
13 推察
14 印刷
15 至
16 敬
17 除去
18 欲張
19 鋭利
20 営利
21 緯度
22 井戸
23 越
24 肥

ステップ3

1 P.16

1 せいか　2 よご　3 えん　4 おくそく　5 お　6 なまりいろ　7 おく　8 けむ　9 きおく　10 ふちど　11 おくば　12 えんちょく　13 えん　14 おすい　15 けむり　16 えんこ　17 お　18 おごそ　19 おてん　20 きたな　21 きえん　22 がくぶち　23 しんこく　24 こきざ

2 P.17

1 維　2 汚　3 挙　4 為　5 命　6 依　7 得　8 想　9 機　10 路

3

1 イ　2 エ　3 ウ　4 ウ　5 オ　6 イ　7 ウ　8 ア　9 オ

4 P.18

1 和菓子　2 汚　3 煙　4 押　5 縁起　6 鉛筆　7 追憶　8 煙　9 山奥　10 鉛　11 汚　12 禁煙　13 汚職　14 押　15 演奏　16 往復　17 著作　18 織　19 姿勢　20 慣　21 加減　22 下限　23 暖　24 温

ステップ4

1 P.20

1 えもの　2 かいご　3 けいかい　4 ゆうが　5 ぎょかい　6 こわ　7 かしょ　8 かいきん　9 ぎょかく　10 みな　11 ががく　12 ひかく　13 ひま　14 はかい　15 いまし　16 すんか　17 うめぼ　18 うなばら　19 そんかい　20 こわ　21 よか　22 ひま　23 ぜんせい　24 めも

2 P.21

1 エ　2 イ　3 ウ　4 ア　5 オ　6 ア　7 ウ　8 オ　9 エ　10 イ

3

1 犭・けものへん　2 大・だい　3 日・ひへん　4 士・さむらい　5 戈・ほこづくり・ほこがまえ　6 隹・ふるとり　7 火・ひへん　8 土・つちへん　9 耂・おいかんむり・おいがしら　10 廴・えんにょう

4 P.22

1 獲物　2 戒律　3 休暇　4 皆無　5 暇　6 比較　7 皆様　8 風雅　9 壊　10 介入　11 獲得　12 戒　13 箇条　14 蚕　15 補　16 素手　17 温暖　18 延期　19 染　20 加盟　21 仮名　22 射　23 居　24 要

ステップ5

1 P.24

1 いんかん　2 か　3 かんたい　4 かんしゅう　5 かわ　6 かんじゅ　7 かんこく　8 あせ　9 かんし　10 あま　11 ずかん　12 かんぶつ　13 すす　14 あまくち　15 かんし　16 かん　17 はっかん　18 にんしき　19 ひより　20 てんじょう　21 かんき　22 かわ　23 かんび　24 あま

2 P.25

1 かす　2 く　3 れる　4 す　5 れる　6 す　7 うく　8 ぶん　9 んじ　10 やかし

3

1 絶　2 苦　3 易　4 臨　5 戒　6 確　7 洋　8 悲　9 革　10 厳

4 P.26

1 乾電池　2 甘　3 汗　4 監査　5 乾　6 鑑賞　7 刈　8 発汗　9 勧告　10 甘味料　11 環境　12 歓呼　13 割　14 株　15 仮　16 看板　17 改革　18 専念　19 権限　20 簡潔　21 完結　22 暑　23 熱　24 厚

ステップ6

1 P.28

1 ぎが　2 き　3 ふく　4 ぎょうぎ　5 きさい　6 いの　7 ぎきょく　8 きがん　9 かがや　10 がん　11 いく　12 いぎ　13 きじゅつ　14 おに　15 いくた　16 お　17 かえり　18 てな　19 ほうがん　20 ふく　21 えんがわ　22 きんぶち　23 おすい　24 よご

2 P.29

1 オ　2 ウ　3 ア　4 オ　5 ウ　6 イ　7 ア　8 エ　9 ウ

3

1 白　2 鬼　3 長　4 疑　5 暗　6 環　7 因　8 尊　9 奇　10 亡

4 P.30

1 鬼　2 幾　3 光輝　4 祈　5 儀式　6 鬼門　7 含　8 祈念　9 輝　10 奇数　11 遊戯　12 含有　13 規則　14 暮　15 筋肉　16 目減　17 序　18 帯　19 警戒　20 軽快　21 郷土　22 強度　23 上　24 挙

力だめし 第1回

P.31
1
1 あつか　2 きい　3 いやく　4 かんてい　5 かいむ
6 なまり　7 わがし　8 えっきょう　9 あせみず　10 いも

2
1 イ　2 エ　3 イ　4 ア　5 ア
6 エ　7 エ　8 ア　9 ウ　10 ア

P.32
3
1 握っ　2 導い　3 再び　4 偉い　5 汚れる
6 戒める　7 望ましい　8 幸い　9 輝く　10 含ん

4
1 オ　2 ウ　3 エ　4 エ　5 ウ
6 ア　7 ウ　8 エ　9 ア　10 イ

P.33
5
1 位→威　2 格→較　3 快→介　4 縁→援　5 影→陰

6
1 白　2 陰　3 壊　4 臨　5 留
6 援　7 承　8 策　9 憶　10 担

P.34
7
1 有　2 興　3 混　4 鋭　5 低
6 令　7 威　8 変　9 投　10 両

8
1 土煙　2 監禁　3 運賃　4 地球儀　5 刈
6 縮　7 奥底　8 編　9 安否　10 預

ステップ 7

P.36
1
1 きょ　2 おおづ　3 きょてん　4 へんきゃく
5 あし　6 たいきゃく　7 きゃくちゅう　8 つ
9 だんきゅう　10 きゃっこう　11 しょうこ　12 およ
13 ふきゅう　14 けんきゃく　15 く　16 きょだい
17 おか　18 かどで　19 ついきゅう　20 およ
21 きゅうけつき　22 おに　23 しょっき　24 うつわ

P.37
2
1 老朽　2 冷却　3 援軍
4 脚力　5 砂丘　6 準拠
7 甘党　8 裏庭　9 遊戯
10 言及

3
1 暖　2 則　3 難
4 孫　5 満　6 却
7 損　8 熟　9 好
10 主

P.38
4
1 証拠　2 巨額　3 波及　4 朽　5 脚本
6 砂丘　7 詰　8 売却　9 根拠　10 及
11 老朽　12 箱詰　13 距　14 築　15 吸収
16 泉　17 拝　18 志　19 一切　20 傷口
21 講師　22 公私　23 移　24 映

ステップ 8

P.40
1
1 はんきょう
2 せいぎょ
3 せば
4 ぜっきょう
5 おそ
6 せいきょう
7 ねっきょう
8 せま
9 ごはん
10 きょうしゅく
11 ひび
12 じっきょう
13 きょうさく
14 すえおそ
15 おんちゅう
16 くる
17 ふきょう
18 さけ
19 きょう
20 じびか
21 きょうき
22 くる
23 こうきょう
24 ひび

P.41
2
1 郷
2 強
3 況
4 狂
5 教
6 胸
7 供
8 凶
9 協
10 境
11 競
12 響
13 共
14 橋
15 興
16 鏡

3
1 イ
2 エ
3 ウ
4 エ
5 ウ
6 ア
7 イ
8 エ
9 ア
10 ア

P.42
4
1 恐
2 狂言
3 狭
4 近況
5 叫
6 御用
7 響
8 凶
9 狂
10 手狭
11 防御
12 影響
13 恐
14 厳
15 経済
16 痛
17 絹
18 簡便
19 果物
20 弁舌
21 鬼気
22 危機
23 型
24 片

ステップ 9

P.44
1
1 けいちゅう
2 きょうい
3 ちえ
4 しんこう
5 りくつ
6 か
7 さいくつ
8 ぎょうし
9 かたむ
10 てんけい
11 おどろ
12 せんく
13 く
14 くっし
15 めぐ
16 あお
17 ほ
18 どくぜつ
19 くじょ
20 か
21 きょうき
22 おどろ
23 ぶしょう
24 せい

P.45
2
1 作→策
2 監→鑑
3 偉→違
4 典→点
5 求→吸

3
1 巨
2 護
3 永
4 憶
5 縁
6 奮
7 遺
8 戒
9 格
10 熟

P.46
4
1 信仰
2 駆
3 傾
4 発掘
5 仰
6 恩恵
7 驚
8 屈折
9 繰
10 駆使
11 芋掘
12 恵
13 仰天
14 傾向
15 境内
16 険
17 訳
18 混雑
19 困
20 貴重
21 基調
22 本
23 元
24 基

ステップ 10

P.48 **1**

1 たいきけん
2 けいぞく
3 とうけん
4 う
5 のきさき
6 けんむ
7 むか
8 あんぜんけん
9 けんぽう
10 かた
11 ごけん
12 もくげき
13 つるぎ
14 かんげい
15 か
16 つ
17 いち
18 さず
19 けいそつ
20 そむ
21 げいごう
22 むか
23 えいきょう
24 かげ

P.49 **2**

1 県
2 剣
3 験
4 険
5 検
6 件
7 憲
8 兼
9 権
10 建
11 健
12 研
13 圏
14 見
15 券
16 軒

3

1 災
2 言
3 承
4 美
5 剣
6 兼
7 温
8 存
9 驚
10 明

P.50 **4**

1 圏内
2 継承
3 数軒
4 撃
5 真剣
6 送迎
7 兼
8 肩車
9 軒下
10 継
11 反撃
12 剣
13 兼用
14 迎
15 欲
16 迷路
17 行方
18 盛
19 処理
20 樹立
21 景色
22 気色
23 革
24 皮

ステップ 11

P.52 **1**

1 こうそう
2 ほこ
3 けんじ
4 そうご
5 せんけん
6 こが
7 げんまい
8 たいこ
9 かた
10 たいこう
11 こだい
12 つか
13 ごかく
14 こし
15 たが
16 こちょう
17 きづか
18 か
19 しょうぶん
20 すぐ
21 そうぎょう
22 しわざ
23 こうはく
24 くれない

P.53 **2**

1 エ
2 ケ
3 ウ
4 ア
5 キ

3

1 角
2 体
3 点
4 言
5 声
6 季
7 丘
8 脚
9 業
10 報

P.54 **4**

1 誇示
2 小遣
3 枯
4 交互
5 堅苦
6 玄関
7 鼓動
8 誇
9 派遣
10 栄枯
11 互
12 堅実
13 抗議
14 暴
15 好
16 勝
17 遺言
18 閉
19 竹刀
20 観覧
21 朝刊
22 長官
23 駆
24 欠

ステップ 12

1 (P.56)

1 けんごう 2 せんこう 3 あらなみ 4 ごうう 5 こうせい 6 さら 7 そうこう 8 ようこう 9 こうぼう 10 こうてん 11 こうきゅう 12 せ 13 ごうせい 14 こうい 15 こうもく 16 とうこう 17 もよ 18 そっせん 19 かお 20 こうりょう 21 しゅうしょく 22 つ 23 せいきょう 24 さか

2 (P.57)

1 単 2 攻 3 更 4 道 5 堅 6 古 7 辞 8 給 9 歴 10 死

3

1 れる 2 らし 3 い 4 け 5 まっ 6 め 7 れる 8 らす 9 い 10 かす

4 (P.58)

1 豪快 2 攻略 3 更新 4 原稿 5 荒立 6 恒例 7 条項 8 変更 9 破天荒 10 攻 11 更 12 荒 13 興奮 14 危 15 片時 16 土産 17 有無 18 心構 19 財産 20 効果 21 高価 22 降下 23 以前 24 依然

力だめし 第2回

1 (P.59)

1 いこう 2 にゅうか 3 たいくつ 4 おか 5 ちゅうけん 6 くどう 7 さけ 8 おんきょう 9 こどう 10 せま

2

1 ア 2 イ 3 イ 4 エ 5 ウ 6 ア 7 イ 8 ア 9 ウ 10 エ

3 (P.60)

1 詰める 2 誇らしい 3 仰ぐ 4 難しく 5 恵み 6 迎える 7 垂らし 8 及ぼし 9 冷まし 10 快く

4

1 ア 2 イ 3 オ 4 キ 5 ク

5 (P.61)

1 ウ 2 オ 3 ウ 4 ア 5 ウ 6 エ 7 イ 8 ア 9 エ 10 イ

6

1 凶 2 継 3 却 4 和 5 延 6 質 7 努 8 職 9 互 10 補

7 (P.62)

1 飲 2 兼 3 脚 4 抗 5 段 6 用 7 鏡 8 異 9 耕 10 足

8

1 穀物 2 演劇 3 距 4 玄米 5 芸能 6 裏手 7 肩身 8 軒並 9 宣伝 10 熱狂

ステップ13

1 P.64

1 こ
2 はやざ
3 いさい
4 こ
5 の
6 けっこん
7 さいまつ
8 くさり
9 れんさい
10 さ
11 みこん
12 れんさ
13 やくざい
14 さいにゅう
15 へいさ
16 ばきゃく
17 はか
18 く
19 まんさい
20 の
21 ぎゅうにゅう
22 ちの
23 たんさ
24 さぐ

2 P.65

1 エ
2 ア
3 ウ
4 エ
5 ア
6 ウ
7 エ
8 エ
9 イ
10 エ

3

1 ウ
2 イ
3 ア
4 エ
5 イ
6 オ
7 ウ
8 ア
9 エ

4 P.66

1 載
2 咲
3 鎖骨
4 色彩
5 洗剤
6 込
7 歳月
8 婚約
9 記載
10 鎖
11 見込
12 災害
13 退
14 試
15 認識
16 幼友達
17 危
18 風穴
19 対策
20 密
21 対抗
22 対向
23 影
24 陰

ステップ14

1 P.68

1 ひさん
2 しっとう
3 めいし
4 めかぶ
5 ようし
6 あぶらあせ
7 さんじ
8 うかが
9 しゅうねん
10 じゅし
11 さ
12 めす
13 むらさき
14 し
15 と
16 きゃっか
17 うちわけ
18 みじたく
19 ふうし
20 さ
21 せいざ
22 すわ
23 ぼうえき
24 やさ

2 P.69

1 迷
2 常
3 博
4 火
5 断
6 終
7 紫
8 満
9 転
10 乱

3

1 去
2 捨
3 弟
4 存
5 迎
6 易
7 支
8 枯
9 他
10 攻

4 P.70

1 紫色
2 執
3 油脂
4 刺激
5 論旨
6 雌
7 伺
8 紫外線
9 執筆
10 脂
11 刺
12 雌花
13 惨状
14 執行
15 潮時
16 示
17 戦
18 根性
19 呼吸
20 若人
21 再起
22 才気
23 推
24 押

ステップ 15

1 P.72

1 しばふ　2 せいじゃく　3 けいしゃ　4 おもむき
5 にまめ　6 さび　7 しゃくぜん　8 しばか
9 しゅ　10 しゅにく　11 なな　12 さび
13 しゃくめい　14 に　15 か　16 たさい
17 かじょう　18 はへん　19 しゃ　20 なな
21 しゅし　22 おもむき　23 かくほ　24 たし

2 P.73

1 エ　2 ク　3 キ
4 カ　5 ウ

3

1 ア　2 イ　3 オ
4 イ　5 ウ　6 オ
7 エ　8 オ　9 イ

4 P.74

1 斜　2 煮　3 趣　4 寂　5 狩
6 朱色　7 斜面　8 煮　9 趣味　10 寂寂(寂々)
11 芝居　12 注釈　13 従　14 模型　15 舌打
16 習慣　17 祝賀　18 目頭　19 混迷　20 田舎
21 専攻　22 選考　23 降　24 下

ステップ 16

1 P.76

1 じゅよう　2 しゅん　3 ふなうた　4 しゅうらい
5 やわ　6 しゅうか　7 しゅんかん　8 ないじゅ
9 けものみち　10 ちゅうじゅん　11 ふね　12 しゅうげき
13 にゅうわ　14 しゅうさい　15 じゅうい　16 しゅううん
17 おそ　18 すあし　19 ゆうじゅう　20 やわ
21 ごけい　22 めぐ　23 いんせい　24 ものかげ

2 P.77

1 省　2 御　3 堅
4 更　5 拠　6 襲
7 助　8 恒　9 剣
10 豪

3

1 載　2 脂　3 秀
4 堅　5 歓　6 戯
7 巨　8 継　9 恵
10 輝

4 P.78

1 柔　2 鳥獣　3 襲　4 柔道　5 一瞬
6 必需　7 下旬　8 獣　9 優秀　10 同舟
11 襲名　12 柔弱　13 就任　14 裏切　15 視野
16 誠　17 素顔　18 測定　19 身構　20 余白
21 磁気　22 磁器　23 覚　24 冷

ステップ 17

1 P.80

1 とこ
2 ぬま
3 ゆか
4 じゅん
5 あいしょう
6 くわ
7 びょうしょう
8 しょうしゅう
9 めぐ
10 しょうかい
11 たて
12 きしょう
13 しょうさん
14 め
15 しょうほう
16 じゅんかい
17 もと
18 ほんもう
19 いんそつ
20 かしらもじ
21 じゅんぎょう
22 めぐ
23 ふしょう
24 くわ

2 P.81

1 香
2 高
3 抗
4 行
5 光
6 興
7 恒
8 稿
9 向
10 交
11 更
12 項
13 候
14 仰
15 攻
16 荒

3

1 景
2 測
3 力
4 脚
5 面
6 間
7 況
8 喜
9 作
10 数

4 P.82

1 床
2 巡
3 詳細
4 沼地
5 召
6 温床
7 紹介
8 盾
9 通称
10 詳
11 床板
12 巡視
13 順延
14 招待
15 度重
16 博士
17 手塩
18 痛快
19 宇宙
20 署名
21 書名
22 刺
23 指
24 差

ステップ 18

1 P.84

1 ふくしょく
2 じょうご
3 ひた
4 せたけ
5 しんこう
6 さわ
7 ふ
8 おか
9 たたみ
10 きじょう
11 かざ
12 しょくしゅ
13 ふ
14 ぞうしょく
15 しんにゅう
16 たた
17 ふ
18 しゅ
19 せいしょく
20 ふ
21 しょくはつ
22 ふ
23 しんどう
24 ふ

2 P.85

1 鎖
2 複
3 丈
4 好
5 暴
6 易
7 在
8 準
9 刺
10 釈

3

1 険→剣
2 労→老
3 植→殖
4 歓→感
5 経→継

4 P.86

1 触
2 飾
3 振
4 浸水
5 畳
6 養殖
7 手触
8 侵害
9 丈
10 装飾
11 水浸
12 六畳
13 不振
14 殖(増)
15 接触
16 丈夫
17 除
18 適応
19 日和
20 窓
21 手探
22 咲
23 散乱
24 産卵

力だめし 第3回

P.87
1
1 こんれい
2 しゃくほう
3 さんげき
4 すいさいが
5 ぬま
6 しょじゅん
7 たて
8 しゅこう
9 じゅきゅう
10 と

2
1 イ
2 ウ
3 エ
4 オ
5 イ

P.88
3
1 備わっ
2 幼い
3 伺い
4 巡っ
5 寂しい
6 補う
7 縮れ
8 飾り
9 触れる
10 確かめる

4
1 オ
2 イ
3 ウ
4 イ
5 ア
6 エ
7 エ
8 イ
9 オ
10 ウ

P.89
5
1 響→驚
2 観→歓
3 積→詰
4 材→剤
5 間→関

6
1 借
2 柔
3 設
4 詳
5 歳
6 丈
7 加
8 務
9 完
10 白

P.90
7
1 旨
2 東
3 床
4 柔
5 寸
6 絶
7 豊
8 獣
9 実
10 棒

8
1 煮物
2 雑誌
3 脂質
4 耕
5 斜陽
6 収益
7 芝生
8 瞬時
9 吸
10 刷

ステップ 19

P.92
1
1 しゅうしん
2 こすい
3 よしん
4 ねいき
5 たず
6 しんちょう
7 たきぎ
8 かみふぶき
9 じんりょく
10 じんじょう
11 ふる
12 じんち
13 ふ
14 しんたん
15 つつし
16 つ
17 じん
18 むなもと
19 まさ
20 もめん
21 したく
22 たびかさ
23 みっぺい
24 と

P.93
2
1 断
2 件
3 専
4 創
5 根
6 難
7 尽
8 応
9 義
10 議

3
1 疑わしい
2 刺さる
3 詳しい
4 震える
5 寝かせ
6 軽やかに
7 尽きる
8 互い
9 触ら
10 細かく

P.94
4
1 尽
2 地震
3 円陣
4 寝
5 吹奏
6 無尽蔵
7 慎
8 尋問
9 寝食
10 薪
11 震
12 尋
13 吹
14 姿
15 酸味
16 照
17 筋金
18 救
19 賛否
20 独奏
21 独走
22 独創
23 飼
24 買

ステップ20

1 P.96

1 しんせん　2 ぜにん　3 せんじょうち　4 せんきょ
5 どうせい　6 あざ　7 あとつ　8 ぜせい
9 おうぎ　10 せいふく　11 じ　12 せいせん
13 すじょう　14 せんぷうき　15 けいせき　16 うらな
17 みやげ　18 むく　19 しゅっか　20 ごくひ
21 しせき　22 きずあと　23 ゆうたい　24 やさ

2 P.97

1 指　2 陣　3 衣
4 跡　5 煙　6 脚
7 境　8 天　9 手
10 床

3

1 終　2 就　3 周
4 修　5 秀　6 収
7 執　8 習　9 週
10 襲

4 P.98

1 独占　2 扇子　3 鮮明　4 旧姓　5 跡形
6 遠征　7 占　8 扇形　9 鮮　10 百姓
11 筆跡　12 占　13 是非　14 天井　15 頭痛
16 本望　17 墓穴　18 背負　19 勤労　20 損失
21 指導　22 始動　23 香　24 功

ステップ21

1 P.100

1 そうぜん　2 た　3 ぞくじ　4 ぞうしょう
5 うった　6 そくおう　7 こうそう　8 みんぞく
9 たいよう　10 こうそう　11 おく　12 ていそ
13 そっきょう　14 め　15 きじょう　16 わこうど
17 そうどう　18 さわ　19 たいきゅう　20 た
21 しょうそ　22 うった　23 どくぜつ　24 にまいじた

2 P.101

1 慎　2 従　3 俗
4 豊　5 詳　6 即
7 占　8 較　9 是
10 想

3

1 干↓乾　2 保↓補　3 蔵↓贈
4 即↓測　5 洗↓鮮

4 P.102

1 騒　2 贈答　3 耐　4 憎　5 訴
6 即席　7 乾燥　8 贈　9 俗説　10 物騒
11 耐寒　12 起訴　13 迷宮　14 胸元　15 厳
16 断片　17 羽振　18 任　19 縦断　20 述
21 紹介　22 照会　23 肩　24 型

ステップ22

1 P.104

1 だっきゃく　2 か　3 かんたん　4 さわ
5 たんすい　6 にご　7 かんたく　8 たんせい
9 ひが　10 ぬ　11 こうたく　12 なげ
13 おだく　14 あわゆき　15 こうたい　16 むすこ
17 だっしゅつ　18 ぬ　19 たんそく　20 なげ
21 かいもく　22 みな　23 そしつ　24 すがお

2 P.105

1 侵　2 心　3 信　4 神
5 寝　6 針　7 薪　8 進
9 身　10 新　11 親　12 浸
13 震　14 森　15 真　16 深

3

1 ウ　2 エ　3 イ
4 ウ　5 ウ　6 オ
7 ア　8 エ　9 オ
10 イ

4 P.106

1 驚嘆　2 濁　3 淡　4 沢山
5 代替　6 脱　7 丹念　8 嘆
9 濁流　10 冷淡　11 沢　12 開拓
13 脱落　14 両替　15 絶　16 保
17 注　18 熟練　19 頭　20 声色
21 節約　22 吹　23 触　24 振

ステップ23

1 P.108

1 はず　2 おく　3 だんりょく　4 は
5 と　6 たくわ　7 みちばた　8 いた
9 おそ　10 だま　11 ちぶ　12 ちえん
13 は　14 しょうち　15 ひ　16 かたはし
17 ちょちく　18 はじ　19 ふうち　20 ちょうば
21 せんたん　22 ころも　23 ちくせき　24 たくわ

2 P.109

1 イ　2 コ　3 ウ
4 オ　5 カ

3

1 致　2 濁　3 寝
4 陽　5 嘆　6 団
7 釈　8 永　9 許
10 蔵

4 P.110

1 弾　2 赤恥　3 端　4 弾
5 遅咲　6 蓄　7 致　8 無恥
9 弾　10 端　11 跳　12 合致
13 恥　14 含蓄　15 弾圧　16 遅刻
17 極端　18 跳　19 勤勉　20 疑
21 寸断　22 短縮　23 攻　24 責

ステップ 24

1 P.112

1 つ
2 ちんか
3 しずく
4 す
5 ちんみ
6 つつみ
7 ちょうしゅう
8 しず
9 ていしょく
10 てきしゅつ
11 す
12 すいてき
13 めずら
14 ぼうはてい
15 とくちょう
16 いくさ
17 そむ
18 にんてい
19 ちんせい
20 しず
21 ちんじゅう
22 めずら
23 りふじん
24 つ

2 P.113

1 是
2 跡
3 熟
4 即
5 文
6 雲
7 起
8 致
9 後
10 沈

3

1 ウ
2 オ
3 イ
4 オ
5 エ
6 イ
7 ア
8 ウ
9 エ

4 P.114

1 滴
2 沈
3 珍重
4 摘
5 堤
6 抵当
7 沈着
8 点滴
9 珍
10 堤防
11 澄
12 指摘
13 象徴
14 正夢
15 格段
16 迷子
17 早速
18 心臓
19 俵
20 努
21 勤
22 務
23 侵入
24 進入

力だめし 第4回

1 P.115

1 かわせ
2 いってき
3 たいしん
4 さわのぼ
5 せんす
6 ひたん
7 ちはい
8 ふぶき
9 ていこう
10 えんせい

2

1 ⻗・あめかんむり
2 金・かねへん
3 犭・けものへん
4 二・に
5 心・こころ
6 尸・かばね・しかばね
7 辶・しんにょう・しんにゅう
8 卩・わりふ・ふしづくり
9 艹・くさかんむり
10 王・おうへん・たまへん

3 P.116

1 オ
2 ケ
3 ク
4 イ
5 ア

4

1 ウ
2 ア
3 エ
4 オ
5 ア
6 ウ
7 イ
8 イ
9 エ
10 オ

5 P.117

1 径→系
2 致→置
3 監→環
4 調→徴
5 就→襲

6

1 晩
2 益
3 脱
4 専
5 蓄
6 親
7 丈
8 儀
9 理
10 土

7 P.118

1 秋
2 是
3 開
4 端
5 以
6 専
7 決
8 材
9 燥
10 方

8

1 鮮魚
2 贈
3 摘発
4 跳
5 風俗
6 慎
7 担当
8 頭脳
9 創立
10 出任

ステップ 25

P.120
1
1 ごてん
2 しと
3 いか
4 かとき
5 さっとう
6 みわた
7 は
8 とぎ
9 どの
10 てんじょう
11 しゅせんど
12 そ
13 といき
14 どごう
15 とちゅう
16 わた
17 とうたつ
18 ほうふ
19 てんぷ
20 そ
21 かんがん
22 ねあせ
23 ほうもん
24 おとず

P.121
2
1 念
2 反
3 撃
4 続
5 孫
6 推
7 密
8 肉
9 改
10 途

3
1 オ
2 イ
3 カ
4 コ
5 ク

P.122
4
1 怒
2 渡航
3 吐血
4 宮殿
5 添
6 別途
7 怒
8 農奴
9 渡
10 激怒
11 殿様
12 吐
13 到着
14 添加
15 黄金
16 拾
17 干
18 似通
19 探
20 眼鏡
21 現
22 表
23 承知
24 招致

ステップ 26

P.124
1
1 けんとうし
2 す
3 いねか
4 とう
5 とうそう
6 からかみ
7 とうかい
8 もも
9 とうなん
10 すいとう
11 に
12 とうし
13 きんじとう
14 たお
15 とうげんきょう
16 みのが
17 ぬす
18 いなさく
19 とうさん
20 たお
21 しんとう
22 みす
23 とうよう
24 ぬす

P.125
2
1 謝っ
2 透ける
3 照らし
4 志す
5 逃れ
6 直ちに
7 占う
8 蓄える
9 脱げる
10 尋ねる

3
1 エ
2 オ
3 ア
4 オ
5 ア
6 ウ
7 イ
8 ウ
9 エ
10 ウ

P.126
4
1 逃
2 透明
3 盗
4 稲妻
5 桃
6 打倒
7 逃
8 鉄塔
9 唐草
10 透
11 陸稲
12 盗掘
13 逃亡
14 倒
15 白桃
16 張
17 的
18 故障
19 率
20 激
21 奮
22 届
23 待機
24 大気

ステップ 27

1 P.128

1 ふ
2 つ
3 たたか
4 みとう
5 くも
6 とうげ
7 どんじゅう
8 どうあ
9 ふ
10 とってい
11 に
12 にぶ
13 けんとう
14 どんてん
15 ざっとう
16 くふう
17 かくとう
18 たたか
19 とうとつ
20 つ
21 どんつう
22 にぶ
23 きょくげん
24 きわ

2 P.129

1 徴
2 否
3 清
4 跡
5 淡
6 突
7 弁
8 戒
9 獲
10 混

3

1 エ
2 オ
3 ア
4 イ
5 ウ
6 ア
7 オ
8 ウ
9 イ

4 P.130

1 突
2 鈍
3 闘志
4 峠
5 足踏
6 曇
7 胴体
8 煙突
9 式
10 踏襲
11 鈍感
12 上旬
13 額
14 貧
15 土俵
16 訪
17 化身
18 報
19 展示
20 管
21 得意
22 特異
23 贈
24 送

ステップ 28

1 P.132

1 うす
2 せんぱい
3 しゅくはい
4 ていはく
5 せま
6 のうど
7 けいはく
8 はくしゃ
9 はくりょく
10 のうみつ
11 なや
12 はいしゅつ
13 うすぎ
14 せいいっぱい
15 と
16 ひょうし
17 こ
18 せっぱく
19 くのう
20 はしわた
21 はくじょう
22 うす
23 たんぱく
24 と

2 P.133

1 ウ
2 オ
3 ウ
4 ア
5 イ
6 ウ
7 イ
8 エ
9 オ
10 エ

3

1 単→端
2 検→研
3 向→抗
4 進→真
5 当→到

4 P.134

1 薄味
2 杯
3 外泊
4 迫
5 濃淡
6 脈拍
7 薄
8 後輩
9 圧迫
10 濃
11 泊
12 満杯
13 悩
14 薄氷
15 突拍子
16 納税
17 費用
18 練
19 果
20 承認
21 望
22 唱
23 気迫
24 希薄

ステップ29

1 P.136

1 しょばつ
2 ばつぐん
3 かみかざ
4 うんぱん
5 げんばく
6 しはん
7 はんい
8 ばっきん
9 ぜんぱん
10 てぬ
11 とうはつ
12 はんそう
13 ばち
14 ばくだん
15 しはん
16 ぬ
17 はんろ
18 そ
19 ていめい
20 ほ
21 せんばつ
22 ぬ
23 さんぱつ
24 かみ

2 P.137

1 到
2 髪
3 倒
4 流
5 闘
6 罰
7 致
8 踏
9 臨
10 範

3

1 オ
2 ウ
3 ア
4 オ
5 イ
6 ア
7 エ
8 オ
9 ウ

4 P.138

1 一般
2 罰
3 奇抜
4 販売
5 模範
6 白髪
7 搬入
8 爆発
9 罰則
10 毛髪
11 抜
12 灰色
13 孫
14 支
15 衣
16 河川
17 耳鼻科
18 清潔
19 注視
20 点呼
21 方針
22 放心
23 添
24 沿

力だめし 第5回

1 P.139

1 なや
2 きと
3 とうてい
4 どうまわ
5 とうげ
6 つ
7 どんかん
8 くも
9 ど
10 しょはん

2

1 イ
2 ア
3 エ
4 ア
5 ウ

3 P.140

1 オ
2 ア
3 エ
4 エ
5 オ
6 ウ
7 オ
8 エ
9 ウ
10 イ

4

1 カ
2 エ
3 コ
4 キ
5 ウ

5 P.141

1 ア
2 エ
3 ウ
4 ウ
5 ア
6 オ
7 イ
8 エ
9 オ
10 イ

6

1 然
2 逃
3 受
4 純
5 放
6 搬
7 範
8 沈
9 早
10 裁

7 P.142

1 闘
2 挙
3 温
4 肉
5 望
6 金
7 博
8 倒
9 論
10 吐

8

1 世渡
2 乳製品
3 桃色
4 朗読
5 我先
6 発揮
7 透過
8 発展
9 最
10 禁物

ステップ30

P.144

1

1 しゅうばん
2 びりょく
3 しゅび
4 さ
5 ひろう
6 じょばん
7 びび
8 ひがん
9 はんざつ
10 こうむ
11 ひしょ
12 えんばん
13 つか
14 おね
15 びせいぶつ
16 かれ
17 ひがい
18 はんしょく
19 ひしゃたい
20 こうむ
21 とうひ
22 さ
23 ゆし
24 あぶら

P.145

2

1 エ
2 ア
3 イ
4 ア
5 エ
6 ウ
7 イ
8 ア
9 ウ
10 ア

3

1 面
2 原
3 泊
4 濃
5 却
6 盤
7 真
8 念
9 将
10 束

P.146

4

1 被
2 尾
3 彼女
4 避
5 被災
6 微熱
7 疲
8 基盤
9 尾行
10 彼
11 回避
12 繁栄
13 海辺
14 値札
15 批判
16 度
17 迷信
18 居住
19 拝観
20 情
21 包装
22 放送
23 減
24 経

ステップ31

P.148

1

1 えいびん
2 きょうふ
3 ふちん
4 はまべ
5 ひっぷ
6 くさ
7 ふきゅう
8 びんかん
9 こわ
10 そびょう
11 ふはい
12 う
13 かいひん
14 すうひき
15 えか
16 ひた
17 ふどう
18 う
19 ふしょく
20 くさ
21 れんだん
22 はず
23 めいきゅう
24 まいご

P.149

2

1 用途
2 豆腐
3 終盤
4 機敏
5 喜怒
6 浮遊
7 筆致
8 徴候
9 微量
10 突然

3

1 倒
2 透
3 桃
4 盗
5 唐
6 塔
7 逃
8 踏
9 到
10 闘

P.150

4

1 描
2 浮上
3 匹敵
4 腐
5 砂浜
6 普通
7 怖
8 描写
9 過敏
10 浮
11 豆腐
12 一匹
13 秘密
14 負担
15 刻
16 花束
17 複雑
18 服装
19 針
20 敬語
21 占
22 閉
23 拍子
24 表紙

ステップ 32

1 P.152

1 まいおうぎ
2 ふ
3 ではら
4 ふか
5 え
6 ぞうふく
7 こぶ
8 し
9 かんぷ
10 ふんしゅつ
11 はら
12 てんぷ
13 てがら
14 はば
15 ひとがら
16 やしき
17 けしき
18 ひなん
19 らんぶ
20 ま
21 ふんえん
22 ふ
23 ぜんぷく
24 はばひろ

2 P.153

1 訪れる
2 悩ましい
3 響い
4 養う
5 盗ま
6 騒がしく
7 鮮やかに
8 退け
9 抜かし
10 欠ける

3

1 喜
2 台
3 微
4 浮
5 序
6 績
7 輪
8 等
9 抜
10 情

4 P.154

1 舞
2 噴
3 大幅
4 身柄
5 払
6 舞台
7 月賦
8 敷
9 振幅
10 皮膚
11 柄
12 噴水
13 見舞
14 有頂天
15 器
16 巣立
17 宿泊
18 巻
19 放
20 悲願
21 彼岸
22 弾
23 玉
24 球

ステップ 33

1 P.156

1 ごうほう
2 みね
3 ぜっぺき
4 ほうがん
5 ぼっ
6 たぼう
7 こうほう
8 つか
9 かいほう
10 しゅくぼう
11 かべ
12 ほそう
13 ほうげき
14 いそが
15 れんぽう
16 ほかく
17 かか
18 そうぼう
19 がんぺき
20 におう
21 ほしゅ
22 と
23 ほうふ
24 だ

2 P.157

1 頭
2 刀
3 喜
4 到
5 薄
6 罰
7 論
8 地
9 途
10 壁

3

1 普
2 不
3 腐
4 負
5 富
6 怖
7 布
8 膚
9 浮
10 婦

4 P.158

1 抱
2 捕
3 壁画
4 忙
5 主峰
6 抱
7 店舗
8 捕
9 発砲
10 忙殺
11 峰
12 寝坊
13 白壁
14 抱
15 老舗
16 満腹
17 訪問
18 保留
19 節目
20 値引
21 窓辺
22 音色
23 破
24 敗

ステップ 34

1 P.160

1 まんしん　2 ぼんけい　3 さんまん　4 だつぼう
5 こうまん　6 へいぼん　7 まんぜん　8 おか
9 ぼうじゅ　10 しぼう　11 まんせい　12 ぼんち
13 まんざい　14 ひぼん　15 ぼうせん　16 ぼうとう
17 かたはば　18 さっそく　19 ため　20 きた
21 かんぼう　22 おか　23 てっぺき　24 かべがみ

2 P.161

1 ア・エ　2 ア・イ　3 イ・ウ
4 ウ・エ　5 イ・エ　6 ア・ウ
（順不同）

3

1 ア　2 ウ　3 エ
4 エ　5 イ　6 エ
7 ウ　8 イ　9 ア
10 オ

4 P.162

1 冒険　2 帽子　3 自慢　4 盆　5 路傍
6 凡人　7 冒　8 漫画　9 脂肪　10 羽毛
11 推　12 公　13 授　14 裁断　15 夕暮
16 逆　17 復職　18 服飾　19 店頭　20 点灯
21 転倒　22 取　23 採　24 執

力だめし 第6回

1 P.163

1 はんぼう　2 しきもの　3 へきめん　4 ぼうかん
5 ふんしゃ　6 ぼん　7 おかしら　8 ねぼう
9 すなはま　10 きびん

2

1 ウ　2 ク　3 ケ　4 ア　5 オ

3 P.164

1 忘れ　2 避ける　3 供える　4 改める　5 腐っ
6 従い　7 鋭い　8 捕まっ　9 訴える　10 授かっ

4

1 ア　2 イ　3 オ　4 ア　5 エ
6 ウ　7 オ　8 エ　9 イ　10 ウ

5 P.165

1 複→復　2 混→困　3 疲→被　4 占→宣　5 搬→販

6

1 縮　2 和　3 軽　4 略　5 油
6 冒　7 闘　8 匹　9 尋　10 参

7 P.166

1 舞　2 絶　3 漫　4 衆　5 望
6 鬼　7 器　8 前　9 有　10 薄

8

1 怖　2 保障　3 姉妹　4 絵柄　5 防犯
6 平凡　7 浮　8 夢中　9 弟子　10 洗面

ステップ35

1 P.168

1 みょうあん　2 あみど　3 むじゅん　4 しげ
5 もうい　6 ねむけ　7 のうむ　8 しんみょう
9 じょうほうもう　10 むすめ　11 ほこさき　12 はんも
13 きゅうみん　14 きり　15 もうこう　16 ぜつみょう
17 まこと　18 かせん　19 あんみん　20 ねむ
21 むひょう　22 よぎり　23 こうつうもう　24 かなあみ

2 P.169

1 優　2 妙　3 欠
4 針　5 網　6 耳
7 画　8 霧　9 異
10 門

3

1 稿　2 球　3 約
4 寝　5 歯　6 世
7 幅　8 震　9 線
10 春

4 P.170

1 眠　2 網　3 霧吹　4 娘　5 茂
6 矛　7 猛暑　8 冬眠　9 網　10 妙
11 噴霧　12 導　13 模様　14 在宅　15 門出
16 座　17 破片　18 性分　19 骨身　20 検討
21 健闘　22 見当　23 済　24 澄

ステップ36

1 P.172

1 きよ　2 おど　3 だま　4 かもん
5 やくしん　6 あた　7 よわごし　8 ほま
9 ゆうだい　10 もくどく　11 かつやく　12 おお
13 はもん　14 ふよ　15 と　16 えいよ
17 あんもく　18 ほんごし　19 べんぜつ　20 びちく
21 ようえき　22 と　23 ゆうと　24 おす

2 P.173

1 エ　2 オ　3 ウ
4 エ　5 ウ

3

1 冒　2 貿　3 傍
4 坊　5 望　6 忙
7 肪　8 棒　9 帽
10 亡

4 P.174

1 与　2 雄花　3 名誉　4 飛躍　5 溶
6 指紋　7 授与　8 黙　9 英雄　10 腰
11 誉　12 躍　13 溶接　14 雄　15 沈黙
16 乱　17 優　18 毒舌　19 紅　20 輸送
21 容易　22 用意　23 解　24 説

ステップ 37

1 P.176

1 しゅよく
2 らいう
3 おど
4 ようきょく
5 びよく
6 はな
7 れんらく
8 らんかん
9 かみなり
10 ぼんおど
11 りだつ
12 たの
13 くうらん
14 らくらい
15 つばさ
16 みゃくらく
17 ぶよう
18 しょうじん
19 しんらい
20 たよ
21 きょり
22 はな
23 でんどう
24 とのさま

2 P.177

1 欲
2 道
3 霧
4 退
5 雷
6 矛
7 口
8 翼
9 黙
10 石

3

1 イ
2 ウ
3 エ
4 ウ
5 ウ
6 ア
7 オ
8 ア
9 エ
10 ア

4 P.178

1 頼
2 一翼
3 雷
4 短絡
5 乳離
6 頼
7 欄外
8 雷雲
9 踊
10 民謡
11 依頼
12 翼
13 別離
14 予測
15 燃
16 極秘
17 太刀
18 典型
19 易
20 裁
21 直径
22 直系
23 似
24 煮

ステップ 38

1 P.180

1 いりょう
2 かんるい
3 たんりょ
4 たんれい
5 りんせつ
6 れいぞく
7 じゅれい
8 しりょ
9 つぶ
10 らくるい
11 れいしょ
12 となり
13 しゅうれい
14 りょうよう
15 なみだ
16 えんりょ
17 ねんれい
18 こんじょう
19 びりゅうし
20 こめつぶ
21 りんごく
22 とな
23 きき
24 あや

2 P.181

1 ア・ウ
2 イ・ウ
3 イ・エ
4 イ・エ
5 ア・エ
6 ウ・エ
（順不同）

3

1 養
2 容
3 様
4 要
5 踊
6 溶
7 葉
8 用
9 謡
10 陽

4 P.182

1 隣人
2 涙声
3 粒子
4 奴隷
5 治療
6 美麗
7 配慮
8 高齢
9 隣
10 血涙
11 大粒
12 優
13 低迷
14 背
15 乳飲
16 並木
17 呼
18 尊敬
19 紅梅
20 通訳
21 補習
22 補修
23 替
24 代

ステップ39

1 P.184
1 とろ 2 まど 3 れっせい 4 こいごころ
5 うで 6 ねつれつ 7 めいわく 8 ろう
9 ゆうれつ 10 しんろう 11 こ 12 びんわん
13 ろこつ 14 こよみ 15 きょうれつ 16 ぎわく
17 おと 18 せんれつ 19 わんぱく 20 つゆ
21 きゅうれき 22 たび 23 れんあい 24 こい

2 P.185
1 災 2 慮 3 沈
4 途 5 麗 6 劣
7 即 8 到 9 眠
10 諸

3
1 路→露 2 列→劣 3 範→繁
4 料→療 5 約→躍

4 P.186
1 悲恋 2 困惑 3 朝露 4 暦 5 初恋
6 腕前 7 劣 8 新郎 9 烈火 10 惑
11 露出 12 西暦 13 恋 14 手腕 15 劣等
16 源 17 出荷 18 引率 19 幹 20 領土
21 謝 22 誤 23 優良 24 有料

力だめし 第7回

1 P.187
1 びみょう 2 かよう 3 もうじゅう 4 こい 5 むすめ
6 あみ 7 ろてん 8 やっき 9 ものごし 10 ゆうべん

2
1 エ 2 ア 3 ウ 4 イ 5 ウ
6 ア 7 エ 8 オ 9 イ 10 ウ

3 P.188
1 任せる 2 茂っ 3 黙っ 4 語らい 5 味わう
6 頼もしい 7 忙しい 8 恥じる 9 珍しい 10 倒れ

4
1 オ 2 ウ 3 エ 4 オ 5 ア
6 イ 7 イ 8 ア 9 エ 10 オ

5 P.189
1 理→離 2 滴→摘 3 称→障 4 良→療 5 興→況

6
1 鈍 2 与 3 沈 4 幼 5 烈
6 腕 7 絡 8 惑 9 栄 10 従

7 P.190
1 難 2 体 3 離 4 処 5 致
6 刻 7 慮 8 端 9 曲 10 転

8
1 注射 2 投書欄 3 録音 4 涙 5 近隣
6 預金 7 染 8 臨時 9 地雷 10 豆粒

4級 総まとめ 標準解答

(一) 読み (30)

1	2	3	4	5	6	7	8	9	10	11	12	13	14
けいとう	いあつ	ごうかい	びんそく	きせき	みょうぎ	りゅうぎ	だつじ	はっぽう	のうしゅく	ばいきゃく	はんしゅつ	もうれつ	ほきゅう

1×30

(二) 同音・同訓異字 (30)

1	2	3	4	5	6	7	8	9	10
ア	エ	オ	エ	ア	ウ	オ	エ	ア	イ
介	戒	快	勧	監	汗	巨	拠	居	尾

2×15

(四) 熟語の構成 (20)

1	2	3	4	5	6	7	8	9	10
ア	ウ	イ	エ	イ	ウ	ア	エ	オ	ア

2×10

(六) 対義語・類義語 (20)

1	2	3	4	5	6	7	8	9	10
留	過	薄	眠	需	隣	傍	黙	散	案

2×10

(八) 四字熟語 (20)

1	2	3	4	5	6	7	8	9	10
里	覧	従	触	闘	科	依	鋭	鳥	兼

2×10

(十) 書き取り (40)

1	2	3	4	5	6	7	8	9	10
貯蔵	溶岩	慎重	乾杯	綿密	童謡	地盤	遣唐使	耐震	跳躍

2×20

30	29	28	27	26	25	24	23	22	21	20	19	18	17	16	15
ちゃつ	さわ	せば	いくぶん	か	かざ	にもの	す	こ	たよ	かいたく	きこう	かんいっぱつ	きょうたん	ほどう	げきたい

15	14	13	12	11
エ 刺	ア 避	オ 咲	オ 備	ウ 微

(三) 漢字識別 (10)

5	4	3	2	1
ケ 霧	カ 腐	ア 御	コ 縁	エ 巡

2×5

(五) 部首 (10)

10	9	8	7	6	5	4	3	2	1
エ 心	ウ 隶	ア 月	ア 車	イ 釆	イ 頁	ア 力	ウ 阝	エ 皿	エ 土

1×10

(七) 漢字と送りがな (10)

5	4	3	2	1
弾ん	盛んに	惑わさ	汚く	扱う

2×5

(九) 誤字訂正 (10)

5	4	3	2	1	
恐	照	提	迫	祈	誤
響	象	堤	拍	規	正

2×5

20	19	18	17	16	15	14	13	12	11
頂	暇	誇	吐	恋人	垂	恵	極	露天	途中

都道府県名

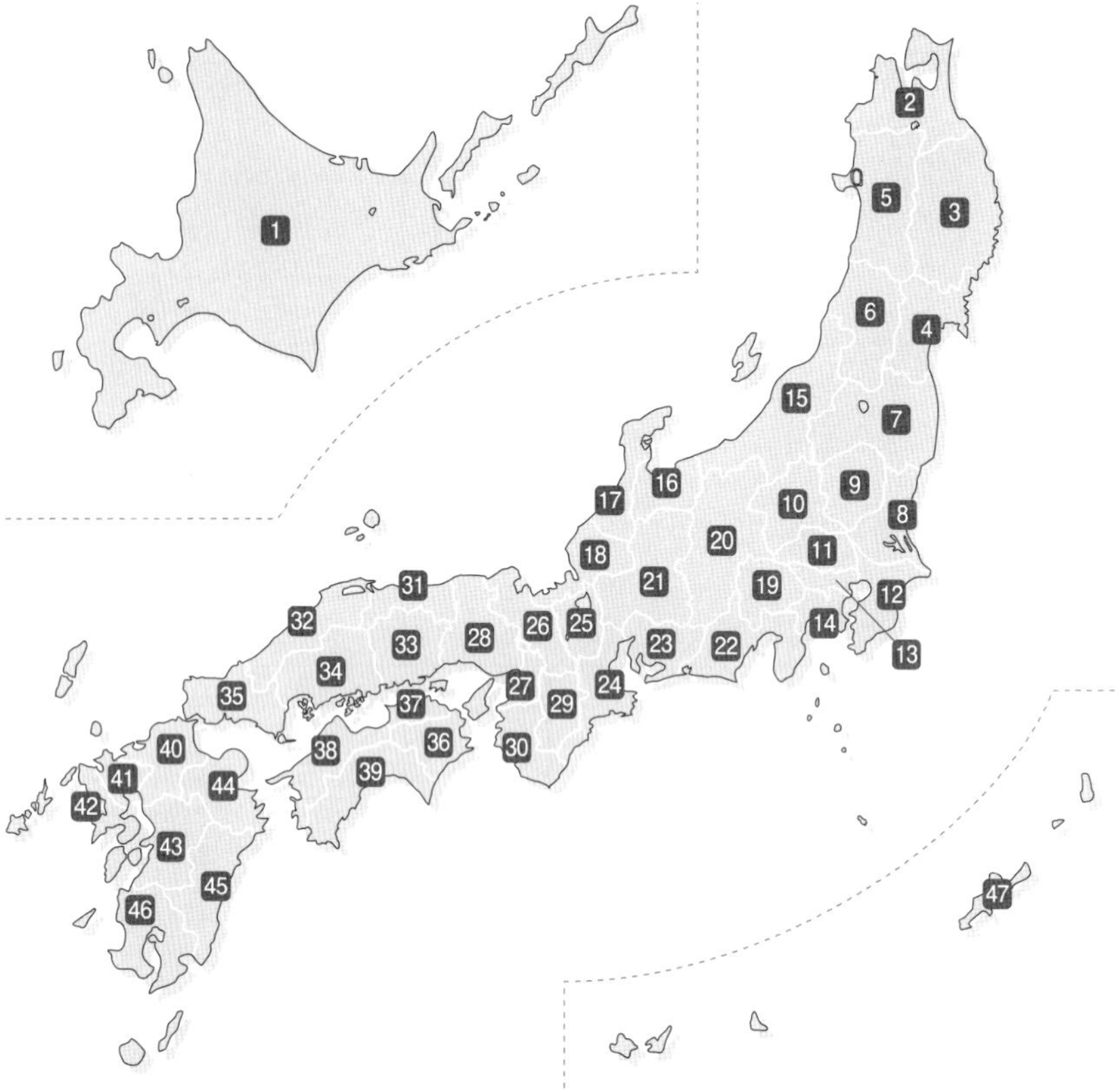

16	15	14	13	12	11	10	9	8	7	6	5	4	3	2	1
富山《とやま》県	新潟《にいがた》県	神奈川《かながわ》県	東京都《とうきょうと》	千葉《ちば》県	埼玉《さいたま》県	群馬《ぐんま》県	栃木《とちぎ》県	茨城《いばらき》県	福島《ふくしま》県	山形《やまがた》県	秋田《あきた》県	宮城《みやぎ》県	岩手《いわて》県	青森県《あおもりけん》	北海道《ほっかいどう》

32	31	30	29	28	27	26	25	24	23	22	21	20	19	18	17
島根《しまね》県	鳥取《とっとり》県	和歌山《わかやま》県	奈良《なら》県	兵庫《ひょうご》県	大阪《おおさか》府	京都府《きょうとふ》	滋賀《しが》県	三重《みえ》県	愛知《あいち》県	静岡《しずおか》県	岐阜《ぎふ》県	長野《ながの》県	山梨《やまなし》県	福井《ふくい》県	石川《いしかわ》県

47	46	45	44	43	42	41	40	39	38	37	36	35	34	33
沖縄《おきなわ》県	鹿児島《かごしま》県	宮崎《みやざき》県	大分《おおいた》県	熊本《くまもと》県	長崎《ながさき》県	佐賀《さが》県	福岡《ふくおか》県	高知《こうち》県	愛媛《えひめ》県	香川《かがわ》県	徳島《とくしま》県	山口《やまぐち》県	広島《ひろしま》県	岡山《おかやま》県